VERSUNKENES REICH

KAMBODSCHA

GROSSE KULTUREN, GLANZVOLLE EPOCHEN

VERSUNKENES REICH

KAMBODSCHA

Reader's Digest

DEUTSCHLAND · SCHWEIZ · ÖSTERREICH

Versunkenes Reich Kambodscha

Titel der französischen Originalausgabe
Cambodge – grandeur de l'Empire khmer

Die Zivilisation von Angkor
Titel der Originalausgabe: The Civilization of Angkor
von Charles Higham
© 2001, Weidenfeld & Nicolson/Orion Publications Group Ltd., London
Die Kurzfassung in diesem Band erscheint mit freundlicher Genehmigung des Verlages.

Deutsche Ausgabe
Übersetzung: Anja Leisinger
Redaktion: red.sign (Guido Huß, Frank J. Müller, Katrin Schmelzle, Androniki Tsilipakou, Ellen Weitbrecht)

Reader's Digest
Redaktion: Dr. Birgit Gläser, Claudia Rück
Grafik: Peter Waitschies
Bildredaktion: Christina Horut
Prepress: Andreas Engländer
Produktion: Andreas Schabert

Ressort Buch
Redaktionsdirektorin: Suzanne Koranyi-Esser
Redaktionsleitung: Dr. Renate Mangold, Heinz Volz
Art Director: Rudi K. F. Schmidt

Operations
Leitung Produktion Buch: Norbert Baier

Satz und Reproduktion: Colour Systems Ltd., London
Druck und Binden: Printer Industria Gráfica S. A., Barcelona

Code-Nr. UK 0074/G/CBS

Printed in Spain

ISBN 3-89915-185-2

Inhalt

Die Suche nach Unsterblichkeit
In grauer Vorzeit versuchten Götter und Dämonen, den Milchozean in Butter zu verwandeln, um unsterblich zu werden. Sie erlangten dabei große Schätze und vor allem amrita*, das begehrte Elixier der Unsterblichkeit. Der häufig dargestellte hinduistische Mythos der Butterung des Milchozeans spielt darauf an, dass das göttliche Wirken ein Segen für die Schöpfung ist (Flachrelief vom Tempel Angkor Vat, erste Hälfte 12. Jh.).*

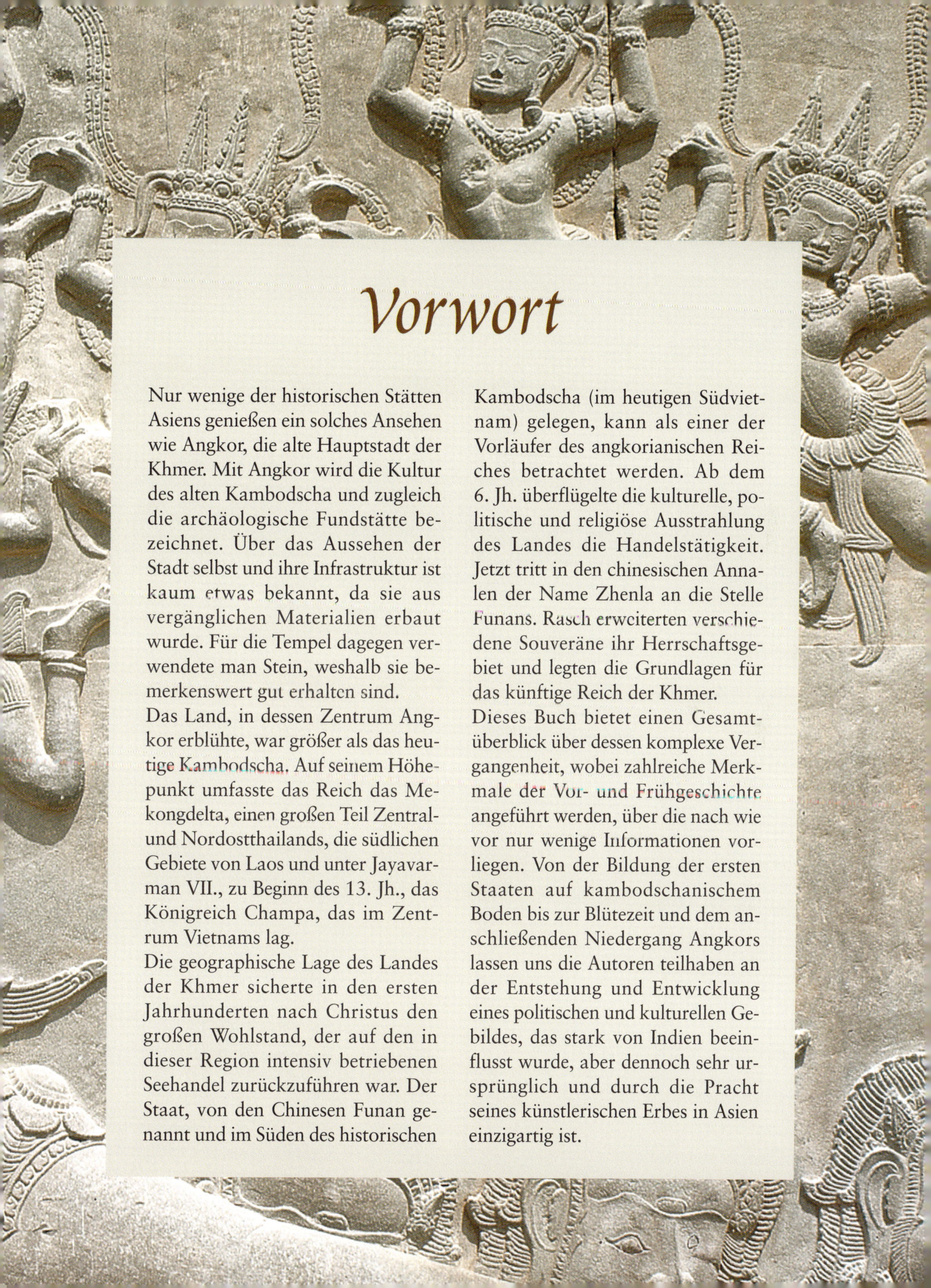

Vorwort

Nur wenige der historischen Stätten Asiens genießen ein solches Ansehen wie Angkor, die alte Hauptstadt der Khmer. Mit Angkor wird die Kultur des alten Kambodscha und zugleich die archäologische Fundstätte bezeichnet. Über das Aussehen der Stadt selbst und ihre Infrastruktur ist kaum etwas bekannt, da sie aus vergänglichen Materialien erbaut wurde. Für die Tempel dagegen verwendete man Stein, weshalb sie bemerkenswert gut erhalten sind.

Das Land, in dessen Zentrum Angkor erblühte, war größer als das heutige Kambodscha. Auf seinem Höhepunkt umfasste das Reich das Mekongdelta, einen großen Teil Zentral- und Nordostthailands, die südlichen Gebiete von Laos und unter Jayavarman VII., zu Beginn des 13. Jh., das Königreich Champa, das im Zentrum Vietnams lag.

Die geographische Lage des Landes der Khmer sicherte in den ersten Jahrhunderten nach Christus den großen Wohlstand, der auf den in dieser Region intensiv betriebenen Seehandel zurückzuführen war. Der Staat, von den Chinesen Funan genannt und im Süden des historischen Kambodscha (im heutigen Südvietnam) gelegen, kann als einer der Vorläufer des angkorianischen Reiches betrachtet werden. Ab dem 6. Jh. überflügelte die kulturelle, politische und religiöse Ausstrahlung des Landes die Handelstätigkeit. Jetzt tritt in den chinesischen Annalen der Name Zhenla an die Stelle Funans. Rasch erweiterten verschiedene Souveräne ihr Herrschaftsgebiet und legten die Grundlagen für das künftige Reich der Khmer.

Dieses Buch bietet einen Gesamtüberblick über dessen komplexe Vergangenheit, wobei zahlreiche Merkmale der Vor- und Frühgeschichte angeführt werden, über die nach wie vor nur wenige Informationen vorliegen. Von der Bildung der ersten Staaten auf kambodschanischem Boden bis zur Blütezeit und dem anschließenden Niedergang Angkors lassen uns die Autoren teilhaben an der Entstehung und Entwicklung eines politischen und kulturellen Gebildes, das stark von Indien beeinflusst wurde, aber dennoch sehr ursprünglich und durch die Pracht seines künstlerischen Erbes in Asien einzigartig ist.

Im Herzen Südostasiens

In den ersten Jahrhunderten nach Christus kamen die in Südostasien beheimateten Völker mit der indischen Kultur in Berührung, die sie übernahmen oder vielmehr entsprechend ihrem Empfinden und ihren Glaubensvorstellungen an die eigenen Bedürfnisse anpassten. So entstanden unterschiedliche Zivilisationen, die sich entfalteten und dabei Variationen ein und desselben Themas darboten: in Java Borobudur, in Birma Pagan, in Thailand Sukhothai und in Kambodscha Angkor.

Zwischen Land und Wasser
Das Landschaftsbild Kambodschas ist von einer weiten Ebene geprägt, die mäßig- bis mittelhohe Bergmassive säumen. Der Mekong tritt im Nordosten in einer Folge von Stromschnellen ins Land und fließt anschließend in weiten Flussschleifen bis zu seinem Delta. Im Zentrum des Landes bildet der große See Tonle Sap ein wahres Süßwassermeer. Angkor, die große Hauptstadt des Reiches, wurde nördlich dieses Sees angelegt.

Rund um Kambodscha ...

Die unmittelbaren Nachbarn

Neben den Khmer existierten in Südostasien verschiedene ethnolinguistische Gruppen. Die Mon, die im Zentrum und Nordosten des heutigen Thailand sowie in Birma (amtlicher Name: Myanmar) lebten, entwickelten eine hauptsächlich dem Buddhismus zugewandte Kultur. Das Monkönigreich Dvaravati hat in der Geschichte jedoch wesentlich weniger Spuren hinterlassen als Angkor. Nach den Mon gründeten die Thai, die seit dem 8. Jh. in aufeinander folgenden Wellen von Südchina aus nach Thailand kamen, mächtige Königreiche, die die angkorianische Zivilisation im 14. Jh. verdrängten. Im Zentrum Vietnams stellte das Königreich Linyi, dessen Mittelpunkt die heilige Stadt My Son war, einen Vorläufer des Staates der Cham dar, der unbändigen Nachbarn der Khmer. Die Beziehungen zwischen diesen beiden Völkern waren stets konfliktreich. Trotz verschiedener Bündnisse, insbesondere gegen die Vietnamesen, sind vor allem die zahlreichen Kriege in die Geschichte eingegangen.

Entfernte Nachbarn

Bevor die birmanische Bevölkerung um das 9. Jh. ihre Macht ausgehend von ihrer Hauptstadt Pagan durchsetzte, erlebten die Pyu im Zentrum Birmas eine Blütezeit. Über diese Gruppe ist bisher nur recht wenig bekannt. Die Pyu waren hauptsächlich Buddhisten und herrschten in Shrikshetra, am Mittellauf des Irawadi, in der Region der heutigen Stadt Prome. Vom 9. Jh. bis zum ausgehenden 13. Jh. war Pagan eine der außergewöhnlichsten Städte ganz Südostasiens, eine Art ausschließlich buddhistisch geprägtes Pendant zu Angkor.
Die Mongolenhorden Kubilai Khans zerstörten die Stadt im Jahr 1287. In der Folgezeit errichteten unterschiedliche birmanische Dynastien glänzende Königreiche, doch keines dieser Reiche erlangte je das Ansehen Pagans. Der letzte unabhängige birmanische König herrschte bis 1885 in Mandalay. Er wurde von den Briten abgesetzt und Birma trat in das Kolonialzeitalter ein.
Als letzter bedeutender kultureller Pol Südostasiens ist Indonesien zu nennen, das tausende von Inseln umfasst. Die Geschichte dieser Inseln, deren Bevölkerung sich dem Seehandel widmete, ist sehr komplex. Bevor der Islam im 14. Jh. in diesem Gebiet Einzug hielt, erblühten hier große, indisch beeinflusste Reiche, insbesondere auf Java. Vom 8. bis zum 10. Jh. befand sich die Hindudynastie der Nachfahren eines Königs mit Namen Sanjaya mehr oder weniger in Opposition zu den buddhistischen Shailendra-Königen, denen das außergewöhnliche Monument Borobudur zu verdanken ist. Die beiden Sippen herrschten über das Zentrum der Insel Java, bevor sich die Machtzentren ab der Mitte des 10. Jh. in den Osten der Insel verlagerten. Dort existierten nacheinander die Reiche Kediri, Singhasari und Majapahit, bis Java schließlich ein islamischer Staat wurde. Die Traditionen der hinduistischen Kultur, die Südostasien in hohem Maß zu einer kulturellen Einheit formten, traten den Rückzug nach Bali an.

Angkorianische Baustile

- *um 800–875: Stil von Kulen*
- *um 875–895: Preah-Ko-Stil*
- *um 895–925: Bakheng-Stil*
- *um 925–940: Koh-Ker-Stil*
- *um 940–965: Pre-Rup-Stil*
- *um 967: Banteay-Srei-Stil*
- *um 970–1010: Khleang-Stil*
- *um 1010–1100: Baphuon-Stil*
- *um 1100–1175: Angkor-Vat-Stil*
- *um 1180–1220: Bayon-Stil*

Vorgeschichte Kambodschas

Um 600 000 v. Chr.
Altsteinzeit

Um 3400 v. Chr.
Jungsteinzeit

Um 1500 v. Chr. bis 400 n. Chr.
Metallzeit

Seiten 10–11

Erste Königreiche

Beginn der christlichen Ära; Indisierung

ab 3. Jh.
Funanreich

ab 5. Jh.
Zhenlareich

Seiten 12–13

Grundlagen der Khmer-Macht

802
Gründung des angkorianischen Königreichs

Um 900
Gründung Angkors

Seiten 14–15

600 000 v. Chr.

- **ab 600 000 v. Chr.: Altsteinzeitliches Arbeitsgerät aus behauenen Kieselsteinen**
- **um 4200 v. Chr.: Mittelsteinzeitliches Arbeitsgerät vom Typ Hoa Binh**
- **um 3400 v. Chr.: Beginn der Jungsteinzeit**
- **um 1500 v. Chr.: Beginn der Bronzezeit**
- **um 500 v. Chr.: Beginn der Eisenzeit**

400

- **um 6. Jh.: Erste Darstellungen Buddhas**
- **7. Jh.: Sambor Prei Kuk als Hauptstadt**
- **8. Jh.: Mehrere Königreiche in Kambodscha**

800

- **802: Jayavarman II. wird König**
- **Ende 9. Jh./Beginn 10. Jh.: Angkor wird Hauptstadt**

Große Herrscher der angkorianischen Zeit

- *802–835 (?): Regierungszeit Jayavarmans II.*
- *877–886 (?): Regierungszeit Indravarmans I.*
- *889–900 (?): Regierungszeit Yasovarmans I.*
- *928–942: Regierungszeit Jayavarmans IV.*
- *944–967: Regierungszeit Rajendravarmans II.*
- *968–1000: Regierungszeit Jayavarmans V.*
- *1010–1049: Regierungszeit Suryavarmans I.*
- *1050–1066: Regierung Udayadityavarmans I.*
- *1113–1145 (?): Regierungszeit Suryavarmans II.*
- *1181–1218 (?): Regierungszeit Jayavarmans VII.*

Höhepunkt der Khmer-Macht

1113 bis ca. 1145
Suryavarman II.; Gründung Angkor Vats

1181–1218?
Jayavarman VII.; Gründung Angkor Thoms

Seiten 16–17

Niedergang und Stillstand

1405–1459
Chau Ponhea Yat

1516–1566
Ang Chan I.

1863
Französisches Protektorat

Seiten 18–19

000 — **1431** — **1863**

- **1002–1010: Bürgerkrieg**
- **1080: Dynastie Mahidharapuras**
- **1113: Thronbesteigung Suryavarmans II.; Errichtung Angkor Vats**
- **1177: Einnahme Angkors durch die Cham**
- **1181: Thronbesteigung Jayavarmans VII.; Bau des Bayon**
- **1431: Aufgabe Angkors**
- **Um 1431: Zunächst Bassan (Srei Santhor), dann Chadomukh (Phnom Penh) als Hauptstadt**
- **1528: Lovek Hauptstadt**
- **um 1570: Angkor zeitweilig Hauptstadt**
- **um 1620: Udong Hauptstadt**
- **1863: Protektoratsvertrag zwischen Kambodscha und Frankreich**

Vorgeschichte Kambodschas

Um 600 000 v. Chr. bis etwa 400 n. Chr.

Forschungen zur vorgeschichtlichen Zeit haben uns am Ufer des Mittellaufs des Mekong auf die ersten Spuren menschlicher Tätigkeit geführt, die um 600 000 v. Chr. datiert wurden. Alt-, Mittel- und Jungsteinzeit folgten aufeinander. Ab den ersten Jahrhunderten unserer Zeitrechnung wurden die lokalen Kulturen von der indischen Zivilisation beeinflusst.

Frühe Kultur in Südostasien
Das älteste steinzeitliche Material, das in Kambodscha entdeckt wurde, gehört zur so genannten Hoa-Binh-Kultur (nach der gleichnamigen Stätte Hoa Binh im Norden Vietnams), die im Jahr 1927 von Madeleine Colani entdeckt und erforscht wurde. Die Werkzeuge, wie diese aus Laang Spean stammende Axt (Ende 5. Jt. v. Chr.), sind in der Regel nur auf einer Seite behauen.

Vorgeschichtliche Siedlung
Bislang geben nur sehr wenige archäologische Grabungen Auskunft über die vorgeschichtliche Zeit in Kambodscha. Ende der 1960er-Jahre belegten Grabungen in Laang Spean (Provinz Battambang, Kambodscha; Hintergrundfoto) eine Besiedlung rund um das ausgehende 5. Jt. v. Chr.

Verräterische Grabbeigabe
Die Arbeitsgeräte, die den Verstorbenen häufig mit ins Grab gelegt wurden, verraten einiges über das Leben in dieser Zeit. Diese Harpune aus Ban Kao (Provinz Kanchanaburi, Thailand; 3. bzw. 2. Jt. v. Chr.) zeugt von der Bedeutung des Fisches in der Ernährung des jungsteinzeitlichen Menschen.

Mode mit Linien und Spiralen
Diese jungsteinzeitliche Keramikschale (Ende 2. Jt. v. Chr.) stammt aus Samrong Sen (Provinz Kompong Thom, Kambodscha), einer Stätte, die von der Altsteinzeit bis in frühchristliche Zeit besiedelt war, und zeugt davon, dass Verzierungen in gebrochenen Linien und Spiralen zu dieser Zeit Gefallen fanden.

Altsteinzeit
um 600 000 v. Chr. Arbeitsgerät aus behauenem Kiesel der Stätte Sre Sbau in der Provinz Kratie am Mittellauf des Mekong

Mittelsteinzeit
um 4200 v. Chr. Arbeitsgerät aus Kiesel, auf einer Seite behauen, in Laang Spean in der Provinz Battambang. Zählt zur Hoa Binh-Kultur

Jungsteinzeit
um 3400 v. Chr. Vermehrte Muschelfunde in der Stätte Kbal Romeas in der Provinz Kampot

Halskette aus Muscheln und Nephrit
Ab der Jungsteinzeit finden sich in den Gräbern zahlreiche Schmuckobjekte. In Ban Kao nehmen ihre Qualität und ihre Zahl gegen Ende der Epoche zu und zeugen von stetig wachsendem Reichtum.

Die Dongson-Kultur
Diese Urne (zweite Hälfte des 1. Jt. v. Chr.) aus dem Nationalmuseum von Phnom Penh wurde in der kambodschanischen Provinz Kandal entdeckt. Sie gehört zu den Kult- und Bestattungsobjekten aus Bronze (Trommeln, Glocken) der Dongson-Kultur, deren Zentrum im Tal des Roten Flusses im Norden Vietnams lag. Diese Kultur hat sich in ganz Südostasien einschließlich Indonesiens verbreitet. Ihr Erfolg dürfte mit der Entwicklung des Seehandels in der Region einhergegangen sein.

Armreifen aus Stein
Die Datierung der im 19. Jh. in Samrong Sen entdeckten Fundstücke ist noch unklar. Der Stil und die Typologie dieser Armreifen sprechen dafür, dass sie aus den Anfängen der Metallzeit (Ende 2. Jt. v. Chr.) stammen.

Bronzezeit

um 1500 v. Chr.	Vermehrte Muschelfunde bei Samrong Sen in der Provinz Kompong Thom
um 1200 v. Chr.	Mlu Prei in der Provinz Preah Vihear, Fundstätten rund um die Roluosmündung in der Provinz Siem Reap

Eisenzeit

um 500 v. Chr. bis 400 n. Chr.	Kultur der Rundstädte, Mimot, in der Provinz Kompong Cham

Erste Königreiche 1.–8. Jh.

Chinesische Zeugnisse, in Stein gehauene Inschriften oder alte Monumente geben Auskunft über verschiedene Staaten, die im Süden und im Zentrum des historischen Kambodscha lagen. Funan, ein auf den Seehandel ausgerichtetes Königreich, erblühte ab dem 3. Jh. im Mekongdelta. Zhenla, dessen Wiege wahrscheinlich im Süden des heutigen Laos stand, erlangte ab der Mitte des 6. Jh. eine Vormachtstellung.

DAS MEKONGDELTA
Die südliche Zone des historischen Kambodscha, das ein größeres Gebiet als heute umfasste, war der Sitz des Königreichs, das die Chinesen Funan nannten. Dieses Reich ist ab der frühchristlichen Zeit bis zur Mitte des 6. Jh. bezeugt. Es war auf das Meer ausgerichtet und unterhielt Handelsbeziehungen zu den übrigen Gebieten Südostasiens sowie zu den beiden großen Kulturen des alten Asien, Indien und China. Unzählige Kanäle dienten der Entwässerung oder als Verkehrswege (Hintergrundfoto).

DAS REICH ZHENLA
Das Reich, das im Lauf des 6. Jh. an die Stelle von Funan trat, wurde von den Chinesen Zhenla genannt. Dieser Name wurde auch auf das Kambodscha in angkorianischer Zeit übertragen. Zhenla lag weiter im Norden als Funan und gründete seine Macht auf die Agrarwirtschaft und nicht auf den Seehandel. Die Hauptstadt dieses Reiches, Sambor Prei Kuk, birgt zahlreiche üppig gestaltete alte Backsteintempel (erste Hälfte 7. Jh.).

INDISIERUNG SÜDOSTASIENS
In Südostasien verkehrten häufig indische Händler. Durch den Kontakt mit der indischen Kultur übernahm Südostasien die Sprachen Pali und Sanskrit sowie den Hinduismus und Buddhismus. Die ältesten Zeugnisse dessen, was als Indisierung bezeichnet wird, sind Inschriften und Statuen, die hauptsächlich Buddha darstellen.

Erste Jahrhunderte n. Chr.
Indisierung Südostasiens

3. JH. Erstmalige Erwähnung Funans
Der Reisebericht der chinesischen Gesandten Kang Tai und Zhu Ying erwähnt Funan (bekannt durch Zitate in späteren Texten).

5. JH. Auftreten Zhenlas
ab ca. 450 Regierungszeit Devanikas (Zhenla)*
um 480–514 Regierungszeit Jayavarmans (Funan)

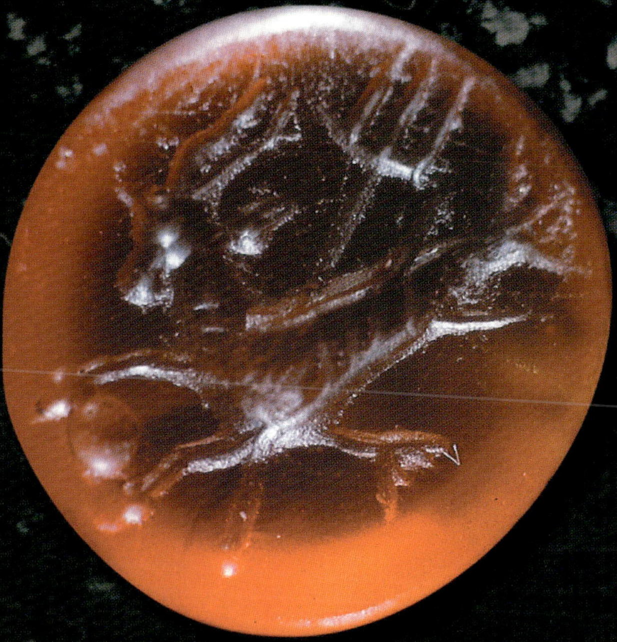

Fundstück aus Indien
Oc Eo im Süden des heutigen Vietnam war eine der bedeutendsten Städte Funans. Ein Kanal verband sie mit einem Hafen, in dem reger Handel getrieben wurde. In Oc Eo wurden zahlreiche aus Indien, China, ja sogar dem Mittelmeerraum stammende Gegenstände gefunden. Diese Karneolgemme mit eingeritztem Steinbock stammt vermutlich aus Indien. Ihr genauer Fundort ist nicht bekannt, doch ist sie für die in Oc Eo entdeckten archäologischen Fundstücke durchaus typisch.

Krishna hebt den Hügel Govardhana empor
Die Region um Angkor Borei im Süden des heutigen Kambodscha war das Zentrum des Funanreichs. Die ältesten Khmerskulpturen stammen aus unterschiedlichen Stätten rund um diese alte Stadt. Diese Stele (Anfang 7. Jh.) aus dem Nationalmuseum in Phnom Penh stellt den Hindugott Krishna dar. Die hier verwendete Technik des Hochreliefs gehört zur indischen Tradition.

Götter und Zwitterwesen
Der indische Einfluss auf die ersten Khmerreiche ist hauptsächlich am religiösen Bildmaterial zu erkennen. Dieser Sturz (erste Hälfte des 7. Jh.) weist hinduistische Motive auf: makara *(Zwitterwesen mit buschigem Schwanz, halb Elefanten, halb Krokodile) sowie Darstellungen des Unwettergottes Indra und seiner Gehilfen in den Medaillons auf dem zentralen Bogen. Die Khmerkünstler interpretierten die indischen Themen jedoch neu und passten sie an ihr eigenes ästhetisches und religiöses Empfinden an.*

um 514–539	Règierung Rudravarmans (letzter König Funans)
ab ca. 550	Regierung Viravarmans (Zhenla)
Ende 6. Jh.	Regierung Bhavavarmans I. (Zhenla)
um 598–616	Regierung Mahendravarman (Zhenla)
um 616–635	Regierung Isanavarmans I. (Zhenla); Sambor Prei Kuk in der Provinz Kompong Thom
um 635–657	Regierung Bhavavarmans II. (Zhenla)
um 657–681	Regierung Jayavarman I. (Zhenla)
8. Jh.	Verschiedene Königsgeschlechter (Zhenla)
713	Jayadevi (Zhenla)

Grundlagen der Khmermacht

Anfang 9. Jh. – Anfang 11. Jh.

Im Jahr 802 ließ sich König Jayavarman II. zum Weltenherrscher erklären. Er einte ein gewaltiges Gebiet, das in den folgenden Jahrhunderten den größten Teil vom kontinentalen Südostasien beherrschen sollte. Ab dem 9. Jh. wurde die Hauptstadt im heutigen Gebiet von Angkor errichtet.

DIE DREIHEIT
Die Macht der Khmerkönige beruhte auf der Beherrschung ausgeklügelter Agrartechniken, auf einer außerordentlichen militärischen Kraft und auf dem Beistand der Gottheiten, denen die Monumente Angkors geweiht waren. Diese Frömmigkeit zeigt sich auf vollendete Weise in einigen Skulpturen mit eindrucksvoller Formgebung wie diesen Darstellungen der Götter Vishnu, Shiva und Brahma (Ende 9. Jh.).

DER PHNOM BAKHENG
Im Zentrum des ersten Angkor, der Stadt, die die Khmer in ihren Inschriften Yasodharapura nennen, liegt einer der wenigen Hügel der unmittelbar nördlich des Großen Sees gelegenen Zone. Kurz nach seiner Thronbesteigung im Jahr 889 beschloss Yasovarman, Hariharalaya, die Hauptstadt seines Vorgängers, zu verlassen. Er ließ damals das östliche baray *anlegen und gründete den Tempel Phnom Bakheng.*

GRÜNDER DES KHMERKÖNIGTUMS
Vor der Gründung Angkors hatte es bereits mehrere Herrscher in der Region gegeben. Der Gründer des klassischen Khmerkönigtums, Jayavarman II., hat auf dem Mahendraparvata (Phnom Kulen) und in Hariharalaya (Roluos) residiert. Der hier gezeigte Sturz (erste Hälfte des 9. Jh.) stammt von einem der Tempel in Prasat Koki, die seiner Regierungszeit zugeordnet werden.

802–877 Regierungszeiten Jayavarmans II. und Jayavarmans III.
Phnom-Kulen-Tempel, Prasat Trapeang Phong

877–886 Regierung Indravarmans I.
877 Indratataka (*baray* von Lolei)
879 Preah-Ko-Tempel
881 Bakong-Tempel

889–900 Regierung Yashovarmans I.
893 Lolei-Tempel
9./10. Jh.. Phnom-Bakheng-Tempel, östliches *baray*
Um 925 Baksei-Chamkrong-Tempel

Stuckverzierung vom Preah-Ko-Tempel
Die erste große angkorianische Stadt, die ein baray, *einen Ahnentempel (Preah Ko, um 879) und einen Staatstempel oder Tempelberg (Bakong) umfasste, war Hariharalaya, das heutige Roluos. Die Gründung dieser Stadt geht spätestens auf die Regierungszeit Jayavarmans II. zurück, der dort residierte, aber es war Indravarman, der ihr im ausgehenden 9. Jh. ihr heute bekanntes Aussehen verlieh.*

Religiöse Toleranz
Zu einer Zeit, als der Shivaismus Staatsreligion war, zeugte dieses Votivmonument (Ende 10. Jh.), dessen vier Seiten mit buddhistischen Gottheiten geschmückt sind, von der religiösen Toleranz, die zu angkorianischer Zeit stets üblich war. Sie nahm übrigens manchmal die Form eines echten Synkretismus an, bei dem allen Gottheiten der gleiche Respekt und die gleiche Aufmerksamkeit entgegengebracht wurde.

Zweite Hauptstadt
Mittelpunkt der Geschichte der Khmer ist Angkor, das vom ausgehenden 9. Jh. bis zur Mitte des 15. Jh. Hauptstadt war. Für kurze Zeit, von 928–944, verließen die Könige die Stadt zugunsten der etwa 100 km entfernt gelegenen Stadt Koh Ker. Diese Stadt, deren alter Name Lingapura war, besitzt außergewöhnliche Monumente wie den oben abgebildeten Prasat Thom, die aufgrund ihrer beeindruckenden Ausmaße einzigartig sind.

928–944 Regierungszeiten Jayavarmans IV. und Harshavarmans II.
Hauptmonumente von Koh Ker

944–967 Regierung Rajendravarmans
953 Östliches Mebon
961 Pre-Rup-Tempel
967 Banteay-Srei-Tempel

968–1000 Regierung Jayavarmans V.
Ta-Keo-Tempel (teilweise)
Einfriedung des Königspalastes

Höhepunkt der Khmermacht

Anfang 11. Jh.–1431

Unter den Herrschern Suryavarman II. und Jayavarman VII. verzeichnete die angkorianische Epoche ihren Höhepunkt. Das Khmerreich hatte seine größte Ausdehnung erreicht und beherrschte das gesamte kontinentale Südostasien. Baukunst und Bildhauerei erlangten den höchsten Grad an Perfektion.

Jayavarman VII. – ein König eint das Reich

Jayavarman VII. bestieg den Thron, als das Land der Khmer gerade von den Cham überfallen und die Hauptstadt geplündert worden war (1177). Vier Jahre brauchte der künftige Monarch, um das Gebiet zurückzuerobern und das Königreich zu befrieden. Der König erhob den Buddhismus zur Staatsreligion und führte das Khmerreich zu seiner Blüte.

Machtdemonstration des Königs

Misst man die Macht der Könige an den Bauten ihrer Zeit, dann war Jayavarman VII. unbestreitbar der mächtigste Herrscher Angkors. Das Bauwerk, das dem erklärten Willen des Königs, seine Macht allen vor Augen zu führen, in Vollendung Ausdruck verleiht, ist der Bayon (Hintergrundfoto).

Suryavarman II. – im Dunkel der Geschichte

Unter den historischen Abbildungen Angkor Vats findet man zwei Darstellungen Suryavarmans II., die jedoch kaum individuelle Züge tragen. Von seiner Thronbesteigung wissen wir, dass sie schwierig war. Außer diesem Umstand und seinen Fähigkeiten als Krieger, die in einigen Inschriften erwähnt werden, ist kaum etwas über ihn bekannt, nicht einmal sein Todesdatum.

1010–49 **Regierung Suryavarmans I.**
Vollendung des Phimeanakas-Tempels
Beginn der Anlegung des westlichen *baray*

1050–66 **Regierung Udayadityavarmans II.**
Vollendung des östlichen *baray*
Östlicher Mebon
Baphuon-Tempel

1066–1113 **Regierungszeiten Harshavarmans III., Jayavarmans V und Dharanindravarmans I.**
Phimai-Tempel (im heutigen Thailand) unter Jayavarman VI.

Blütezeit der Kunst
Die Regierungszeit Suryavarmans I. (1010–49) wurde von zahlreichen Konflikten überschattet. Seine Nachfolger scheinen dagegen ein Land regiert zu haben, das eine Zeit lang keine Unruhen kannte. Während dieser Periode wurden meisterhafte Monumente errichtet, unter Udayadityavarman II. (1050–66) beispielsweise der Tempelberg Baphuon, der mit amüsanten erzählenden Flachreliefs geschmückt ist, die ihre Motive aus der Mythologie schöpfen.

Zeuge einer Zeit des Überflusses
Diese geheimnisvolle Bronzestatuette aus dem Nationalmuseum in Phnom Penh ist einer von zahlreichen Votivgegenständen, die es in den Tempeln gab. Die kniende weibliche Figur hielt vermutlich eine runde Platte über ihrem Kopf. Der Stil dieser Arbeit aus der Regierungszeit Suryavarmans II. spricht für den Reichtum und den Überfluss im Khmerreich kurz vor der Einnahme Angkors durch die Cham 1177.

Krieg zwischen Khmer und Cham
Die Flachreliefs des Bayon sind der Widerhall der historischen Ereignisse der Epoche Jayavarmans VII. In unterschiedlichen Kampfszenen stehen sich Khmer und Cham gegenüber. Die Haare der Khmer sind kurz oder zu einem Knoten zusammengefasst, während die Cham Helme mit Nackenschutz tragen. Die Inschriften erwähnen Schiffsschlachten, die wohl während der Einnahme Angkors auf dem See Tonle Sap tobten.

1113–45 **Regierung Suryavarmans II.**
Angkor-Vat-Tempel

1177 Einnahme und Plünderung Angkors durch die Cham

1181–1218 **Regierung Jayavarmans VII.**
1186 Ta-Prohm-Tempel
1191 Preah-Khan-Tempel
Einfriedung und Wassergräben Angkor Thoms; Bayon-Tempel

1431 **Aufgabe Angkors**

Niedergang und Stillstand 1431–1863

Der Niedergang Kambodschas wurde durch den Aufstieg des siamesischen Königreichs von Ayutthaya beschleunigt. Die politische Instabilität und die Anfälligkeit der Wirtschaft ließen die Vitalität des Landes schrumpfen. Mit den ersten Beschreibungen westlicher Missionare im 16. Jh. und den mysteriösen Berichten der Reisenden des 17. und 18. Jh. wurde Angkor zu einem geheimnisumwobenen Ort.

SIDDHARTHA IN SEINEM PALAST
Der Tempel Vat Nokor (13. Jh.) in der Provinz Kompong Cham wurde unter Jayavarman VII. errichtet. Wie viele andere auch wurde er zu einer Pagode des Buddhismus des Kleinen Fahrzeugs umgestaltet, wahrscheinlich im 16. Jh. Kambodscha trat damals in eine schwierige Phase seiner Geschichte ein, die vom beständigen Druck der Thai und der Vietnamesen gekennzeichnet wurde.

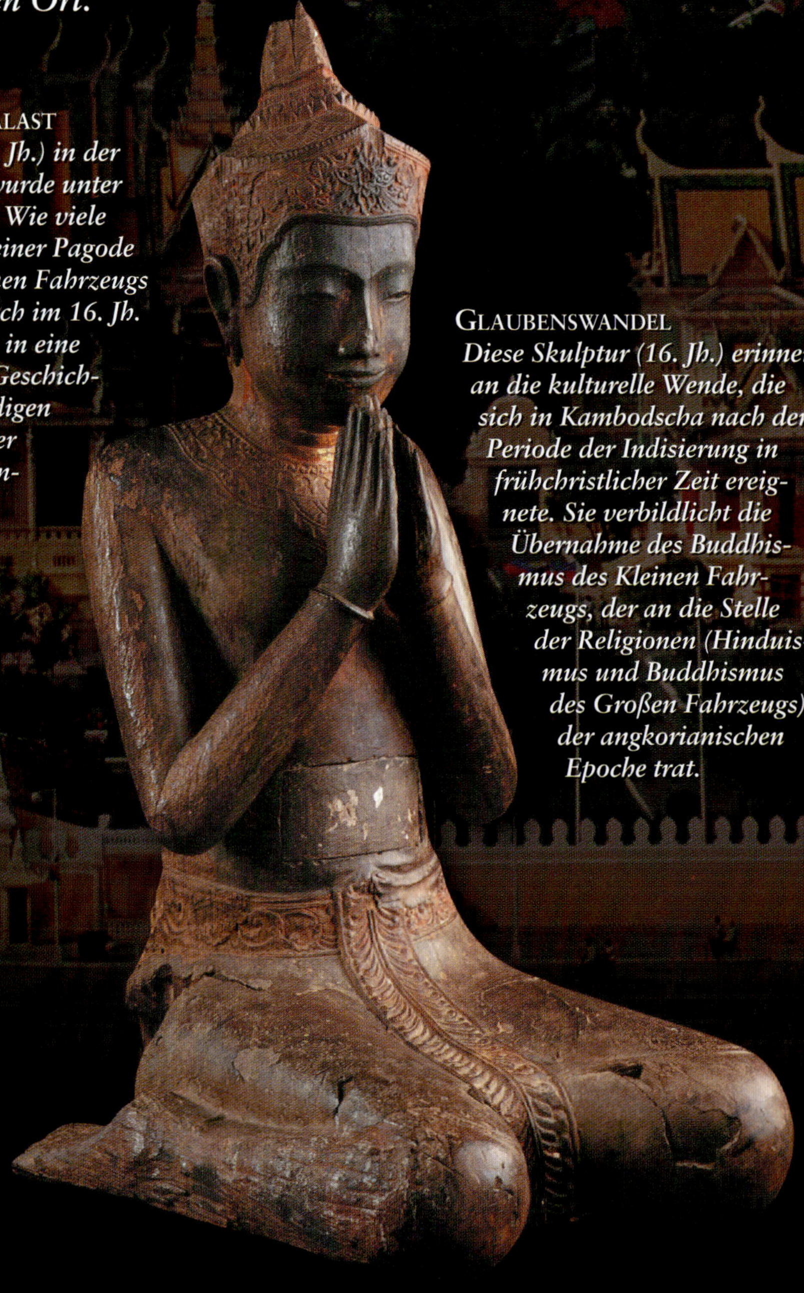

GLAUBENSWANDEL
Diese Skulptur (16. Jh.) erinnert an die kulturelle Wende, die sich in Kambodscha nach der Periode der Indisierung in frühchristlicher Zeit ereignete. Sie verbildlicht die Übernahme des Buddhismus des Kleinen Fahrzeugs, der an die Stelle der Religionen (Hinduismus und Buddhismus des Großen Fahrzeugs) der angkorianischen Epoche trat.

1405–59	**Regierung Chau Ponhea Yats/Soriyapors**
Um 1431	Verlegung der Hauptstadt nach Bassan (Srei Santhor), dann nach Chadomukh (Phnom Penh) durch Chau Ponhea Yat/Soriyapor
1516–66	**Regierung Ang Chans I.**
1528	Verlegung der Hauptstadt nach Lovek
1566–76	**Regierung Borom Reacheas I.**
Um 1570	Angkor wird zeitweise erneut zur Hauptstadt des Khmerreichs.

Tanzende weibliche Gottheit
Nach der Aufgabe Angkors 1431 kam es zu mehrmaligen Verlegungen der Khmerhauptstadt. Letztmals war Angkor im 16. Jh. Hauptstadt. Einige Monumente wurden damals umgebaut oder restauriert. Die Elefantenterrasse vor dem königlichen Palast im Herzen Angkor Thoms wurde neu gestaltet. An mehreren Einzelheiten lässt sich erkennen, welche Art von Flachreliefs in dieser späteren Zeit ausgeführt wurde.

Religiöse Erneuerung
Die Form des Kerzenhalters erinnert an ein Blatt des Ficus religiosa, unter dem Buddha erleuchtet wurde. Verziert ist er mit Preah Torani, der Erdgöttin, die ihr Haar flicht, um die Heiligkeit des Erleuchteten zu bezeugen. Diese Merkmale kennzeichnen den Übergang der angkorianischen zur nachangkorianischen Epoche.

Einflüsse aus Ost und West
Dieses Objekt (Ende 19. Jh.) aus lackiertem und mit Perlmutt belegtem Holz offenbart die siamesische Tradition in der Kunst Kambodschas, das seit Mitte des 15. Jh. dem Druck seines starken Nachbarn ausgesetzt war. Frankreichs Eingreifen in der zweiten Hälfte des 19. Jh. befreite das Land von dem siamesischen Einfluss, setzte es jedoch dem des Westens aus.

Der Königspalast
Die Gebäude des Königspalasts in Phnom Penh (Hintergrundfoto) stammen aus dem 19. oder frühen 20. Jh. Sie waren während der Zeit des französischen Protektorats (ab 1863) bis zur Unabhängigkeit Kambodschas 1953 Sitz des entmachteten Königtums. Die Gebäude gruppieren sich um den Thronsaal. Der Wohnkomplex befindet sich im westlichen Teil, genauso wie beim Königspalast von Angkor etwa acht Jahrhunderte zuvor.

1576–96 **Regierung Sathas**
Um 1577 Restauration Angkor Vats
1586 Großer liegender Buddha vom Phnom Kulen
1594 Plünderung Loveks durch die Armeen Ayutthayas

Um 1620 Verlegung der Hauptstadt nach Udong

1794 **Annektierung der Region Angkors durch Siam**

11.08.1863 **Unterzeichnung des Protektoratsvertrags zwischen Kambodscha und Frankreich**

Die Zivilisation von Angkor

Charles Higham

Die Göttin Devata
(S. 20) Das Geschmeide dieser an einer Mauer von Angkor Vat (12. Jh.) dargestellten Göttin bestand aus getriebenem Gold.

Schlange als Zierde
Die vielköpfige Kobra – auf Sanskrit naga *– ist eines der am häufigsten verwendeten dekorativen Elemente der Khmerkunst.*

Einleitung

Ein achtes Weltwunder

Im 16. Jh. erfuhren portugiesische Händler und Missionare von der Existenz einer großen Stadt aus Stein, die verborgen in den Wäldern Nordkambodschas lag und seit 150 Jahren verlassen war. Es handelte sich um eine heilige Stadt mit riesenhaften Monumenten. Ihre Tempel waren Zeugen einer Religion, die älter war als das Christentum. Die fünf lotosförmigen Türme von Angkor Vat, die das Dach des umliegenden Dschungels beherrschen, erfüllen den Betrachter damals wie heute mit Ehrfurcht. Der Kapuzinermönch Antonio da Magdalena, der die Ruinen 1586 besuchte, war einer der Ersten, die diese Stätte erforschten. Drei Jahre später berichtete er dem offiziellen Chronisten Portugiesisch-Indiens, Diogo do Couto, von seiner Entdeckung. Zwar sank da Magdalena kurze Zeit später vor der Küste von Natal mit seinem Schiff, doch Do Couto hatte die Erinnerungen des unerschrockenen Missionars schriftlich festgehalten:

„Die Stadt hat einen quadratischen Grundriss und verfügt über vier Hauptportale sowie ein fünftes Portal, das zum Königspalast führt. Fünf Brücken überspannen den Wassergraben, der die Stadt umgibt. Die Brückengeländer sehen aus wie ein Band, das von Riesen mit durchstochenen Ohren gehalten wird. […] Die Mauersteine sind enorm groß und das Mauerwerk so perfekt, als ob es aus einem einzigen großen Block geschnitten worden wäre. Alle Eingangstore sind wundervoll skulptiert und so vollkommen und exquisit, dass Antonio da Magdalena, der diese Stadt besuchte, zu dem Schluss kam, sie müssten aus einem Steinbruch stammen, der mehr als zwanzig Meilen von dort entfernt lag. Daraus lässt sich die Arbeitskraft und Arbeitsorganisation ablesen, die für die Erbauung dieser Stadt notwendig war. In einigen Schriften ist zu lesen, dass diese Stadt, diese

Tempel und weitere Bauwerke unter zwanzig Königen erbaut wurden und die Arbeiten sich über einen Zeitraum von 700 Jahren erstreckten. An den Flanken dieser Stadt erheben sich Monumente, deren großartige und prachtvolle Ausgestaltung die Vermutung nahe legt, dass es sich hierbei um Königspaläste handelt. [...] An jedem der Stadttore nimmt eine Straße ihren Anfang, die ebenso breit ist wie die Brücken. Sie wird von Wasserkanälen flankiert, die von dem großen Wassergraben gespeist werden, der die Stadt umgibt. [...] Eine halbe Meile von der Stadt entfernt erhebt sich ein Tempel, der den Namen Angar trägt. Sein Baustil ist so außergewöhnlich, dass er sich nicht mit Worten beschreiben lässt, umso mehr, da er keinem anderen Bauwerk der Welt ähnelt. Er verfügt über alle Raffinessen, die das menschliche Genie zu schaffen in der Lage ist, wie beispielsweise zahlreiche Verzierungen und Türme, die einen Widerhall in vergoldeten Türmchen gleichen Stils finden. Dieser Tempel wird von einem Kanal umschlossen, und den einzigen Zugang bildet eine Brücke, die von zwei dermaßen großen und wilden steinernen Tigern bewacht wird, dass der Besucher bei ihrem Anblick vor Schreck erstarrt."

Andere portugiesische Missionare staunten ebenfalls über das gigantische Ausmaß ihrer Entdeckung. In dem im Jahr 1601 veröffentlichten Bericht des Marcello de Ribadeneyra ist zu lesen:

„Wir nehmen an, dass die Gründer des Königreichs Siam aus dieser großen, mitten in der Wildnis gelegenen Stadt stammen, die sich im Königreich von Kambodscha findet. Dort erheben sich die Ruinen einer antiken Stadt [...]. Merkwürdigerweise ist sie nicht bewohnt und lediglich wilde Tiere sind dort anzutreffen. Die Einheimischen behaupten, dass sie von Fremden erbaut wurde."

Drei Jahre später beschreibt Gabriel de San Antonio nicht zu entziffernde Inschriften. Er spricht von Häusern, Höfen, Räumen und Fassaden, die römisch zu sein scheinen. Pater Antonio Dorta und Pater Luys de Fonseca, so sagt er, blieben mehrere Tage vor Ort und entdeckten Brunnen, Kanäle, Tempel und Brücken, die von steinernen Riesen gestützt wurden: „Es gibt einen Tempel mit fünf Türmen, der Angor genannt wird."

Es wurden zahlreiche Vermutungen bezüglich des Wesens und des Ursprungs dieser Monumente geäußert, doch kaum jemand zog das kambodschanische Volk als Schöpfer dieser Meisterwerke in Betracht. Diese Menschen schienen unmöglich in der Lage zu

Der Bericht von Diogo do Couto

Der offizielle Chronist Portugiesisch-Indiens Diogo do Couto lebte lange Zeit in der indischen Stadt Goa, wo er packende Informationen zur Geschichte sammelte, sich aber auch für die Raritäten des Subkontinents und Südostasiens interessierte. Ihm ist die älteste heute bekannte Beschreibung Angkors in einer europäischen Sprache zu verdanken, die den Titel *Von der großen und wundervollen Stadt, die in den Wäldern des Königreichs Kambodscha entdeckt wurde, von ihrem Bau und ihrer Lage* trägt. Die wertvolle Handschrift stammt aus den 90er-Jahren des 16. Jh. und hätte eigentlich im Jahr 1614 veröffentlicht werden sollen. Als der Verfasser 1599 eine Sendung mit verschiedenen Texten nach Portugal schickte, vergaß er jedoch unglücklicherweise, diesen Bericht mitzusenden, sodass der Text über Angkor zunächst unveröffentlicht blieb.

Diogo do Couto verdankte seine Informationen einem Kapuzinermönch, Antonio da Magdalena, der Angkor gegen 1585 besucht hatte. Obwohl im endgültigen Text ein Bericht aus erster Hand festgehalten wurde, birgt er einige Ungenauigkeiten, die vermutlich den schwierigen Bedingungen zuzuschreiben sind, unter denen Antonio da Magdalena die Ruinen besucht hatte. Trotz seiner Schwächen handelt es sich bei Coutos Arbeit aber um den präzisesten Bericht über diese große Khmerhauptstadt vor den Beschreibungen des 19. Jh.

Dieses außergewöhnliche Zeugnis wurde der gelehrten Welt durch C. R. Boxer 1954 enthüllt und schließlich im 1958 erschienenen Werk Bernard Philippe Grosliers *Angkor und Kambodscha im 16. Jahrhundert. Studien auf der Basis portugiesischer und spanischer Quellen* veröffentlicht und erforscht.

sein, Bauten von solcher Pracht zu erschaffen. Ein 1647 in Madrid veröffentlichter Bericht schließt mit dem Hinweis: „Ein Gelehrter schreibt diese Bauwerke Trajan zu."

Am Ergebnis jahrelanger mühevoller Forschungsarbeiten lässt sich inzwischen ablesen, dass die anfänglichen Mutmaßungen nicht den Tatsachen entsprechen. Tatsächlich war Angkor die Hauptstadt einer Zivilisation, die ihre Blütezeit zwischen dem 9. und 15. Jh. hatte und die die fruchtbaren Ebenen Kambodschas und einen großen Teil Thailands beherrschte. Angkors Könige lebten in Städten, die nach dem Vorbild des Weltenbergs, des Sitzes der hinduistischen Gottheiten, erbaut wurden, umgeben von riesigen Kanälen, die die Ozeane symbolisierten. Im Jahr 1296 erlebte der chinesische Reisende Zhou Daguan ein von Leben erfülltes Angkor. Er berichtet von einer königlichen Prozession, bei der König Indravarman III. das heilige Schwert *preah khan* in Händen hielt:

„Wenn der König den Palast verlässt, nehmen Soldaten die Spitze seiner Eskorte ein. Es folgen die Fahnen, die Banner und die Musik. Die Palastfrauen, von denen es 300–500 gibt, folgen als Gruppe und tragen geblümte Stoffe. Ihr Haar ist mit Blumen geschmückt und sie tragen Kerzen, die sogar am Tag entzündet sind. Es folgen weitere Palastfrauen, die die persönliche Garde des Königs bilden und mit Lanzen und Schilden bewaffnet sind, anschließend komplett vergoldete Wagen, die von Ziegen und Pferden gezogen werden. Die Minister und Fürsten, denen zahllose rote Sonnenschirme vorausgetragen werden, reiten auf Elefanten. Hinter ihnen kommen die Frauen und Konkubinen des Königs in

WÄCHTERALLEE

Die von Befestigungsmauern umgebene Stadt Angkor Thom, die die ersten westeuropäischen Besucher beschrieben, verfügt über fünf monumentale Stadttore (im Bild das Südtor), die mit den Gesichtern von Königen verziert sind. Sie übernehmen die Rolle von Beschützern der Stadt. Zwei Reihen von 54 Riesen, die den Körper einer naga *mit zahlreichen Köpfen halten, gehen diesen Toren voraus und säumen die Dammstraßen, die die Wassergräben überspannen.*

Sänften, in Wagen, zu Pferd oder auf dem Rücken von Elefanten. Sie haben über hundert mit Gold besprenkelte Sonnenschirme. Am Ende kommt der Herrscher auf einem Elefanten, dessen Stoßzähne mit Gold umwickelt sind; das heilige Schwert in der Hand."

Der chinesische Reisende besuchte den goldenen Palast und die goldenen und bronzenen Türme. Er bewunderte das „Grab von Lu Pan", jenes Monument, das heute den Namen Angkor Vat trägt. Die langen, mit Flachreliefs geschmückten Galerien vermitteln einen Eindruck vom Hofzeremoniell und sogar von den Vorstellungen, die sich die damaligen Menschen von Himmel und Hölle machten. Zhou Daguan besuchte auch den Bayon, den grandiosen, im Zentrum der Stadt gelegenen Tempel König Jayavarmans VII. Noch heute zeigen die in den Stein gehauenen Flachreliefs ein sehr umfassendes Bild vom Alltagsleben der damaligen Bewohner, etwa Schachspieler, die in aller Ruhe eine Partie bestreiten, das Innere des Hauses eines chinesischen Händlers oder Hebammen, die sich in einem Pavillon um eine Gebärende kümmern.

Geheimnisumwobenes Angkor

LÖWENWÄCHTER
Obwohl Kambodscha nicht zur Heimat des Löwen zählt, haben ihn die Bildhauer häufig dargestellt. Er hat ein unwirkliches und fabeltierartiges Aussehen und bewacht häufig die Zugänge zu den Monumenten.

Dieses Buch möchte die architektonischen Meisterwerke der Kultur von Angkor in ihrem historischen Zusammenhang darstellen. Die Entdeckungsreise führt weit in die Vergangenheit, bis in die vorgeschichtliche Zeit zurück und von dort in Etappen bis zur Errichtung Angkor Vats und schließlich zum Niedergang und zur Aufgabe dieser Stätten.

Welches waren die Beweggründe der Baumeister und Arbeiter, die sich in der feuchten Hitze abplagten, in den Steinbrüchen des Phnom Kulen riesige Sandsteinblöcke schnitten und sie ans nördliche Ufer des Großen Sees, des Tonle Sap, transportierten? Welcher Geist schuf das riesige, acht Kilometer lange und 2,2 Kilometer breite Rückhaltebecken? Wer verfasste die Inschriften und welche Botschaften enthalten sie? Die ersten portugiesischen Missionare konnten nur Vermutungen anstellen, doch inzwischen sind die Inschriften entschlüsselt, die Steine gesäubert und restauriert und die Namen der Könige und ihrer Dynastien wieder bekannt.

Üblicherweise bezeichnet der Name Angkor die Städte und benachbarten Monumente, die zwischen dem Tonle Sap und dem Phnom Kulen liegen. Das Wort Angkor leitet sich von dem aus dem Sanskrit stammenden Wort *nagara* (Stadt) ab. Die aus der Luft sichtbaren Umrisse der Städte und Tempel zeugen davon, dass die urbanen Zentren zwischen dem 8. und 14. Jh. ständig umgestaltet wurden.

Dem westlichen Forscher ist die Kultur der Khmer in der Regel fremd. Er kennt theoretisch weder deren Bevölkerung noch deren Religion oder das geographische Umfeld, in dem sie sich entwickelte. Er muss sich daher auf zahlreiche Disziplinen, auf die vorgeschichtliche Archäologie, die Inschriftenkunde, die Kunstgeschichte und die vergleichende Religionswissenschaft stützen, um sich einer Periode zu nähern, die sich über mehr als zwei Jahrtausende erstreckt und in vier Abschnitte unterteilt wird. Die Ursprünge der Zivilisation von Angkor reichen bis in die Eisenzeit zurück, die gegen 500 v. Chr. begann. Gegen 150 n. Chr. setzte dann die zweite Phase ein, als sich im Mekongdelta der älteste Staat dieser Region herausbildete, das Reich der Funan. Sein Niedergang, der durch die Verschiebung der Handelsströme ausgelöst wurde, kennzeichnet den Beginn des dritten Abschnitts *(Zhenla),* der von der Mitte des 6. Jh. bis zum Beginn des 9. Jh. reichte. Damals stritten mehrere Königreiche um die Oberherrschaft der Tiefebenen Zentralkambodschas, die vom Delta bis zum Großen See und zum Zusammenfluss von Mekong und Se-Mun im Nordosten Thailands reichen. Dieses Gebiet sollte sich zum Herzen des Khmerreichs entwickeln. Auf die Errichtung der Königsmacht nördlich des Großen Sees, in Angkor, folgte die vierte Phase.

Bevor über diesen Zeitabschnitt berichtet wird, ist es zunächst wichtig, dem Leser einige Hintergrundinformationen zu vermitteln, damit er das Gefüge der Zivilisation von Angkor besser erfassen kann und ein tief greifendes Verständnis für dessen Geschichte gewinnt. Dazu muss zunächst generell erläutert werden, wie im Mekongdelta ein Staat entstehen konnte und mit welchen Mitteln sein Fortbestand gesichert wurde.

SCHIRM AUS LACKIERTEM HOLZ (DETAIL)

Ab dem 16. Jh. stellt eine mit nanban *(Barbaren aus dem Süden) bezeichnete japanische Kunstrichtung häufig portugiesische und holländische Seefahrer dar. Die mittelalterliche Kunst Kambodschas liefert zwar keine solchen Zeugnisse, dagegen sind aber die von diesen Seefahrern verfassten Texte bekannt.*

Vom Ursprung des Staates

Nach der Auffassung zahlreicher Anthropologen haben sich Staaten aus den Herrschaftsgebieten einzelner Stämme entwickelt, innerhalb derer die Gesellschaft von einer Oligarchie beherrscht wurde, deren Mitglieder in verwandtschaftlicher Beziehung zueinander standen. Diese Herrschaftsgebiete bestanden in der Regel aus einem Hauptort, in dem der Häuptling residierte, und aus mehreren, vom Hauptort abhängigen, kleineren Siedlungen. Das Stammesoberhaupt wurde durch Statuszeichen sowie durch ihm zustehende ausgefeilte Begräbnisriten ausgezeichnet. Innerhalb des Staates behielten verwandtschaftliche Beziehungen ihre Bedeutung, doch die Mitglieder der Gesellschaft definierten sich auch über ihre Stellung innerhalb eines komplexen sozialen Gefüges, das aus mindestens zwei Gruppen bestand. Die eine Gruppe setzte sich aus Mitgliedern der herrschenden Klasse zusammen. Häufig wurde der Königskaste ein göttlicher Ursprung sowie die Fähigkeit zuerkannt, mit den Göttern Kontakt aufnehmen zu können. Die Siedlungen waren in vier Kategorien eingeteilt: die Hauptstadt, die Provinzhauptstädte, die lokalen Hauptorte und die einfachen Dörfer. Der König residierte in einem Palast und spielte eine wichtige Rolle bei den religiösen Riten. Sein Hof verbrauchte den Produk-

KÖNIGSPROZESSION
Die Insignien des Königtums, insbesondere der Bogen und der Köcher, werden in dieser Szene vom Bayon-Tempel (frühes 13. Jh.) auf einem Paradewagen transportiert.

tionsüberschuss einer Region, die wesentlich größer war als der Herrschaftsbereich eines Stammes. Die Kontrolle über die Arbeitskraft und die Aneignung des Produktionsüberschusses ermöglichten die Schaffung und Unterhaltung einer Armee, einer Klasse von Priestern, deren alleinige Aufgabe der Dienst in den Tempeln war, sowie von Verwaltungsorganen, die für die Umsetzung der königlichen Gesetze zu sorgen hatten.

Oft spielten kriegerische Auseinandersetzungen, die Kontrolle über den Handel, die persönlichen Fähigkeiten der Stammesoberhäupter und insbesondere deren sicheres Auftreten bei religiösen Zeremonien bei der Bildung von Staaten eine wichtige Rolle. Dies

geht klar aus der Geschichte des Yao-Volks in Malawi im 17. und 18. Jh. hervor. Die Yao sind zwar kein südostasiatisches Volk, doch ihre Entwicklung weist große Ähnlichkeiten mit der der Bevölkerung im Mekongdelta auf.

Die Yao lebten traditionell im Landesinnern, und zwar in Dörfern, die von Frauen beherrscht wurden. Eine Gruppe von Schwestern, deren Verwandtschaft auf der Abstammung mütterlicherseits beruhte, ernannte ihren ältesten Bruder zum Dorfoberhaupt. Die Ansiedlungen umfassten selten mehr als 50–60 Einwohner. Ehrgeizige junge Leute wurden angehalten, den Familienverband zu verlassen und ihr eigenes Dorf zu gründen. Als arabische Händler damit begannen, die etwas weiter östlich gelegene Küste zu erkunden, änderte sich die Situation grundlegend. Im Tausch gegen Elfenbein und Sklaven versorgten die arabischen Seefahrer die Yao mit Perlen, Stoffen und Drahtseilen. Traditionsgemäß wurde der Handel vom Häuptling kontrolliert. Verließen die Händler das Dorf und begaben sich auf ihre häufig sehr gefährlichen Reisen, so gewährte er ihnen den Segen der Ahnen. Auch die Verteilung der von diesen Reisen mitgebrachten Güter war Aufgabe des Häuptlings. Darüber hinaus hing das Ansehen eines Häuptlings von der Einwohnerzahl seines Dorfes ab. Die Nachfrage nach Sklaven führte zu Spannungen zwischen den Yao und deren Nachbarn, denn die männlichen Sklaven wurden an die Küste geschickt, wo sie an die Araber verkauft wurden, während die Häuptlinge die Frauen für sich behielten und so ihren Hof vergrößerten.

Innerhalb kürzester Zeit stiegen einfache Dorfoberhäupter zu bedeutenden Herrschern auf. Diese neuen Herren erweiterten ihr Herrschaftsgebiet und steigerten ihre Macht durch den Handel mit Schusswaffen. Zudem nahmen sie die exotischen Sitten und Gebräuche der arabischen Kaufleute an, wodurch sie in den Augen ihrer Untertanen an Ansehen gewannen. Einige traten zum Islam über und änderten ihren Namen. Sultan Che Mataka pflanzte exotische Bäume und benannte seine Hauptstadt in Mwembe um, was „Baum der Küste“ bedeutet. Häuptling Makanjila erbaute einen Palast im arabischen Stil. Alle verwendeten zur Abfassung offizieller Texte die arabische Sprache. Als die Dörfer zu Städten anwuchsen, begann man

Die Töpferin von Khok Phanom Di

Die reiche Ausstattung einiger prähistorischer Gräber – hier Grab 15 der Stätte Khok Phanom Di in Thailand (erste Hälfte des 2. Jt. v. Chr.) – unterstreicht den Status des Verstorbenen innerhalb der Gesellschaft. Die zahlreichen Keramiken, die man in der Nähe der Toten fand, deuten darauf hin, dass sie eine Töpferin war.

die Felder zu bewässern, um die Lebensmittelproduktion zu steigern. Bei seinem Tod wurde Sultan Che Mataka von 30 jungen Männern und Mädchen ins Grab begleitet. Sie waren mit Gewehren ausgestattet und trugen Salz und Perlen als Opfergaben.

Sollte sich in Südostasien eine ähnliche Entwicklung vollzogen haben, dann müsste sie archäologische Spuren hinterlassen haben, mit deren Hilfe sich die Bedeutung der Inschriften erschließen ließe. Voraussetzung jeder Forschungsarbeit über die Ursprünge Angkors muss aber die Bestimmung des Zeitraums sein, in dem sich rivalisierende Stämme gegenüberstanden. Archäologische Spuren sind etwa eine hohe Dichte bedeutender Ansiedlungen, reich ausgestattete Grabstätten der Elite und materielle Beweise für kriegerische Auseinandersetzungen. Zeugnisse für die Existenz eines Staates sind in Kambodscha das Vorhandensein eines Palastes, die Erhebung von Steuern, die Kontrolle über die Arbeitskräfte zur Errichtung öffentlicher Gebäude, Fortschritte in der Landwirtschaft, die Übernahme einer fremden, ursprünglich aus Indien stammenden Sprache und Schrift und schließlich die Ernennung von Höflingen an die Spitze der Provinzhauptstädte.

Der Einfluss Indiens

Eine der am heftigsten diskutierten Fragen in der Geschichtsschreibung Angkors ist, welche Bedeutung den Entlehnungen aus der Religion und der politischen Philosophie Indiens zuzuschreiben ist. Aufgrund der allgegenwärtigen Statuen Shivas und Vishnus, der Hauptgötter der indischen Götterwelt, und der Verwendung des Sanskrits, der heiligen Sprache des Hinduismus, gelangten einige Wissenschaftler zu der Überzeugung, dass die Übernahme der indischen Sprache und Kultur der gesellschaftliche Prozess war, der die Ursprünge Angkors erklärt. Unbestreitbar setzte spätestens in den ersten vorchristlichen Jahrhunderten ein Austausch von Gütern und Ideen zwischen den Völkern Südostasiens und Indiens ein. Allerdings übernahmen die lokalen Herrscher Religion und Sprache Indiens hauptsächlich deshalb, weil dies in ihrem eigenen Interesse lag und nicht, weil ihnen dies aufgezwungen wurde. Es spricht sogar einiges dafür, dass die Monarchen Angkors die meiste Zeit ihrer Geschichte gleichermaßen den Gottheiten ihrer Ahnen wie auch den indischen Göttern huldigten.

VISHNU, DER GOTT MIT DEN LOTOSAUGEN

Der Hinduismus ist durch große religiöse Strömungen gekennzeichnet, die alle recht früh in Kambodscha belegt sind. Eine von ihnen ist der Vishnuismus. Seit dem 5. Jh. sprechen die Sanskritinschriften, die aus Funan, einem der ersten indisierten Reiche des kontinentalen Südostasien, stammen, von der Bedeutung der Vishnuverehrung. Vishnu, der Erhalter, ist neben Shiva, dem Zerstörer, und Brahma, dem Schöpfer, eines der wichtigsten Mitglieder der hinduistischen Götterwelt. Diese Dreiheit oder *trimurti* drückt die Einzigartigkeit des göttlichen Prinzips aus, gemäß der abstrakten Vorstellung, dass jede ihrer Manifestationen den verschiedenen Etappen des Lebens auf kosmischer Ebene vorsteht.

Als Erhalter greift Vishnu zwischen zwei Zeitaltern ein, wenn alles Leben aus den Welten verschwunden ist. Er ruht auf der Schlange Ananta auf dem Grund der Ozeane, die nach dem zerstörerischen Tanz Shivas alles verschlungen haben, und birgt in sich selbst die Essenz des Lebens. Wenn er erwacht, schafft Brahma eine neue Schöpfung. Mit Vishnu sind zahlreiche Mythen verbunden, doch kein Mythos hat in Kambodscha, dem Land der Erde und des Wassers, so große Bedeutung erlangt wie der des auf der Schlange Ananta ruhenden Vishnu. Der Gott mit den Lotosaugen – so beschreiben ihn manchmal die Inschriften – ist eng mit dem Königtum und der Stellung des Herrschers verbunden. Die Khmerkönige werden häufig mit Vishnu verglichen. Sie besitzen alle seine körperlichen und geistigen Tugenden.

Meist wird Vishnu mit vier Armen dargestellt, in denen er seine Symbole – eine Keule, eine Muschel, ein Rad und eine Kugel – hält. Letztere symbolisiert die Erde, als deren Retter er in einigen Mythen auftritt.

ERWACHENDER GOTT
Auf dem länglichen Körper eines Drachens am Preah-Khan-Tempel ruhend, der nach einer der Kunst des 12. und 13. Jh. eigenen ikonographischen Konvention die Schlange Ananta darstellt, wird Vishnu von seiner Gattin Shri (Schönheit, Glück) geweckt.

Die heiligen hinduistischen Texte *(purana)* beschreiben das Universum, in dessen Zentrum sich der Berg Meru befindet, der von konzentrisch verlaufenden Gebirgsketten umgeben ist. Die Kontinente, von denen der erste *jambudvipa*, das Land des Rosenapfelbaums ist (hinter ihm erstreckt sich der Ozean des salzigen Wassers), liegen rund um den Berg Meru. Entfernt man sich von dem Berg, kommt man durch verschiedene Königreiche, bis man zu den äußeren Schatten gelangt. Zudem existieren sieben Ebenen unterirdischer Regionen und noch weiter in der Tiefe beginnen die Höllenreiche. Nach dem Vorbild dieser heiligen Weltbeschreibung stellt wohl die Hauptstadt den Berg Meru dar, den Sitz der Hindugötter, der von Bergen (Wällen) und Ozeanen (Kanälen) umgeben ist. In der Vorstellung der Hindu wird der Kosmos von allen möglichen Wesen, beispielsweise von himmlischen Nymphen *(apsara)* und mythischen Schlangen *(naga)* bevölkert. Der König gilt als Mittler zwischen der Welt der Götter und seinem Volk. Die Wiedergeburt ist eine fundamentale Glaubensvorstellung des Hinduismus. Durch tugendhaftes Verhalten und durch Opfergaben an die Götter werden Verdienste angehäuft, die dem Verstorbenen den Zugang zu verschiedenen Reichen öffnen.

Die zahllosen Gottheiten der hinduistischen Götterwelt werden während der Opferzeremonie *(puja)* verehrt. Die dargebrachten Gaben sind Lebensmittel, Obst, Blumen, Kleidung oder – in außergewöhnlichen Fällen – Fleisch oder symbolisches Blut. Durch die Opfer soll die Summe der Verdienste eines Gläubigen erhöht werden. Die Statue der

DIE BUTTERUNG DES MILCHOZEANS
Der unvollendete zentrale Teil dieses Flachreliefs von Angkor Vat zeigt zwei Darstellungen Vishnus. In seiner menschenähnlichen Verkörperung stützt er den Berg Mandara, der zur Butterung dient. In seiner Verkörperung als Schildkröte hindert er ihn daran, in den Tiefen des Milchozeans zu versinken.

Gottheit wird geweckt, gebadet, mit Sesamöl eingerieben und neu eingekleidet. Musikanten und Tänzer unterhalten den Gott, lobsingen und beten ihn an. Es werden Öllampen und große Wachskerzen angezündet. Der Priester präsentiert den Gläubigen deren Flamme. Diese streichen mit den Händen darüber, werden so gesegnet und mehren ihre Verdienste gegenüber der Gottheit. Die Schenkung von Nahrung, Kleidung und Öl stellt eine Möglichkeit dar, Verdienste zu erlangen und sich auf diese Weise eine harmonische Wiedergeburt zu sichern.

Die Tempel spielen eine ebenso wichtige Rolle für das geistige wie für das wirtschaftliche Leben. Ihren unermesslichen Reichtum bezogen sie traditionell aus den Ländereien, die ihnen der König gewährte. Zudem erhielten sie gelegentlich sehr hohe Spenden von Würdenträgern und Vergütungen für das Abhalten religiöser Zeremonien. Die Tempel waren praktisch Selbstversorger und besaßen eigene Bäder, eine eigene Verwaltung, Krankenstationen, Schulen und sogar eigene Banken.

Verdienste gegenüber einer Gottheit lassen sich ebenfalls durch Pilgerfahrten zu bedeutenden Tempeln oder heiligen Orten, beispielsweise den Quellen des Ganges, erlangen. Stirbt ein Gläubiger, so wird dem Verstorbenen zehn Tage lang wiederholt ein Reisopfer *(pinda)* dargebracht. Durch dieses Opfer soll er die Möglichkeit erhalten, seinen Körper wiederherzustellen und seinen vorübergehenden Wohnsitz im Land der Geister zu verlassen, um ins Reich seiner Ahnen einzugehen.

Astrologische Beobachtungen haben großen Einfluss auf das Leben der Menschen. In Indien und Südostasien ist der aus zwölf Zeichen bestehende Tierkreis am gängigsten. In Indien wird dieser Zyklus von den Bewegungen des Planeten Jupiter bestimmt und in Südostasien durch die Namen von zwölf Tieren aus fernen Gegenden gekennzeichnet.

Die hinduistische Götterwelt umfasst Hauptgottheiten sowie eine ganze Reihe regionaler Gottheiten. Auch einige Ahnen wurden als Gottheiten verehrt. Vishnu ist einer der wichtigsten Götter und tritt in den unterschiedlichen Welten in zahlreichen Erscheinungsformen auf. Eine seiner Verkörperungen (Avatara) ist die Schildkröte (Kurma), eine Darstellung, die in Angkor häufig anzutreffen ist. In dieser Gestalt stützt der Gott

DIE BUTTERUNG DES MILCHOZEANS

Indische Mythen waren die bevorzugte Inspirationsquelle der Khmerkünstler bei der Verzierung ihrer Monumente, und die Butterung des Milchozeans war eines der beliebtesten Motive. Die Geschichte steht in den heiligen Texten des Hinduismus, so etwa im *Bhagavata Purana*, der den Khmer als Handschrift vorlag oder durch mündliche Überlieferung bekannt war. In fernen Zeiten wollten die *deva* (jene, die göttlich sind) und die *asura* (jene, die nicht göttlich sind und wohl Dämonen entsprechen) unsterblich werden. Deshalb gingen sie an die schwierige Aufgabe, den Milchozean zu buttern, wodurch sie *amrita* (das Elixier der Unsterblichkeit) erlangen wollten. *Deva* und *asura* verbündeten sich. Sie rollten die Schlange Vasuki, eine riesige, vielköpfige Kobra, rund um einen Berg, den Mandara. Indem sie abwechselnd am Körper des Reptils, das ihnen als Seil diente, zogen, quirlten sie den Milchozean, bis er zu schäumen begann – genauso wie Kuhmilchrahm in einem Butterfass behandelt wird, um Butter zu erhalten. Doch als Folge ihrer Tätigkeit begann der Mandara in den Tiefen des Milchozeans zu versinken. Vishnu verwandelte sich daher in eine Meeresschildkröte und setzte sich unter den Berg, um ihn zu stützen, damit die Butterung vollendet werden konnte. Vasuki, der es durch die Kraft, mit der an ihr gezogen wurde, übel geworden war, spie ein Gift, das für alle Lebewesen tödlich war. Shiva fing das Gift auf und trank es, wobei er sich den Hals verbrannte, weshalb er auch den Beinamen Nilakantha (dessen Kehle blau ist) erhielt. Bevor sich das Elixier *amrita* bildete, von dem letzten Endes nur die *deva* profitierten, brachte der Ozean zahlreiche Schätze hervor, etwa den dreiköpfigen Elefanten Airavata, den Indra, der König der Götter, als Reittier auswählte, Lakshmi, die Göttin der Schönheit und des Glücks oder auch die *apsara*, die himmlischen Tänzerinnen.

während der Butterung des Milchozeans, durch die ein Elixier der Unsterblichkeit erzeugt werden soll, einen Berg. Eine andere zentrale Gottheit ist Shiva. Auch von ihm finden sich in Angkor zahlreiche Darstellungen. Er ist in allen möglichen Formen zu sehen, am häufigsten in Form des Linga, eines Steinphallus, der sich in der Vulva *(yoni)* befindet, ein Symbol der Vereinigung Shivas mit seiner *sakti*, seiner weiblichen Energie.

Trotz der Bedeutung der Religion wurde die Zivilisation der Khmer von Konflikten erschüttert und durch eine chronische politische Instabilität geschwächt. Am Hof kam es häufig zu Streitigkeiten um die Thronfolge. Die Khmer kannten das Recht des Erstgeborenen nicht und die Könige waren zudem polygam, weshalb die Erbfolge in weiblicher Linie geregelt wurde. Dadurch kam es zu ständigen Streitigkeiten und Kämpfen zwischen den rivalisierenden Gruppen, insbesondere dann, wenn es Thronanwärtern oder Provinzadligen gelang, sich die Loyalität der Bevölkerung zu sichern, und ihre Machtansprüche also auf einer sicheren Basis vertreten konnten.

SYMBOL DER SCHÖPFERKRAFT
Das Linga, das Phallussymbol, welches die Schöpferkraft Shivas repräsentiert, besteht aus drei Abschnitten. Es ist an der Basis rechteckig, in der Mitte achteckig und oben rund. Hier ist nur der obere Teil sichtbar, da die beiden anderen in den Sockel eingelassen sind.

Die Bedeutung von Reis

Ein weiterer grundlegender Punkt, der heftig diskutiert wird, betrifft die Organisation der Landwirtschaft. In Kambodscha ist Landwirtschaft gleichbedeutend mit Reisanbau. Die Inschriften in Angkor geben Hinweise auf die Existenz von Reisfeldern.

Einige Wissenschaftler glauben, dass die riesigen Stauseen Angkors der Kontrolle des Königs unterlagen und zur Bewässerung der Reisfelder dienten, sodass jährlich drei bis vier Ernten erzielt werden konnten. Andere Forscher wiederum streiten jede staatlich organisierte Bewässerung ab und glauben, dass der Reisanbau damals wie heute allein auf der Nutzung des Regenwassers und auf verschiedenen anderen Anbaumethoden beruhte, die ohne Bewässerung auskamen. Die Anhänger der ersten These sehen im Bewässerungssystem einen der ausschlaggebenden Faktoren für den Aufstieg, aber auch den Niedergang der Zivilisation von Angkor, der einsetzte, als das System nicht länger funktionierte. Die Vertreter der zweiten These sehen in den riesigen Wasserbecken lediglich das Symbol der Ozeane, die den Sitz der Götter umgeben.

Den zahlreichen Fakten, die heute von der Khmer-Zivilisation bekannt sind, sollte man sich unvoreingenommen annähern. Wer dann den Versuch unternimmt, die Entwicklung nachzuvollziehen, die sich vor mehr als zwei Jahrtausenden abgespielt hat, dem eröffnet sich ein Verständnis dafür, warum Monumente wie Angkor Vat errichtet wurden und welche Bedeutung sie in ihrer Blütezeit hatten. Außerdem begreift er, warum diese heilige Stadt verlassen und vom Dschungel überwuchert war, als die ersten portugiesischen Missionare staunend ihre imposanten steinernen Portale durchschritten.

Fischfang und Reisanbau

REICHE WASSERTIERWELT
In den Flachreliefs ist es zuweilen möglich, bestimmte Tierarten zu identifizieren. Mitunter haben die Khmerbildhauer auch neue Arten geschaffen, Mischformen oder Phantasiegeschöpfe.

Die Inschriften bergen kaum Informationen über den Fischfang und den Reisanbau in angkorianischer Zeit. Einige Hinweise auf die Bedeutung des Wassers und auf die Grenzen der Ländereien sind die einzigen konkreten Zeugnisse, über die die Wissenschaft heute verfügt. Die Flachreliefs, die zahlreiche Szenen aus dem Alltagsleben zeigen, liefern ebenfalls keine oder nur sehr wenige Anhaltspunkte. Einige Tafeln am Bayon zeigen u. a. Darstellungen von Fischern, aber nicht eine einzige bezieht sich auf die wichtigste Tätigkeit der Khmerbauern, den Reisanbau.

Der kambodschanische Boden ist recht arm und nur in den Überschwemmungsgebieten und an den Ufern des Mekong von Natur aus fruchtbar. Um diesen Mangel zu beheben, entwickelten die Khmer schon früh ein Bewässerungssystem, bei dem das Wasser in *baray*, die in Gemeinschaftsarbeit angelegt wurden, oder in kleinen privaten Becken, den *sras* oder *beng* (von Einzelpersonen angelegt), aufgefangen und gespeichert wurde. Der Nutzcharakter der *baray*, riesiger künstlicher Wasserreservoire, die aus einem Viereck von Dämmen gebildet wurden, wird heute jedoch von vielen Fachleuten bestritten. Die Reisproduktion muss zu angkorianischer Zeit sehr hoch gewesen sein, um den Bedürfnissen einer riesigen Verwaltung, einer Geistlichkeit, die offensichtlich nicht direkt für ihren eigenen Unterhalt sorgte, und natürlich der Streitkräfte zu genügen.

Die Wahl des Standorts Angkors nördlich des Sees Tonle Sap am Rand der Überschwemmungszone spricht ihrerseits für die Bedeutung des Fischfangs in früherer Zeit. Während der Regenzeit tritt der Große See über die Ufer, verdreifacht dabei seine Oberfläche und schwillt von 3000 auf etwa 10 000 km^2 an. Der Uferwald wird dann überschwemmt und da das Wasser sehr reich an Phytoplankton ist, wachsen sowohl die ständig im See lebenden Fische als auch die aus dem Mekong zum Laichen heraufgezogenen Fische sehr schnell. Wenn der Pegel wieder sinkt, kehren die wandernden Fische in den Fluss zurück, wo sich dann noch heute sagenhafte Fänge erzielen lassen. Anschließend müssen die Fischer ihren Fang möglichst rasch verkaufen. Oftmals wird er auch gegen Reis eingetauscht. Fisch wird u. a. zur Zubereitung der nationalen Beilage verwendet, einer Paste aus fermentiertem Fisch, dem *prahok*.

Fischen mit dem Netz
Im seichten Wasser der Uferzonen setzen die Familien das Wurfnetz ein. Die Erträge sind dabei im Vergleich zur fast industriell betriebenen Fischerei in den tiefen Gewässern sehr gering. Bei dieser Form des Fischfangs werden die Fische durch ein System von Sperren und Hürden in Fangkammern gelotst.

Pflügen eines Reisfelds
Die alten Techniken, bei denen der Pflug von einem Paar Rinder gezogen wird, haben sich seit angkorianischer Zeit nicht geändert. Je nach Bodenbeschaffenheit muss vor dem Versetzen der Keimlinge ein- oder zweimal gepflügt werden. Diese Arbeit ist Männersache.

Die Fischverkäuferin
Dieses berühmte Flachrelief vom Bayon (Ende 12./Anfang 13. Jh.) scheint von zeitgenössischen Marktszenen inspiriert worden zu sein. Die Marktfrau zieht einen riesigen Fisch aus ihrem Korb und ihre Gefährtin macht sich daran, diesen zu wiegen.

DIE ETAPPEN DES REISANBAUS

Die heute gebräuchlichen Reissorten waren wohl bereits in angkorianischer Zeit bekannt. Der frühreife Reis gelangt in vier Monaten zur Reife, eine weitere Reissorte kann nach sechs oder sieben Monaten geerntet werden und der spätreife Reis reift in acht bis neun Monaten. Noch heute werden die alten Arbeitstechniken angewandt. Zunächst wird der Reis Mitte Mai in Pflanzgärten ausgebracht. Einen Monat später wird dann das Reisfeld selbst ein- oder zweimal gepflügt und unmittelbar danach werden die jungen Pflanzen versetzt. Die Erntezeit schließlich beginnt im November und endet im Februar. Nach dem Dreschen werden die Körner getrocknet und schließlich in auf Pfählen stehenden Lehmspeichern gelagert.

Fischen mit dem Senknetz
Wie das Fischen mit dem Wurfnetz wird das Fischen mit viereckigen Senknetzen oder Keschern – Vorrichtungen, die traditionell vorn an den Booten angebracht sind – hauptsächlich im seichten Wasser durchgeführt. Das Netz hängt meist an einer Stangenkonstruktion aus Bambus oder biegsamem Holz, die das Gewicht des Fangs trägt.

Kapitel 1

Südostasien in der Vorgeschichte

Die meisten allgemeinen Studien über die Staaten Südostasiens beginnen mit einem Exkurs in die ausgehende vorgeschichtliche Epoche, über die bis vor kurzem nur wenig bekannt war. Die Vorstellungen über Dörfer und Bewohner beruhten mehr auf dem Einbildungsvermögen der Historiker als auf echten archäologischen Arbeiten. Der Franzose Georges Cœdès, die Autorität auf dem Gebiet, beschreibt diese Völker als recht archaisch. Der russische Geschichtswissenschaftler Sedow schreibt: „Das neue Zeitalter brach an, als die Khmer-Stämme in die Eisenzeit eintraten. Die Bevölkerung lebte in Klandörfern, deren Bewohner durch verwandtschaftliche Beziehungen miteinander verbunden waren. Die Dörfer unterhielten kaum Beziehungen zueinander, lebten aber friedlich nebeneinander."

Jüngste Ausgrabungen lassen allerdings ein ganz anderes Bild entstehen. Die vorgeschichtlichen Gesellschaften Südostasiens waren stark und mächtig und trieben Seehandel mit weit entfernten Gebieten. Die damaligen Herrscher sorgten bereits für eine großflächige Bewässerung. Es existierten spezielle Werkstätten, in denen Bronze und Eisen bearbeitet wurden. Die Oberhäupter wurden mit Grabbeigaben wie Gold- und Silber-

GEORGES CŒDÈS, DER INSCHRIFTENKUNDLER

Georges Cœdès (1886–1969) war und ist der große Meister der Inschriftenkunde Südostasiens. Von 1929 bis 1947 leitet er das führende französische Institut zur Ostasienforschung, die École française d'Extrême-Orient (EFEO). Zuvor war er, ebenfalls im Auftrag der EFEO, Bibliotheksdirektor der Nationalbibliothek von Bangkok und Generalsekretär des königlichen Instituts von Siam. Damals erforschte und veröffentlichte er die wichtigsten in Thailand entdeckten Inschriften. Er leistete einen beträchtlichen Beitrag dazu, das Wissen über die Vergangenheit dieses Landes zu erweitern. So offenbarte er die Existenz des Königreichs Srivijaya in Sumatra, dessen alte Sprache, das Altmalaiische, er als Erster erforschte, und trug wesentlich zur Entdeckung des Monkönigreichs Dvaravati bei, das im Zentrum und Nordosten des heutigen Thailands lokalisiert wurde.

Seine Ausbildung als Sanskritist und sein Interesse für die Erforschung des Khmer trieben ihn ganz selbstverständlich dazu, die Inschriften des alten Kambodscha zu erforschen und zu veröffentlichen. Mit zahlreichen Artikeln und Werken, die die unterschiedlichsten Themen (so z. B. Museumssammlungen, Anmerkungen zu Inschriften und bildlichen Darstellungen, Gesamtüberblicke über die alte Geschichte Südostasiens) behandelten, veröffentlichte er zwischen 1937 und 1966 in acht Bänden einige tausend Inschriften. Seine Analysen basierten hauptsächlich auf dem Sanskritteil der Khmerinschriften. Er sagte selbst, dass noch zahlreiche Aspekte der Kultur und Zivilisation Angkors zu klären seien.

Gewiss könnten neue Einzelheiten zu den Arbeiten von George Cœdès hinzugefügt werden, doch sein Beitrag zum Wissen über Kambodscha wird die Forschung noch lange Zeit inspirieren.

JUNGE REISTRIEBE
Nachdem der junge Reis zunächst in Pflanzgärten herangezogen wurde, verpflanzt man ihn auf die Felder. Das Vorziehen der Reispflanzen ist für ein gutes Pflanzenwachstum unbedingt notwendig. Bis heute wird diese Tätigkeit hauptsächlich von Frauen durchgeführt.

schmuck sowie hunderten von Bronzeobjekten prächtig bestattet. Um zu den wirklichen Ursprüngen der Khmer-Zivilisation vorzudringen, bedarf es einer tief reichenden Kenntnis dieser Gesellschaften. Dazu muss zunächst der Stellenwert des Reisanbaus beurteilt werden.

Ursprünge und Bedeutung des Reisanbaus

Bis vor etwa 4300 Jahren die ersten Reisbauern auftraten, lebten in den Wäldern des Hochlands und der Küste Jäger und Sammler, deren Spuren sich unter Felsvorsprüngen finden. Die Küstenbevölkerung profitierte vom problemlosen Zugang zu wichtigen Ressourcen. Ihre großen Dörfer waren auf Dauer eingerichtet und reich. Diese Bevölkerung war jedoch von den Launen der Natur abhängig, weshalb sie sich nur in begrenztem Rahmen entwickeln konnte und in eine kulturelle Sackgasse geriet. Der Weg zur Zivilisation erfordert Tatkraft, und diese Energie konnte der Reisanbau liefern. Der Übergang vom Sammeln zum Reisanbau stellt einen der bedeutendsten Wendepunkte in der Geschichte Südostasiens dar. Dieser Fortschritt wurde dadurch ermöglicht, dass Reis eine anpassungsfähige Sumpfpflanze ist und insbesondere in Kombination mit Fisch einen hohen Nährwert besitzt. Durch eine aktive Landschaftsgestaltung lassen sich die Erträge erhöhen; außerdem kann Reis relativ problemlos gelagert werden. Somit bildete Reis das Fundament, auf dem die Zivilisationen Südostasiens errichtet wurden.

Die Tiefebene, in der sich die Zivilisation von Angkor entfaltete, wird häufig überschwemmt. Der Mekong bildet die Verkehrsachse von Norden nach Süden, und der Tonle Sap sowie der gleichnamige Große See erleichtern Fortbewegungen von Osten nach Westen. Diese Flüsse und der See werden von verschiedenen Wasserläufen gespeist und von Überschwemmungsgebieten flankiert, in denen sich eine Vielzahl angkorianischer Stätten finden. Es gibt vereinzelte Hügel; der Phnom Kulen bildet eine regelrechte Bergkette. Im Norden trennt die Dangrek-Kette, die sich gut überqueren lässt, Kambodscha von Thailand und ermöglicht so den Zugang zum Becken des Mun-Flusses.

Der von Mai bis Oktober dauernde Monsun bestimmt das Klima. Der Mekong tritt durch die starken Regenfälle und die Schneeschmelze im Himalaja im Frühjahr über die Ufer und überflutet die Überschwemmungszonen und das Delta. In Phnom Penh fließen Mekong und Tonle Sap zusammen; das Wasser strömt dann entgegen seiner normalen Fließrichtung, wodurch der Pegel des Großen Sees steigt. Trotz dieses riesigen natürlichen Wasserspeichers überschwemmen die Fluten den Unterlauf des Mekong und dessen Delta. In der Trockenzeit von November bis Mai sinkt der Wasserpegel und die Erde der Reisfelder wird hart und brüchig. Im Januar ist es recht frisch, doch die Temperaturen steigen rasch und ab April wird die Hitze unerträglich. Dann kehrt der Monsun zurück, heftige Gewitter gehen über den ausgedörrten Tiefebenen nieder, mildern die Hitze und machen den harten Boden weich. Die Pegel der Wasserläufe beginnen erneut zu steigen.

Dieser jahreszeitliche Rhythmus ermöglicht es, mehrere Reisanbaumethoden anzuwenden. Im Delta und in den Überschwemmungszonen am Ufer des Flusses und des Großen Sees ist während der Regenzeit kein Feldbau möglich, das Hochwasser wird in natürlichen oder künstlich angelegten Rückhaltebecken gespeichert. Geht das Wasser im Januar zurück, werden der Reis gepflanzt und die Felder mit dem Wasser aus den Becken bewässert, die sogar selbst als Reisfelder genutzt werden. In den höher gelegenen Zonen wird das Regenwasser mithilfe kleiner Dämme auf den Feldern zurückgehalten. Von den benachbarten Hügeln sieht dies während der Regenzeit wie ein endloser, smaragdgrüner Teppich aus.

Reis ist von Natur aus eine Wasserpflanze. Mit genügend Wasser gedeiht er auf ärmsten Böden, er wächst in Symbiose mit einer Alge, die den Stickstoff der Atmosphäre bindet. Es gibt kaum Informationen darüber, welche Methoden des Reisanbaus die Bevölkerung von Angkor anwendete. Die Inschriften erwähnen lediglich die Arbeiter auf den Reisfeldern. Die überlieferten Flachreliefs auf den Tempelmauern stellen zwar zahlreiche Fischfang- und Kriegsszenen, aber keine landwirtschaftlichen Tätigkeiten dar. Zu verstehen, wie aus Jägern und Sammlern Reisbauern wurden, ist ein grundlegender Schritt, um die Ursprünge der Khmer-Zivilisation zu analysieren.

Die Jungsteinzeit

Die Vorgeschichte wird heute in drei große Perioden unterteilt. Die Altertumsforscher sprechen von der Altsteinzeit (Paläolithikum), der Mittelsteinzeit (Mesolithikum) und der Jungsteinzeit (Neolithikum).

Die Zuordnung von Fundstücken zu diesen Epochen ist aber bis heute nicht einfach. Um die Jungsteinzeit zu charakterisieren, hielt man früher die Existenz geschliffener Werkzeuge für ein recht zuverlässiges Identifikationsmerkmal, doch heute weiß man, dass sie durch einige technische wie gesellschaftliche Neuerungen wesentlich präziser gekennzeichnet werden kann. Die Verwendung von Terrakotta, insbesondere zur Herstellung alltäglicher Gebrauchsgefäße, bildet ein wichtiges Charakteristikum, auch wenn sie keine hinreichende Bedingung ist, um den Übergang zur Jungsteinzeit zu markieren. Zudem wurden die Menschen teilweise oder ganz sesshaft und errichteten Dörfer, in denen sich eine gewisse Spezialisierung der Tätigkeiten abzeichnete. Einige Zonen waren dem Handwerk sowie der Lagerung von Lebensmitteln usw. vorbehalten. Zudem kamen der Ackerbau sowie die Domestizierung und Haltung von zuvor wilden Tieren auf, was die Entwicklungsmöglichkeiten steigerte und der Gruppe zu Wohlstand verhalf.

Der angkorianische Staat hatte zahlreiche Gesellschaftsschichten, an deren Spitze der König und dessen Hof standen, sowie ein ganzes Heer von Verwaltungsbeamten. Darunter befanden sich die Priester, die ihr Amt in den Tempeln der Hauptstadt und der Provinzen ausübten. Dann folgten die Ärzte, Baumeister und Generale. Dieses System konnte nur mithilfe eines Reisüberschusses aufrecht erhalten werden, weshalb sich zahlreiche Inschriften mit Fragen der Ackergrenzen und der in Naturalien abzugebenden Steuern befassen, die in Form von Überschüssen der landwirtschaftlichen Produktion erhoben wurden.

Die Frage ist nun, wo sich der Übergang zum Reisanbau vollzogen hat, der laut jüngster Forschungsergebnisse gegen 6500 v. Chr. erfolgte. In der aus vorgeschichtlicher Zeit stammenden, gut erforschten Stätte Pengtoushan wird die kulturelle Wende durch das Vorhandensein einer Begräbnisstätte, von Häusern, Tongefäßen und kunstvollem Steinschmuck bezeugt. Um das Jahr 5000 v. Chr. verbreitete sich der Reisanbau in der Region der Jangtse-Mündung. Im Süden Chinas gab es ab 2800 v. Chr. Reisbauern in Shixia. Die materiellen Elemente ihrer Zivilisation weisen zahlreiche gemeinsame Züge mit denen der weiter im Norden lebenden Reisbauern auf. In Vietnam ließen sich Reisbauern Ende des 3. Jt. v. Chr. im Tal des Roten Flusses nieder. Im Mekongtal kam es zu einer vergleichbaren Entwicklung. Die wenigen jungsteinzeitlichen Stätten, an denen sich Spuren des Reisanbaus und der Haustierhaltung (Rinder, Schweine und Hunde) finden, stammen aus der Zeit um 2200 v. Chr. Dazu gehört Samrong Sen, das sich im Zentrum der Zone befindet, in der sich die Zivilisation von Angkor entwickeln sollte. Die Sprachen Südostasiens sind miteinander verwandt und ihr gemeinsamer Ursprung geht auf die ersten Reisbauern der Region zurück.

Da sich die Reiskultur in Südostasien während des 3. Jt. v. Chr. nur langsam verbreitete, gelangte diese Region erst spät zu einer Blüte. Als der Reisanbau schließlich Kambodscha erreichte, bildete sich in China unter der Shang-Dynastie bereits ein Staat heraus. Die Reisbauern benötigten Zeit, um das Gelände zu erkunden, sich anzusiedeln und zu einer blühenden Gesellschaft zu entwickeln, insbesondere wenn sie erst den noch

DER MEKONG
Der mächtige Mekong erreicht Kambodscha über die Gebirgspassage im Nordosten. Von dort schlängelt er sich anschließend in weiten Schleifen durch die zentrale Ebene. Auf der Höhe von Phnom Penh fließt er mit dem Tonle Sap zusammen und setzt seinen Weg bis nach Vietnam fort.

jungfräulichen Wald urbar machen mussten. Deshalb gibt es nur wenige, weit auseinander liegende und kleine jungsteinzeitliche Siedlungsstätten, in denen wohl jeweils nicht einmal hundert Menschen lebten. Diese bauten Reis an und hielten Haustiere, nutzten aber auch die Reichtümer der Natur, etwa Fisch, Krustentiere, Hirsche und wilde Rinder. Die sterblichen Überreste der Menschen, die Archäologen in der Region fanden, lassen darauf schließen, dass der damaligen Bevölkerung genug Nahrung zur Verfügung stand. Sie ermöglichen jedoch kaum Aussagen bezüglich der Lebenserwartung, der Kindersterblichkeit und des Gesundheitszustands der Bevölkerung, da hierzu groß angelegte Grabungen nötig wären. Ein weiteres Problem ist, dass die jungsteinzeitliche Periode in Kambodscha und den Grenzregionen zu Thailand kaum acht Jahrhunderte dauerte und weite Teile des Landes nur schwach oder gar nicht besiedelt waren.

Das Bronzezeitalter

Zahlreiche Forscher glauben inzwischen, dass die Kunst der Bronzeherstellung aus dem Nahen Osten nach China gelangte, wo das Bronzezeitalter ab 1500 v. Chr. seinen Höhepunkt erreichte. Ausdruck hierfür ist die Shang-Kultur mit ihren Jade- und Bronzestücken, die über Handelswege bis nach Vietnam gelangten, wo der Ursprung des Bronzezeitalters Südostasiens liegt. Von Hongkong bis zum Tal des Flusses Chindwin in Birma stießen Forscher auf die Spuren von Dörfern aus der Bronzezeit zwischen 1500 und 500 v. Chr.

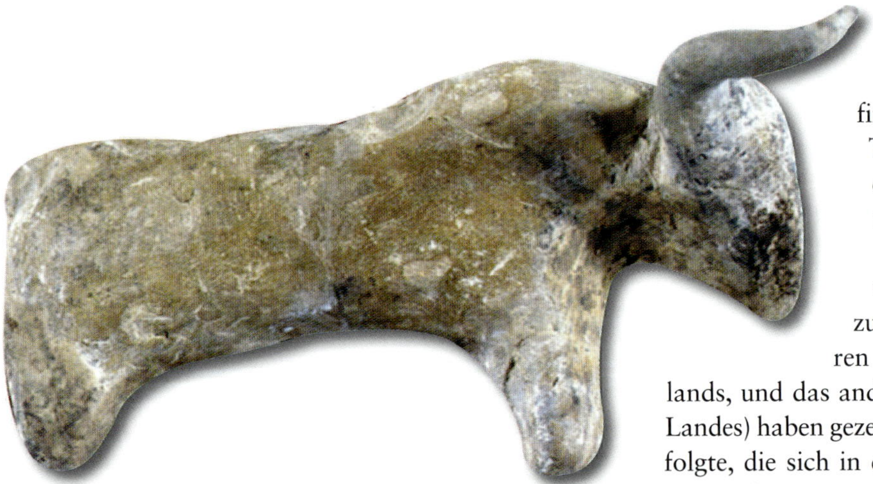

Tönerner Stier
Die im Nordosten Thailands gelegene Stätte Ban Na Di zeichnet sich durch die anmutige Ausführung einiger dort entdeckter Grabbeigaben aus. Die körperliche Kraft dieses Stiers, der aus einem Kindergrab stammt, wird sehr naturgetreu wiedergegeben.

Im südostasiatischen Hochland findet sich Kupfererz, und Malaysia und Thailand zählen zu den Regionen mit den weltweit größten Zinnvorkommen. Seit 30 Jahren durchgeführte Forschungsarbeiten belegen einen schrittweisen Übergang von der Jungsteinzeit zur frühen Bronzezeit. Zwei Bergbauzentren (eins in Phu Lon im Nordosten Thailands, und das andere, sehr bedeutende, im Zentrum des Landes) haben gezeigt, dass der Kupferabbau den Erzadern folgte, die sich in die Flanken des Gebirges hineinzogen. Unweit der Minen wurde das Erz in kleinen Schmelzöfen gesammelt und geschmolzen. Der größte Teil des Kupfers wurde in kreisförmige, für den Handel bestimmte Barren gegossen. Spuren einer herrschenden Elite, die von ihr abhängige Arbeitskräfte eingesetzt hätte, wurden nicht entdeckt. Vielmehr scheinen die in der Region ansässigen Reisbauern die Minen während der Trockenzeit ausgebeutet zu haben. In Non Pa Wai im Zentrum Thailands wurde die Begräbnisstätte eines solchen Dorfes freigelegt. Die Verstorbenen waren mit ihren Gegenständen aus Bronze und deren Gussformen aus Keramik bestattet worden, doch keiner scheint viel wohlhabender gewesen zu sein als die anderen. Eine zweite, jüngere Begräbnisstätte wurde in Nil Kham Haeng entdeckt, wo die spätesten Grabstätten aus der Eisenzeit stammen.

Häufig wurden die Barren in kleinen Dörfern verwendet, die hunderte von Kilometern von den Minen entfernt lagen. Ban Na Di im Nordosten Thailands ist eine der wenigen Stätten, wo bei Ausgrabungsarbeiten nicht nur Begräbnisstätten, sondern auch Niederschachtöfen, Schmelztiegel und Gussformen für das Schmelzen von Bronze zum Vorschein kamen. Dies sind wichtige Quellen, die Informationen über die Bevölkerung,

deren Gesellschaftsorganisation, Wirtschaft und technisches Niveau liefern. Die Begräbnisstätte lässt eine klare Unterscheidung von mindestens zwei Gesellschaftsgruppen zu. Eine Gruppe wurde in prächtigeren Grabstätten mit schöneren Grabbeigaben wie bronzenen Armbändern, Muscheln und Marmor beigesetzt. Archäologen entdeckten in einem Leichentuch aus Krokodilleder eine Kinderleiche; in einiger Entfernung fand sich eine Frau mit einem Gehänge in Form eines Krokodilschädels. Dieser Teil der Begräbnisstätte barg auch zahlreiche Tonfiguren, die Vieh, menschliche Darstellungen und einen Elefanten zeigen. Alle dort Bestatteten waren gut genährt und besaßen ein festes Knochengerüst. Aufgrund der hohen Kindersterblichkeit war die Lebenserwartung niedrig. Nur wenige Erwachsene wurden älter als 35 Jahre.

Andere Stätten erbrachten ähnliche Ergebnisse. Eine in Nong Nor im Zentrum Thailands entdeckte Begräbnisstätte weist ebenfalls eine Gruppe von reicheren Gräbern auf. Hier fanden sich Grabbeigaben aus Bronze, aber auch aus Zinn und Kupfer sowie Schmuckstücke aus Jade, Serpentin, Karneol und Marmor. Die Gräber der Stätte Ban Lum Khao, die im oberen Tal des Mun-Flusses liegt und bis in die Bronzezeit zurückreicht, bargen Armbänder aus Marmor und Muscheln sowie zahlreiche schöne Gefäße aus rotem Terrakotta. Weiter im Norden, in Non Nok Tha, wurden zahlreiche Tongefäße, Gussformen aus Stein für die Herstellung von Äxten und einige Armbänder sowie Bronzeäxte gefunden.

All diese Stätten umfassen nur wenige Hektar und nichts spricht dafür, dass ein zentraler Ort Macht über mehrere Dörfer ausübte. Vermutlich handelte es sich hierbei um weit verstreut liegende Siedlungen, die ihre Erzeugnisse austauschten und deren Mitglieder untereinander heirateten. Die Bevölkerung baute Reis an, hielt Haustiere und lebte in Dörfern, in denen sich die Grabstätten der Ahnen über zahlreiche Generationen hinweg sammelten. Der Lebensrhythmus wurde vom Monsun bestimmt.

LEBEN IN DER GROTTE
Diese Höhle bei Laang Spean war schon am Ende der Altsteinzeit bewohnt. Erst seit einigen Jahren wird in Kambodscha – u. a. in dieser Grotte – wieder zaghaft vorgeschichtliche Archäologie betrieben.

Die Eisenzeit

Im Verlauf der Eisenzeit kam es zu unterschiedlichen Neuerungen. Ab etwa 500 v. Chr. wurde in der Region Eisenerz abgebaut, eine Entwicklung mit unmittelbaren und beträchtlichen Folgen. Das überall reichlich vorhandene Eisenerz ist aufgrund seines sehr hohen Schmelzpunkts weitaus schwieriger zu gewinnen als Kupfer oder Zinn. Es ist unbekannt, aus welchem Gebiet die Technik der Eisenbearbeitung nach Südostasien gelangte. Möglicherweise war sie eine lokale Erfindung, kann aber durchaus auch das Ergebnis eines Technologietransfers mit China oder Indien gewesen sein.

BESTATTUNGSKRUG
In Noen U-Loke wurden einige Kinder in sorgfältig blank gescheuerten Tonkrügen beigesetzt.

Die besten Belege für die Existenz einer eisenzeitlichen Gesellschaft innerhalb der Landstriche, in denen sich später die Zivilisation von Angkor entfalten sollte, finden sich im Nordosten Thailands. Im Verlauf der Eisenzeit wurden hier die menschlichen Siedlungen immer zahlreicher und größer. Non Muang Kao (Hügel der antiken Stadt) erstreckte sich beispielsweise über etwa 50 Hektar und zählte um die 2500 Einwohner. In den Jahren 1997 und 1998 wurde im benachbarten Noen U-Loke durch Grabungen belegt, dass die Stätte vom Ende der Bronzezeit (600 v. Chr.) bis zum Jahr 400 n. Chr. bewohnt war. In dieser Epoche bildeten sich auch die ersten Königreiche heraus. Im Tal des Flusses Mun und in den Ebenen, die an den Großen See grenzen, existierten zahlreiche von Erdwällen und Wassergräben umgebene Stätten wie Noen U-Loke. Charakteristisch für die eisenzeitliche Gesellschaft ist aber nicht nur das Vorhandensein von Grabstätten. Auch ihr technisches Können, ihr auf das Dorfwesen gegründetes Wirtschaftsleben, das Tempo, mit dem sich der Handel (im Verhältnis zur Bronzezeit) mit weiter entfernt gelegenen Regionen entwickelte, und die Art, wie Erdwälle und Wassergräben rund um die Siedlung angelegt wurden, bestimmen ihr Gesicht. Die Funktion der Erdwälle und Wassergräben ist nach wie vor rätselhaft. Diese Bauwerke müssen jedoch bedeutend für das Wesen der Stadt gewesen sein, da für ihre Errichtung großer Aufwand betrieben werden musste.

Die freigelegten Stätten Ban Don Phlong, Non Yang, Ban Takhong und Ban Krabuang Nok wurden auf die Eisenzeit datiert. In Non Dua befinden sich die vorgeschichtlichen Schichten unter dem angkorianischen Tempel. Ähnliche Stätten liegen südlich der Dangrek-Kette in Kambodscha, dazu gehört das nur wenige Kilometer östlich von Angkor gelegene Lovea.

TIGERZAHNHALSBAND
Unter den in einem Grab in Noen U-Loke entdeckten Objekten fand man zahlreiche Schmuckstücke wie z. B. Halsringe aus Bronze und Ohrgehänge aus Muscheln. Die recht gezeigten Tigereckzähne bildeten ein Halsband.

In den aufgeweichten Tiefebenen des Muntals erstreckt sich über mehr als zwölf Hektar die Stätte Noen U-Loke, wo es schon recht früh Eisen gab. Dort wurde eine Frau gefunden, die einen eisernen Halsreif und drei Armreifen trug. Ein Mann wurde mit einer eisernen Hacke und mit einer großen, ebenfalls eisernen Speerspitze beigesetzt. Er trug eine Kette aus Tigerzähnen und bronzene Armreifen sowie Scheiben aus Muscheln als Ohrringe.

Kupfer und Zinn mussten aus den Minen im Zentrum Thailands eingeführt werden, Eisen dagegen wurde vor Ort abgebaut und geschmiedet. Die Eisenschmiede setzten ihr Können nicht nur zur Herstellung von Schmuckstücken und Waffen ein, sondern produzierten auch landwirtschaftliche Geräte. In den Gräbern stießen Archäologen auf eine Eisenschaufel mit Griff, an der noch Reis haftete sowie eiserne Sicheln und mit einem Griff versehene Hacken. Möglicherweise beherrschten die Handwerker von Noen U-Loke sogar die Glasherstellung, nicht jedoch die Keramikverarbeitung. Die Tongefäße mit eierschalendünnen Wänden, die den Toten mit ins Grab gegeben wurden, waren eher Importprodukte aus den Werkstätten spezialisierter Handwerker.

Die Grabungsarbeiten offenbaren auch die Existenz eines blühenden und innovativen Dorfs mit ausgebildetem Handwerkertum und entwickelter Landwirtschaft. Solche Dörfer fanden sich oft im Muntal und weiter südlich in Richtung Angkor. An sämtlichen Grabungsstätten ließ sich eine ähnliche Entwicklung der Gesellschaftsstruktur beobachten, es fanden sich die gleichen mit Ton ausgekleideten Särge und ähnliche Grabbeigaben, die aus Karneol, Achat, Gold und Glas gefertigt waren. Auch Schmelzöfen zur Eisengewinnung und Werkstätten zur Salzgewinnung waren weit verbreitet, und nach der Zahl der entdeckten Bronzeschmuckstücke kam es in dieser Epoche offenbar zu einer Steigerung der Kupfer- und Zinnproduktion. In einigen Tälern waren die Siedlungen so zahlreich, dass sich einige praktisch in Rufweite voneinander befanden.

Goldperlen
Wie hervorragend die Goldschmiede der Eisenzeit ihr Handwerk beherrschten, wird in Noen U-Loke deutlich. Neben diesen Perlen bargen die Gräber der Stätte Halsketten aus Achat, Karneol, Muscheln und Glaspaste.

Jenseits des Muntals und Nordkambodschas lassen sich ebenfalls Beweise für eine zunehmende gesellschaftliche Komplexität finden. Die Fundstätte Ban Don Ta Phet im Zentrum Thailands trug entscheidend zu einem besseren Verständnis der Handelsbeziehungen bei, die sich im 4. Jh. v. Chr. mit Indien zu entwickeln begannen. Hier bargen die Gräber verzierte Bronzeschalen, kleine, gravierte Perlen und einen springenden Löwen aus Karneol, die allesamt aus Indien stammten. Andere Schmuckstücke aus ähnlichen Stätten beweisen, dass die eisenzeitlichen Dörfer zu einem Seehandelsnetz gehörten, welches sie mit den Inseln Südostasiens, mit Neuguinea, den Philippinen und sogar mit China und Indien verband.

Diese Ausstattung von Gräbern ist für weitere Regionen Südostasiens charakteristisch. An der Küste Vietnams wird die Entstehung der Champa-Kultur durch Grabstätten gekennzeichnet, die zahlreiche Bestattungsurnen mit menschlicher Asche, Schmuckstücken sowie Werkzeugen und Waffen aus Eisen bargen. Von Yunnan in der südchinesischen Provinz Guangdong bis zum Delta des Roten Flusses entstanden Ende des 1. Jh. n. Chr. wohlhabende und kriegerische Königreiche. Ihrer unabhängigen Entwicklung wurde mit ihrer Einnahme durch das chinesische Hanreich aber ein jähes Ende gesetzt.

Die Menschen der Eisenzeit waren alles andere als furchtsame Eingeborene oder arme Wilde. Sie lebten vielmehr in Städten mit entwickelten Strukturen, in denen beispielsweise einige Persönlichkeiten mit prachtvollen Grabbeigaben und unter Beachtung eines komplizierten Rituals bestattet wurden. Eisen wurde hier nicht ausschließlich zur Erhöhung der landwirtschaftlichen Produktivität eingesetzt, sondern diente auch dazu, Kriegsgerät zu schmieden. Die Salzproduktion erreichte ein industrielles Niveau. Einige spezialisierte Handwerker konnten den Herrschern bemerkenswerte Objekte aus gebrannter Erde sowie Schmuckstücke aus Bronze, Glas, Gold, Silber, Karneol und Achat liefern. Die Konkurrenz und die Konflikte verstärkten sich, als kühne, hervorragende Seefahrer in den Fernhandel eintraten. Die Stammesgebiete der Eisenzeit standen kurz davor, sich zu Staaten zu entwickeln.

Hinduismus und Buddhismus

DER *BODHISATTVA*
Der Buddhismus beinhaltet mehrere Richtungen. Im Mahayana-Buddhismus (Großes Fahrzeug) unterstützen die bodhisattva *den Gläubigen auf seinem Weg zum Heil.*

In den ersten Jahrhunderten nach Christus erreichten die Hauptreligionen Indiens Kambodscha und überlagerten sich mit dem lokalen Brauchtum. Dies erklärt zum Teil die Neuartigkeit von Hinduismus und Buddhismus sowie die Ausbildung von manchen Eigentümlichkeiten bei einem Volk, das im Lauf der Jahrhunderte weiterhin seinen alten Glaubensvorstellungen verbunden blieb. Unter den meisten Königen scheint der Shivaismus vorgeherrscht zu haben. Bemerkenswerte Ausnahmen stellen Suryavarman II., ein Anhänger Vishnus, und Jayavarman VII. dar, der ein bedeutender buddhistischer Herrscher und ein großer Bauherr war.

Der Hinduismus (auch Brahmanismus) ist aus der vedischen Religion hervorgegangen, die um die Mitte des 2. Jt. v. Chr. mit den arischen Völkern nach Indien gelangte. Die vedische Religion legt den Schwerpunkt auf die Kraft der Handlung der Gottheiten, die die Naturkräfte oder andere, abstraktere Mächte darstellen. Ihre religiöse Pflicht, Opferhandlungen vorzunehmen, sicherte den Brahmanen (Priestern) eine herausragende Stellung innerhalb der Gesellschaft. Entsprechend ihrer wichtigsten Strömungen, dem Shivaimus und dem Vishnuismus, hat die hinduistische Glaubenswelt die Schaffung eines großen und vielgestaltigen Götterpantheons begünstigt. Hierbei gehen alle Gottheiten – wenn auch in unterschiedlichem Maß – von dem Hauptgott aus, der als Schöpfer und Beschützer aufgefasst wird. In Indien und in den indisierten Ländern wird die Zeit als Kreislauf angesehen. Jede Seele wird solange wiedergeboren, bis sie eines Tages in die ursprüngliche Einheit eingeht, von der sie nur einen winzigen Teil bildet.

Um das 5. Jh. v. Chr. entwickelte sich in den nördlichen Grenzgebieten Indiens der Buddhismus, der sich vor allem in Bezug auf die rituellen Praktiken vom Hinduismus unterschied. Sehr bald schon entstand aus dieser Philosophie eine Religion, in deren Zentrum ihr historischer Begründer Buddha, der Erleuchtete, stand. Für seine Anhänger ruht das Heil im Erreichen des Nirvana, in der Befreiung aus dem Kreislauf der Wiedergeburten, in dem die Einzelseele vom Leid des Haftens an den Beziehungen und den Leidenschaften dieser Welt enthoben ist.

Das Wasserfest in Phnom Penh

Am Rand des Kleinen Fahrzeugs (Hinayana- oder Theravada-Buddhismus), der einzigen in Kambodscha praktizierten buddhistischen Strömung, haben die lokalen Kulte, die sich an die Schutzgeister der Erde und des Wassers wenden, all ihre Bedeutung behalten.

Buddha

Dieses Werk (7. Jh.) nimmt den ikonographischen und ästhetischen Kanon Indiens zur Guptazeit (4.–6. Jh.) auf, was sich u. a. am idealisierten, meditativen Gesichtsausdruck und an den gelockten Haaren offenbart.

Indische Helden

Die in früheren Zeiten verwendete Ikonographie gründete sich zu einem großen Teil auf die Mythen und Legenden der indischen Heldenepen Ramayana und Mahabharata. Vor seinem Tod erteilt hier ein von zahlreichen Pfeilen durchbohrter, weiser Held eine moralische Belehrung.

Volkskulte

Die alten buddhistischen wie hinduistischen Statuen werden nach wie vor verehrt. Sie sollen die Neak ta bergen, Schutzgeister, die manchmal mit den Ahnen gleichgesetzt werden und deren Wohlwollen man sich sichern muss.

BESCHÜTZERIN BUDDHAS

Der von einer vielköpfigen *naga* (Kobra) geschützte Buddha ist in der Khmerkunst die Darstellung des Erleuchteten schlechthin. Diese riesige Statue, die im zentralen Turmheiligtum des Bayon (Anfang 13. Jh.) stand, wurde bei der Rückkehr zum Shivaismus (nach der Regierungszeit Jayavarmans VII.) zerstört, im Fundamentschacht unter dem Kultraum vergraben und erst 1933 wieder entdeckt. Der meditierende Buddha wird auf dem Körper einer zusammengerollten Schlange sitzend gezeigt. Diese Art der Darstellung dürfte in Kambodscha aufgrund des Vorhandenseins der *naga*, die das Wasser und möglicherweise auch den durch das Wasser verbreiteten Reichtum symbolisierte, eine besondere Bedeutung gehabt haben.

Symbol Shivas

Dieses Phallussymbol ist Ausdruck der Vielgestaltigkeit des Gottes. Die drei Abschnitte dieses aus dem 10. Jh. stammenden Linga stellen die drei Handlungsbereiche Shivas dar, nämlich die Schöpfung, die Bewahrung und die Zerstörung.

Kapitel 2

Die erste Kultur Südostasiens

Die Hauptverkehrsader Südostasiens ist der Mekong, über den von jeher Personen, Güter und Ideen transportiert werden. Er wurde von den allerersten Bauern genutzt, die sich in der Region niederließen und auch den Handel mit Kupfer und Zinn über ihn abwickelten. Während der Eisenzeit wurden auf diesem Fluss riesige zeremonielle Trommeln aus Bronze von Yunnan nach Vietnam transportiert. Im Jahr 1644 gelangte der niederländische Händler Geritt van Wuystoff auf dem Mekong bis nach Vientiane in Laos. Im 19. Jh. kamen dann französische Forscher vom Mekongdelta bis in die Provinz Yunnan. Bei der Herausbildung der Zivilisation von Angkor spielte dieser Fluss eine entscheidende Rolle. In Phnom Penh teilt er sich in zwei Arme, den Mekong und den Bassac, und anschließend in ein Gewirr von Wasserläufen, die hier, kurz bevor der Fluss ins Meer mündet, durch Ablagerungen angeschwemmter Erde entstanden sind. Fluss und Küste bildeten eine traumhafte Handelsachse.

Bronzetrommel
Die reiche Dongson-Kultur entstand in der Eisenzeit im Becken des roten Flusses in Nordvietnam. Aus dieser Region stammt diese verzierte Trommel. Zu den Bronzegegenständen, die für die Dongson-Kultur kennzeichnend sind, gehören für Zeremonien und Bestattungen verwendete Trommeln sowie Glocken und Situlen (eimerartige Gefäße).

Ein im Zentrum von Thailand gelegenes eisenzeitliches Dorf unterhielt seit Beginn des 4. Jh. v. Chr. Handelsbeziehungen zu Indien. Die Sa-Huynh-Kultur an der vietnamesischen Küste, die wohl gegen 500 v. Chr. von südlicheren Inseln hierher kam, verfügte über hervorragende Seefahrer. Seit dem 1. Jt. v. Chr. zeugen hochwertige Boote, deren Bordwand mithilfe von Seilen festgezurrt und verstärkt wurde, von einer langen Schiffbautradition. In Pontian in Malaysia konnte festgestellt werden, dass diese Boote zwischen dem 3. und 5. Jh. n. Chr. gebaut worden sind. In Palembang wurde ein weiteres, etwa 200 Jahre später gefertigtes Schiff freigelegt. Laut den ältesten chinesischen Berichten maßen einige Hochseeschiffe des 1. Jh. n. Chr. bis zu 50 Meter und wogen mehr als 600 Tonnen. Schließlich wurde diese Tradition des eisenzeitlichen Seehandels noch dadurch begünstigt, dass Südostasien über wichtige Anlegeplätze innerhalb der Kette der Handelshäfen verfügte, die die Reiche des Ostens mit denen des Westens verband.

Funan, das Reich im Flussdelta

Die chinesischen Chroniken enthalten einen bemerkenswerten Bericht von zwei Gesandten des Kaisers Wu, Kang Tai und Zhu Ying. Diese durchquerten im 3. Jh. n. Chr. Südostasien, vermutlich um eine Seeroute für den Seidentransport zwischen China und Rom zu erkunden. Ihr Bericht beschreibt einen im Mekongdelta gelegenen Staat, den sie Funan nannten und wo sie von Holzzäunen umgebene Dörfer, Paläste, Pfahlhäuser und Reisfelder entdeckt hatten. Laut den Beobachtungen der chinesischen Reisenden waren die Schmuckstücke graviert. Auf Gold, Silber, Perlen und Parfüm wurden Steuern erhoben. Die Schriftzeichen erinnerten an die der indischen Hu und das Rechtssystem gestattete bei Verhören die Anwendung der Folter.

Der Bericht Kang Tais zählt möglicherweise zu den Quellen der Annalen der Liang-Dynastie (Liang shu), die aus der ersten Hälfte des 6. Jh. n. Chr. stammt. Das Werk zeigt, wie ein Monarch namens Fan Shiman mithilfe seiner Soldaten die benachbarten Monarchen unterwarf. Er griff auch einige Städte vom Meer her an und setzte seine Söhne an die Spitze der eroberten Gebiete. Fortan nahm er den Titel „Großkönig" an und errichtete seine Hauptstadt im Landesinnern, 500 li vom Meer entfernt. Da die Länge des li nicht in allen Epochen dieselbe war, ist es schwierig, diese Entfernung präzise zu bestimmen, doch vermutlich war diese Hauptstadt Angkor Borei.

BLICK AUF DAS MEKONGDELTA
Die Entstehung der ersten, an den Küsten gelegenen Reiche Südostasiens wurde durch den intensiven Seehandel zwischen China, Südostasien und Indien begünstigt. Funan lag am Mekongdelta, das sich weit zum Meer hin öffnet. Dieses Reich war einer der Vorläufer des Khmerreichs.

DIE CHINESISCHEN DYNASTISCHEN ANNALEN

Schon immer hielten die Chinesen wichtige Ereignisse schriftlich fest, um dieses Wissen an künftige Generationen weitergeben zu können. Kein Volk Asiens hat die Kunst der Geschichtsschreibung so weit entwickelt wie die Chinesen. Alles wurde notiert oder in Verzeichnissen erfasst und zwar mit dem alleinigen Ziel, geschichtliche Kenntnisse zu besitzen. Diesem Umstand verdanken die Geschichtswissenschaftler, die sich mit Südostasien befassen, die einzigen historischen Texte über die ältesten Epochen der unterschiedlichen Regionen, zu denen die Chinesen Kontakt hatten. Diese chinesischen Annalen wurden häufig auf der Basis von sehr unterschiedlichen Texten verfasst, unter denen die Berichte von Gesandtschaften einen wichtigen Platz einnehmen. Die Originale sind in den meisten Fällen verloren gegangen, doch sie wurden gewissenhaft abgeschrieben. Daher finden sich manche Informationen über sehr frühe Epochen in Texten, die mehrere Jahrhunderte nach den Ereignissen, von denen sie berichten, verfasst wurden. Fast alle heute über Funan und zahlreiche andere südostasiatische Reiche vorliegenden Kenntnisse stammen aus diesen Annalen, etwa Königslisten, Beschreibungen der Bevölkerung, der Sitten und Gebräuche, des Siedlungswesens usw.

BESCHRIFTETER RING
Während der ersten Jahrhunderte nach Christus verstärkten sich die kulturellen Beziehungen und die Handelskontakte zwischen Indien und Südostasien. Damals gelangten indische Sprachen und Schriftsysteme in diese Region und wurden von der lokalen Elite übernommen.

Als der König starb, ergriff einer seiner Neffen gewaltsam die Macht, wurde jedoch von einem jüngeren Sohn Fan Shimans abgesetzt. Ein anderer Heerführer gelangte durch einen Staatsstreich an die Macht. Zwischen 226 und 649 n. Chr. schickten die Monarchen Funans mindestens 25 Gesandtschaften nach China, die Geschenke aus Gold, Silber, Zinn und Kupfer, wertvolle Eisvogelfedern, ungewöhnliche Tiere wie Elefanten und Rhinozerosse, Elfenbein, Schildkröten und Aloeholz mitbrachten. Die meisten dieser Güter stammten notwendigerweise aus Gebieten außerhalb des Deltas, die weiter in Richtung Oberlauf des Mekong lagen.

Diese Art der Handelskontakte beschleunigte die Entstehung einer Herrscherklasse aus Personen, die die Organisation des Güteraustauschs beherrschten. Diese Tendenz hatte nicht nur zur Folge, dass die Palette der Handelswaren breiter wurde, sondern förderte darüber hinaus die lokale, auf den Export gerichtete Produktion. Zudem sollten die Seefahrer Südostasiens unbekannte Gesellschaften, Vorstellungen, Techniken und Sprachen entdecken. Doch dieser Öffnungsprozess führte auch zu Rivalität und Konkurrenz, eine häufige Quelle von Konflikten und gesellschaftlichen Veränderungen.

Der Handelshafen Oc Eo

Die von Kang Tai gelieferten Beschreibungen der Städte, Könige und Paläste machten eine archäologische Überprüfung erforderlich. Luftaufnahmen des Mekongdeltas, die in den 1920er-Jahren angefertigt wurden, lassen ein Netz antiker Kanäle erkennen, von denen einer die Mauern einer 450 Hektar großen, verlassenen Stadt durchbrach. Dem französischen Archäologen Louis Malleret gelang es, diese Mauern und Wassergräben am Boden zu orten. Innerhalb des Gebiets bilden die Verbindungskanäle ein regelmäßiges Muster und umfassen in einigen Fällen rechteckige Strukturen, von denen eine den Namen Oc Eo trägt. Diesen Namen gab Malleret der gesamten Stätte. War dies also die Stadt, in der die chinesischen Gesandten empfangen worden waren? Am 10. Februar 1944 starteten die Grabungsarbeiten und es ist bemerkenswert, dass Malleret auf archäologische Beweise für zahlreiche von Kang Tai 1800 Jahre zuvor beschriebene Aktivitäten stieß. In dem von ihm als Zone B bezeichneten Gebiet entdeckte er in einem Meter Tiefe Überreste von Backsteinen, Ziegeln, Glasperlen und Terrakottagefäßen. Zone D lieferte die Überreste einer Schmuckwerkstatt mit Fragmenten von Gold, Kupfer und Formen zur Herstellung von Zinnschmuck. In Zone Q fanden die Forscher menschliche Knochen, die unter einer Sandschicht lagen. Die Wissenschaftler stellten fest, dass sich die Spuren menschlicher Präsenz auf zwei Schichten verteilten, von denen eine an diesem Ort zwei Meter tief war. Da der Untergrund völlig mit Wasser durchtränkt war, waren auch Holzpfähle erhalten geblieben, die vermutlich zum Pfahlwerk der Häuser gehörten, das die Gebäude bei Hochwasser schützte.

Blick auf Oc Eo
Die Wiederaufnahme der Forschung im Verlauf der 1940er-Jahre führte zur Entdeckung von Stätten, die aus der gleichen Epoche stammen wie Oc Eo. Der Reichtum der Fundstücke zeugt vom Wohlstand Funans in den ersten nachchristlichen Jahrhunderten.

Anschließend legte Malleret an den zentralen Hügeln Fundamente und Backsteinmauern frei sowie Terrakottastatuen in Form eines Löwen, eines Einhorns und eines Ungeheuers. Ein Terrakottaziegel war mit einer Kobra verziert und die Backsteine mit geometrischen Motiven im Flachrelief geschmückt. Malleret äußerte sich nicht zur Funktion dieser Gebäude. Handelte es sich um Tempel? Dienten sie der Totenbestattung? Dass Ziegel und Backsteine verziert waren und Abgüsse von Tieren gefunden wurden, deutet auf religiöse oder rituelle Funktionen hin.

Louis Malleret hatte also eine Stätte lokalisiert, die für das Verständnis der Anfangsphase einer komplexen Gesellschaft eine fundamentale Rolle spielt. Die Fläche, die sie bedeckte, war um einiges größer als die der älteren Siedlungen. Eine weitere Neuerung bestand darin, dass nun aus Backsteinen große Gebäude errichtet wurden. Malleret legte häusliche Überreste frei wie Fundamente von Wohnhäusern, zerbrochene Tonwaren, Überreste von Schildkröten und Fischen, Rinder- und Schweineknochen. In Oc Eo lebten Fachleute, die sich auf die Herstellung von Schmuckstücken spezialisiert hatten, was Punzen und Hämmer aus Bronze bezeugen. Ein Klumpen von Blättern aus Gold sowie unvollendete Gegenstände aus Gold belegen, dass dieses Metall vor Ort bearbeitet wurde. Unter den Erzeugnissen fanden sich kleine gravierte oder gemusterte Goldtafeln. Auf einer von ihnen ist eine im Schneidersitz sitzende Harfenspielerin zu sehen, auf einer anderen eine aufrecht stehende Frau in einer sehr eleganten Haltung.

RÖMISCHE MÜNZE IM URWALD KAMBODSCHAS
In Oc Eo wurden zahlreiche Gegenstände gefunden, die aus Indien, China und sogar aus dem Mittelmeerraum stammten. Es ist nicht bekannt, ob die gezeigte Münze im direkten Handel mit Rom nach Südostasien kam oder ob sie in späterer Zeit hierher gelangte.

Den Goldschmieden dürften römische Münzen bekannt gewesen sein. So fand man zwei römische Münzen, die wohl Plünderern aus der Region abgekauft worden waren. Eine Münze mit dem Abbild von Antoninus Pius, ungefähr auf 152 n. Chr. datiert, wurde als Anhänger umgearbeitet. Eine andere aus der Herrschaftszeit des Kaisers Marc Aurel muss eine Kopie sein, da die Rückseite unbedruckt ist. Malleret vermutete, dass es sich um einen Abguss des Originals handelt, der als Anhänger getragen werden sollte. Es gab ein lokales Münzgeld mit der Sonne und einer Schnecke als Motive, das die Zivilisation von Funan allerdings nicht überdauerte.

Malleret hat mit unvollendeten Schmuckstücken überzeugende Beweise für die Existenz von Edelsteingraveuren in Oc Eo zusammengetragen. Die Bandbreite der Edelsteine zeugt von einem intensiven Handel, denn die natürlichen Vorkommen dieser Rohstoffe sind im Delta äußerst spärlich. Die Schmuckhersteller bearbeiteten Karneol, Achat, Amethyst, Beryll, Saphir, Zirkon, Quarz, Diamant, Rubin, Olivin, Jade und Steine wie Malachit und Magnetit. Spezialisten fertigten in Karneol gravierte Siegel an, die vor Ort produziert wurden, was durch das Vorhandensein unvollendeter Exemplare belegt wird.

SIDDHARTHA GAUTAMA, DER BUDDHA

Fürst Siddhartha Gautama, der später Buddha (der Erwachte) genannt werden sollte, wurde um 560 v. Chr. in einem kleinen Königreich im Nordosten Indiens geboren. Als er um 480 v. Chr. starb, hatten die ersten buddhistischen Gemeinschaften Gestalt angenommen und die Religion konnte sich fortan in ganz Asien verbreiten. Nach der Legende war bereits seine Geburt ein Wunder, denn das Baby wurde aus der rechten Seite seiner Mutter, der Königin Maya, geboren. Sie bildete den Auftakt zu einer Reihe von Episoden, die die besonderen moralischen und intellektuellen Eigenschaften des heiligen Mannes in den Vordergrund stellen. Nachdem er in der behüteten Welt des väterlichen Palastes eine fürstliche Erziehung genossen hatte, begann Siddhartha Gautama über das menschliche Leid nachzudenken und über Wege, es zu überwinden. Er verließ seine Familie und machte sich auf die Suche nach den Antworten auf seine Fragen, die er durch Meditation und Selbstbesinnung erlangen wollte. Nach seiner Erleuchtung, d.h., nachdem er den Weg erkannt hatte, mit dem sich der Schmerz überwinden lässt, verbrachte er sein Leben damit, seine Zeitgenossen zu bekehren. Die erste Etappe der Bekehrung besteht darin, die Existenz des Leidens als einen Bestandteil jeden Lebens anzuerkennen; die zweite, die Ursachen zu verstehen, nämlich das Festhalten an den Gütern und den Leidenschaften der Welt; die dritte, zu begreifen, dass die Beseitigung der Ursachen zur Unterdrückung des Schmerzes führt; die vierte schließlich, dass der Weg zum Heil in der buddhistischen Lehre selbst liegt.

Im Alter von 80 Jahren starb der Erleuchtete und wurde nicht mehr wiedergeboren. Er trat in das Nirvana ein, ein Zustand der Nichtwiedergeburt, wo die Seele von den Fesseln der Leidenschaften und Begierden befreit ist und kein Leid mehr kennt.

Kopf einer Buddhastatue
Diese aus dem 7. Jh. stammende Darstellung ist eines der ältesten Khmerwerke, das Buddha zeigt, und befindet sich im Nationalmuseum von Phnom Penh. Der Künstler, der sie geschaffen hat, bezog seine Anregung von indischen Vorbildern.

Einer von ihnen trägt das Wort jaya, das in Sanskrit „Sieg“ bedeutet und in einer alten indischen Schrift eingraviert wurde. Auf einem anderen Siegel ist der Name einer Person zu lesen und auf einem dritten das Wort „Achtung“. Andere stellen Personen dar, beispielsweise eine Frau, die vor einem Gefäß voller Flammen sitzt. Bei dieser Szene könnte es sich sowohl um ein Ritual als auch um eine häusliche Tätigkeit handeln. Ein Exemplar zeigt einen bärtigen Römer aus dem Mittelmeerraum. Manche Siegel sind mit einem Rind, Schweinen, einem Hund und einem Löwen verziert. Römischen Münzen und Waren, die über die Handelswege aus weit entfernten Gegenden in die Region kamen, beweisen, dass Oc Eo bewohnt war, als Kang Tai Funan besuchte.

Symbole Vishnus
Die Motive, die in diese in der Stätte Dan Noi gefundene goldene Votivtafel getrieben wurden, zählen zum Bildmaterial des Gottes Vishnu. Zu erkennen sind die Lotosblume, die Meeresmuschel und das Rad, drei seiner Symbole, sowie ganz links Garuda, sein Reittier. Solche Objekte wurden bei der Gründung von Tempeln häufig unter den Sockel der Gottheit gelegt.

Jüngste archäologische Forschungen im Mekongdelta

Seit dem Krieg haben die im Delta durchgeführten Forschungsarbeiten die Kenntnisse über die Vielfalt der Arten von Monumenten sowie die Chronologie dieser Zivilisation beträchtlich erweitert. Bereits vor Christi Geburt gab es hier Handelsniederlassungen. In Go Hang wurden einige Perlen aus Glas, Achat und Karneol ausgegraben, die mit denen von Noen U-Loke übereinstimmen. Sie konnten auf eine Zeit zwischen 54 v. Chr. und 130 n. Chr. datiert werden. Die archäologischen Funde enthüllen also einen fundamentalen Wandel. Die Stätte Nen Chua beispielsweise birgt eine 16,3 x 25,7 Meter große, rechteckige Struktur aus Backstein und Stein, deren Inneres offensichtlich in zwei Räume unterteilt war. Sie hatte vermutlich eine religiöse Funktion. Die gleiche Stätte belegt, dass es zu einer radikalen Änderung der Bestattungsriten kam, die sich nunmehr deutlich von der vorgeschichtlichen Bestattungstradition unterschieden. Kleine, mit Backstein ausgestattete Grabgewölbe, die 2,5 Meter tief in den Boden gegraben wurden, nahmen nach der Verbrennung der Verstorbenen deren Asche auf. Als Grabbeigaben erhielten sie rechteckige oder ovale Blätter aus Gold, auf denen sich menschliche Silhouetten mit erhobener rechter Hand erkennen lassen.

Eine auf einem dieser Werke dargestellte Person scheint vier Arme zu haben. Hier handelt es sich wohl um Harihara, die Darstellung Shivas und Vishnus in einer Gestalt. Wahrscheinlich war diese Stätte von 450 bis 650 n. Chr. bewohnt.

In der bekannten Fundstätte Go Thap stießen Archäologen auf acht ähnliche Grabstätten. Wo sich ehemals ein vorgeschichtliches Dorf befunden hatte, war ein ein Hektar großer Grabhügel angelegt worden. Die Gräber liegen innerhalb einer 7 x 10 Meter großen Einfriedung aus Backstein. Backsteinschächte bargen menschliche Asche und folgende Grabbeigaben: 322 Blätter aus Gold, fünf Goldscheiben, drei Goldringe, eine Blume aus Gold, acht Edelsteine und sieben Glasstücke. Die goldenen Blätter sind mit Gottheiten, Schildkröten, Darstellungen Vishnus und seines Reittiers, des Adlers Garuda, Wasserbüffeln, Elefanten, Schlangen, Schnecken, der Sonne, Pflanzen und einem Haus auf Pfählen verziert. Zahlreiche dieser Symbole besitzen einen Bezug zu hinduistischen Gottheiten. Eine dieser Darstellungen wurde als ein Büffel mit einem Stab im Maul beschrieben, es könnte sich dabei allerdings auch um eine Schnur handeln, die dem Büffel durch die Nüstern gezogen wurde, um ihn beim Pflügen zu führen. Eine andere Szene zeigt einen Mann, der ein Büffelgeschirr verbunden mit zwei Paar symbolischen Hörnern hält. Hierbei handelt es sich um einen Pflug. Zwei Datierungen zeigen, dass die Begräbnisstätte auf die Zeit zwischen 400 und 600 n. Chr. zürückgeht.

In Go Cay Trom wurden bei Grabungen die Backsteinfundamente eines 30 Meter großen Monuments freigelegt, welches die Forscher auf das 5. oder 7. Jh. n. Chr. datieren. Im Backsteintempel von Go Xoai wurden weitere goldene Blätter entdeckt, von denen eines eine Sanskritinschrift aus dem 5. Jh. trug.

Außerhalb der religiösen Stätten und Begräbnisstätten wurden mehrere Holzstatuen entdeckt, die Buddha darstellen und vom wachsenden Geschick bei der Fertigung großformatiger Kunstwerke zeugen.

Inschriften

Gegen Ende des 5. Jh. n. Chr. begannen die Könige des Deltagebiets damit, Inschriften zu verfassen, um an ihre religiösen Stiftungen zu erinnern. Nur einige von ihnen sind heute noch erhalten, doch die Sanskrittexte liefern zahlreiche Informationen. Die ersten unvollständigen Zeilen der Inschrift von Go Thap beispielsweise erwähnen den Sieg, den ein Individuum errungen hat, dessen Name mit „Ja" beginnt, vermutlich Jayavarman, und zwar über einen König, dessen Name mit „Vira" beginnt. Varman ist eine bedeutsame Wurzel, die zum Namen von Königen gehört, denn in Sanskrit bedeutet sie „Schild" oder „Beschützer". Diese Person hat zahlreiche, Vishnu geweihte Heiligtümer gegründet, wie jenes, das er seinem Sohn Gunavarman anvertraute. Der fragliche Tempel war „dem Schlamm entrissen" worden, vielleicht eine Anspielung auf die Entwässerungsarbeiten in der Binsenebene in Cochinchina, wo die Inschrift gefunden wurde. Die Weihe dieses Heiligtums wurde von Brahmanen vorgenommen. Eine zweite, in Nak Ta Dambang Dek entdeckte Inschrift wurde zu Ehren Buddhas angefertigt. Sie nennt König Jayavarman und seinen Sohn Rudravarman (Schützling Shivas) und beschreibt, wie Jayavarman einen Brahmanensohn zum Verwalter seiner Güter ernannte. Ein dritter Text nennt erneut König Jayavarman und seine Siege über seine Gegner. Das Hauptziel der Inschrift war jedoch, der Stiftung einer Einsiedelei, eines künstlichen Sees und eines Wohnhauses durch Königin Kulaprabhavati zu gedenken. Kula bedeutet Familie und prabhavat ist ein Sanskritwort, das mit dem Ausdruck „Majestät" wiedergegeben werden kann.

DIE VORANGKORIANISCHE ZEIT

Die Geschichte des Landes der alten Khmer, dessen Grenzen nicht mit denen des heutigen Kambodscha übereinstimmen, ist bislang nur unzureichend erforscht. Sie wurde anhand der in den chinesischen Annalen enthaltenen Informationen und unter Berücksichtigung der in Sanskrit und dem alten Khmer verfassten Steininschriften rekonstruiert. Diese Inschriften betreffen fast ausschließlich die Religion und erscheinen in Kambodscha erst ungefähr ab dem 5. Jh.

Bis zum 7. Jh. sind sie zu selten, um klare und vollständige Informationen liefern zu können. Die chinesischen Texte wiederum werfen mehr Fragen auf, als sie Antworten liefern. Die in ihnen enthaltenen Informationen spiegeln wohl eine gewisse Realität wider, doch die Deutung der Fakten bleibt schwierig. Die Chinesen haben ihre Beobachtungen im Licht ihrer eigenen kulturellen Maßstäbe und je nach ihren wirtschaftlichen oder politischen Interessen in der Region analysiert oder beschrieben. Solchen Zeugnissen muss man sich also sehr kritisch nähern. Das Geschichtsbild des vorangkorianischen Kambodscha, das wir heute haben, wird sich wohl in der Zukunft dank neuer Forschungsergebnisse oder Entdeckungen, insbesondere im Bereich der Inschriften, noch verändern.

Diese Inschriften künden davon, dass zwischen 480 und 520 n. Chr. ein Krieg zwischen zwei rivalisierenden Königen stattfand, dass mehrere Tempel gegründet wurden, in denen es gelehrte Priester gab, und dass ein Sohn seinem Vater auf den Thron folgte. Zwei Inschriften aus einer Stätte bei Angkor Borei zeigen, dass dort die Hauptstadt von Rudravarman von Funan war, des letzten Königs der Region während dieser Periode. Die erste Inschrift vom Phnom Da nennt Rudravarman mehrfach, die zweite aus Prah Kuha Luon geht auf das Jahr 674 n. Chr. zurück und beschreibt eine Stiftung Rudravarmans.

Ackerbau

Zeitloses Design
Dieses jungsteinzeitliche Gefäß, in dem Reis gegart wurde, könnte genauso in heutiger Zeit hergestellt worden sein. Formen und Dekor der Gebrauchsgegenstände haben sich im Lauf der Geschichte kaum verändert.

Zwar war das an der südlichen Seidenstraße gelegene Mekongdelta ein idealer Standort, doch die jährlichen Überschwemmungen erschwerten den Reisanbau sehr. Im flachen Gelände des Deltas existieren keine Spuren vorgeschichtlicher Dörfer. Aus den Berichten Kang Tais geht hervor, dass die Bevölkerung von Funan Reisanbau betrieb, es ist jedoch nicht bekannt, wie sie dies bewerkstelligte. Aber offenbar wussten die Reisbauern mit der Situation umzugehen. Sie nutzten den mit dem Hochwasser angeschwemmten Schlamm, der den Boden düngte und das Pflügen und Jäten überflüssig machte. Wurden mithilfe künstlicher Dämme oder natürlicher Rückhaltebecken Wasserreserven angelegt, so ließ sich in den Gebieten dann durchaus Reisanbau betreiben. Dank dieser Methode, die im Süden Kambodschas noch heute angewendet wird, können die Reisfelder zu Beginn der Trockenzeit regelmäßig bewässert werden. Zudem ist bekannt, dass die Ernten ausreichten, um die Stadtbevölkerung zu versorgen.

Gegen 150 n. Chr. vollzog sich im Mekongdelta eine bedeutende kulturelle Veränderung. Über Jahrhunderte hinweg hatten die Dörfer auf dem asiatischen Kontinent durch die Schifffahrt Handelsbeziehungen zu immer weiter entfernt gelegenen Ländern aufgenommen. Dieses Phänomen war nicht auf das Mekongdelta begrenzt, sondern es gab gleichzeitig ähnliche auf den Seehandel ausgerichtete Gesellschaften im Zentrum Thailands und an der Küste Vietnams. Die Gründungen ihrer Niederlassungen waren mit kriegerischen Auseinandersetzungen zwischen rivalisierenden Staaten verknüpft.

Die Gesellschaft wurde zusehends komplexer, die Ansiedlungen immer großflächiger. Städte wie Oc Eo und Angkor Borei waren durch ein Netz von Kanälen verbunden, die vermutlich zur Entwässerung beitrugen und den Güteraustausch erleichterten. Ab dem 6. Jh. und vielleicht sogar bereits 200 Jahre zuvor wurden beeindruckende Monumente aus Backstein und Stein erbaut. Zur gleichen Zeit wurden in den Ansiedlungen Steinstatuen errichtet, die vor allem dem Hindugott Vishnu geweiht waren.

Bei den Grabungsarbeiten wurden zahlreiche Belege dafür gefunden, dass jede Siedlung auf die Herstellung bestimmter Güter spezialisiert war. Dieses Manufakturwesen wurde durch einen Reisüberschuss ermöglicht, zu dessen Verwaltung die Existenz einer zentralen Einrichtung erforderlich war. Dieser Umstand erlaubt Rückschlüsse auf das Wesen der Macht. Chinesischen Zeitzeugenberichten zufolge ließen sich die Oberhäupter fan nennen. Ab dem 5. Jh. tragen sie ebenfalls den Ehrentitel *-varman*.

Es ist bisher noch unklar, ob das Delta zwischen 150 und 550 n. Chr. ein einheitlicher Staat blieb oder ob sich während dieser Periode kleine, konkurrierende politische Gebilde gegenseitig die Oberherrschaft über die Region streitig machten. Das Kanalnetz, das Siedlungen wie Oc Eo, Dan Noi und Angkor Borei miteinander verband, weist auf das vermutliche, wenn auch nicht gewisse Vorhandensein eines einheitlichen politischen Gebildes hin. Fest steht jedenfalls, dass die wachsende Teilnahme dieser Region am internationalen Handel den Oberhäuptern die Möglichkeit gab, Reichtümer anzuhäufen und eine hohe gesellschaftliche Position zu erlangen. Diese Tatsache dürfte die Entstehung einer neuen gesellschaftlichen Elite entscheidend begünstigt haben. Doch dies war gewiss keine isolierte Entwicklung. Denn viele Ressourcen stammten aus dem Landesinnern, wo es aufgrund der gesteigerten Produktion und der Konkurrenz aller Wahrscheinlichkeit nach zur Ausbildung lokaler Eliten kam.

Der Schwachpunkt dieses frühen Gesellschaftssystems lag jedoch in seiner Abhängigkeit vom Handel. So bald der Handelsverkehr ins Stocken geriet, war sein Fortbestand bedroht. Die kulturelle Aktivität Angkor Boreis fällt in die Phase, in der Oc Eo bewohnt war. Danach kam es zu tief greifenden Änderungen und Inschriften und Statuen wurden seltener. Diese Situation scheint durch die zunehmende Macht der Städte des Nordens bedingt worden zu sein. Die Umwälzungen dürften ebenfalls auf eine Veränderung der Seerouten zurückzuführen sein, die China mit dem Abendland verbanden. Denn im 5. Jh. führte die Eröffnung direkter Verbindungen mit Java dazu, dass die Anlegeplätze im Mekongdelta an Bedeutung verloren.

Für einen Staat, dessen Grundlage die Beherrschung des Handels darstellte, bedeutete dies einen tödlichen Schlag. Ab dem 6. oder 7. Jh. wurden Städte wie Oc Eo aufgegeben, wobei diese neue Lage keineswegs das Ende des Prozesses bedeutete, der zur Zivilisation von Angkor führte. Sie begünstigte vielmehr radikale Veränderungen in weiter flussaufwärts gelegenen Gebieten des Mekongtals und in der Region des Großen Sees.

STATUE DES HARIHARA
Harihara ist halb Shiva, halb Vishnu und eine der seit der Funanzeit am meisten verehrten hinduistischen Gottheiten. Dieses Werk wurde in einer Stätte unweit von Angkor Borei entdeckt und stammt vermutlich aus dem 7. Jh.

Musik und Tanz

Ganz gleich, wie weit man in der Geschichte Kambodschas zurückgeht – Tanz und Musik sind von jeher belegt. Die wunderbaren Flachreliefs von Angkor zeigen viele Darstellungen zum Thema Musik. Überall in den Tempeln beleben Himmelstänzerinnen, die verführerischen *apsara*, die die Mythologie aus der Butterung des Milchozeans hervorgehen lässt, Mauern und Säulen.

In der Hindukultur wurde der Tanz sehr früh mit den schöpferischen oder zerstörerischen Handlungen Shivas in Verbindung gebracht. Zu Beginn und am Ende einer kosmischen Ära lässt der Gott durch den Tanz alle Dinge entstehen – oder er zerstört sie.

Die Khmerinschriften erwähnen in den Auflistungen der Tempelbediensteten häufig Tänzerinnen und Musiker. Verschiedene religiöse Zeremonien wurden nämlich von Tänzen begleitet, die ebenso Opfergaben an die Gottheiten darstellten. In den großen Baudenkmälern des mittelalterlichen Indiens findet sich häufig ein Raum, in dem junge Mädchen von klein auf im Tanz ausgebildet wurden. Solche Räume gibt es auch in Kambodscha, jedoch in Gebäuden, in denen man dies am wenigsten erwartet hätte, nämlich in den großen buddhistischen Tempeln aus der Regierungszeit Jayavarmans VII. (Ende 12. Jh.). Zu dieser Zeit dürfte der Buddhismus des Großen Fahrzeugs sich in seinen religiösen Praktiken allerdings erst wenig vom Hinduismus unterschieden haben, der bis dahin vorgeherrscht hatte.

Jenseits seines religösen Aspekts spielte der Tanz im höfischen Leben eine wichtige Rolle. Zahlreiche Flachreliefs stellen diese königliche Zerstreuung dar.

Auch wenn heute im religiösen Leben der buddhistischen Pagoden des Kleinen Fahrzeugs Tänze nicht vorkommen, hat sich die Kunst des höfischen Tanzes doch auf Aufsehen erregende Weise erhalten. Das Orchester, das diese Aufführungen begleitet, das *pin peat*, besteht hauptsächlich aus Schlaginstrumenten. In angkorianischer Zeit verfügte es über eine größere Instrumentenvielfalt, insbesondere über Saiteninstrumente und Blasinstrumente, die an Flöten oder Oboen erinnern, ähnlich wie das heutige *mohori*-Orchester, das folkloristische oder unterhaltende Musik spielt. Angkor war einst die Stadt der Götter, doch heute, da sie nicht mehr in den Tempeln residieren, hätte sie eher den Namen „Stadt der Tänzerinnen“ verdient.

TÄNZERINNEN
Im Lauf der Zeit wurden unzählige anmutige Tänzerinnen auf den Mauern der Monumente verewigt. Ihre Darstellung hält auch die Entwicklung der Mode fest. Den Künstlern ist es mit ihrem Meißel perfekt gelungen, die flüchtigen Bewegungen zu verewigen.

KRAFT DER BEWEGUNG
Der kosmische Tanz Shivas wurde in Banteay Srei mit einem besonderen Sinn für Schönheit dargestellt. Die gebeugten Beine und die fächerförmig angeordneten Arme vermitteln die Kraft der Bewegungen Shivas.

DAS KÖNIGLICHE BALLETT

Während der Regierungszeit Ang Duongs (1841–60), des Begründers des modernen kambodschanischen Staates, wurde das königliche Ballett einer fernen, vergessenen Vergangenheit wieder zum Leben erweckt. Zunächst stand das Ballett ausschließlich im Dienst des Herrschers und wurde nur bei königlichen Riten eingesetzt, doch allmählich erlangten die Tänzerinnen, die sich nur innerhalb der Palastmauern aufhalten durften, großes Ansehen. Zu Beginn des 20. Jh. milderten sich die Lebensbedingungen der Tänzerinnen und sie traten auch außerhalb des Palastes auf. In den 1950er-Jahren reformierte Königin Kossamak Nearyrath, die Mutter Norodom Sihanuks, die Institution und verlieh ihr ihren heutigen Charakter, indem sie insbesondere männliche Tänzer in die Truppe aufnahm.

ORCHESTER
Auf dem Flachrelief vom Bayon sind einige Instrumente zu erkennen, die heute nicht mehr verwendet werden: eine große Harfe und die vina, ein aus Indien stammendes Instrument, das in seinem oberen Teil einen Resonanzkörper hat.

LANGE LEHRZEIT
Die Ausbildung der Musiker beginnt mit acht Jahren. Während der Lehrzeit lernen die Künstler, ihren Bewegungen, Gesten und dem Gesichtsausdruck eine Bedeutung zu verleihen. Die Ausbildung dauert etwa zwölf Jahre.

KAMBODSCHANISCHE TÄNZERIN
Rodin war von der Schönheit der „kleinen kambodschanischen Tänzerinnen“ entzückt, die König Sisovath während seines Frankreichbesuchs im Jahr 1906 begleiteten. Eine Reihe sehr ausdrucksstarker Bilder zeugt vom „unendlichen Vergnügen“, mit dem er sie darstellte.

FRAUENSTATUE IM KOH-KER-STIL
Diese meisterhafte Statue aus dem 10. Jh. ist die einzige gut erhaltene Steinstatue, die eine Tänzerin darstellt. Es handelt sich vermutlich um die Gattin Shivas, die gemeinsam mit dem Gott tanzt.

KAPITEL 3

Die Zhenlareiche in der Periode vor Angkor

Im 13. Jh. legte der chinesische Chronist Ma Duanlin eine Sammlung von Dokumenten an, die die Beschreibung eines Königs enthielten, vermutlich Isanavarmans, der zu Beginn des 7. Jh. geherrscht hat. Dieses Werk entwirft das Bild eines prächtigen Hofes, der von bewaffneten Garden beschützt wurde. Die Texte beschreiben den Audienzsaal und den Thron, die Kleidung des Königs und der hohen Würdenträger sowie den Ablauf der alle drei Tage stattfindenden Audienzen, in deren Verlauf der König auf einem Holzthron saß, der mit Intarsiensäulen und kostbaren Stoffen verziert war. Der Souverän trug eine Krone aus Gold und Edelsteinen sowie goldene Ohrringe. Höflinge und Beamte knieten am Fuß der Stufen nieder, die zum Thron führten, und berührten dreimal mit der Stirn den Boden. Am Ende der Audienz warfen sich alle Mitglieder des Hofes nieder.

VERGANGENE BAUWERKE
Kein aus Holz errichtetes Gebäude der frühen Epochen hat die Zeit überdauert. Die Flachreliefs sind die einzigen Quellen zur Holzbauweise.

Dieser Hof lag vermutlich an einem Ort, der heute Sambor Prei Kuk genannt wird, im Tal des Flusses Sen östlich des Großen Sees, im Zentrum Kambodschas. Die Beschreibung Ma Duanlins präsentiert eine Gesellschaft, in der großer Überfluss herrschte und die ausgefeilte Rituale sowie eine komplexe Hierarchie besaß. Dies sind die ureigensten Zutaten der Zivilisation. Der Chronist erwähnt fünf hohe Minister; zudem gab es zahllose Beamte von niedrigerem Rang. Noch heute kann dieser von Einfriedungsmauern geschützte Komplex von Tempeln und Becken bewundert werden. Inschriften künden davon, dass diese Siedlung damals Isanapura, also Stadt Isanavarmans hieß. Ma Duanlin liefert eine sehr lebhafte Beschreibung dieser Gesellschaft und so erfährt der Leser, dass sich die Menschen des Volkes die Zähne gründlich mit Zahnstochern aus Pappelholz reinigten, dass sie Ohrringe trugen und ein „lebhaftes und robustes Temperament" besaßen. Sie waren ständig bewaffnet und Streitigkeiten endeten häufig in Schlägereien.

Die chinesischen Chronisten vermuten, dass sich der Niedergang Funans im Mekongdelta in dem Moment vollzog, als die Herrscher im Landesinnern damit begannen, ihre Unabhängigkeit zu erklären. Chinesische Historiker sehen hier, am Mittellauf des Mekong nördlich der Dangrek-Kette, einen einzigen Staat, den „Zhenla des Wassers". Doch archäologische Forschungen und Untersuchungen der Inschriften belegen das Vorhandensein mehrerer Königreiche, von denen mindestens eines bereits in der Funanperiode großen Einfluss besaß. 550 Kilometer nördlich des Deltas passiert der Mekong den Fuß eines Hügels, der durch einen phallusförmigen Felsen an seinem Gipfel auffällt. Dort befindet sich ein sehr alter Tempel, Vat Phu. Dieser heilige Berg wurde als solcher in der Periode von Angkor (ab dem Jahr 800) anerkannt, war aber bereits seit langem ein bedeutendes spirituelles Zentrum. Eine Inschrift Vat Phus aus der zweiten Hälfte des 5. Jh. nennt König Devanika, dessen Name „himmlischer Schutz" oder „göttliche Eingebung" bedeutet. Er kam von weit her und wurde schließlich König der Könige, nachdem er zahllose Feinde besiegt hatte. Diese Inschrift, die im Innern der rechteckigen Begrenzung einer älteren Stätte entdeckt wurde, erwähnt Festriten, die die Schenkung von Tausenden von Rinderköpfen umfassten.

HEILIGE STÄTTE
Die in Laos gelegene Stätte Vat Phu scheint von alters her ein heiliger Ort gewesen zu sein. Der Berg, an den sich der Tempel schmiegt, hat die Form eines Zuckerhuts und erinnert an ein linga. *Die Bauten stammen aus dem 11. und 12. Jh.*

Eine Adelsfamilie

Ab der Mitte des 6. Jh. unterwarfen die Könige von Zhenla schrittweise Funan. Im Verlauf der zwei darauf folgenden Jahrhunderte kam es in den Tälern im Landesinnern und entlang des Mekong zu bedeutenden Umwälzungen. Mehrere Franzosen, darunter Étienne Aymonier und Henri Parmentier, haben diese Region durchforstet und eine Liste ihrer zahlreichen Backsteintempel und deren Inschriften angefertigt. Eine Stele, die im Jahr 667 in dem kleinen Heiligtum Kdei Ang aufgestellt wurde, zeugt vom Übergang von Funan zu Zhenla. Sie nennt über mehrere Generationen hinweg die Namen der Mitglieder einer Adelsfamilie sowie die Namen der Könige, denen sie dienten. Die Aufstellung beginnt mit Brahmadatta, dem Diener des Königs Rudravarman von Funan (etwa 514–550 n. Chr.). Anschließend folgen die Söhne seiner Schwester, Dharmadeva und Simhadeva, die den Königen Bhavavarman I. und Mahendravarman von Zhenla dienten. Simhavira, der Sohn der Schwester Dharmadevas, war Beamter des Königs Isanavarman. Schließlich diente Simhadatta König Jayavarman I. König Isanavarman heiratete eine Frau aus dieser Familie und hatte zwei Söhne, von denen einer unter dem Namen Bhavavarman II. König und der andere, Shivadatta, Statthalter von Jyesthapura wurde.

Dieser Text scheint darauf hinzudeuten, dass sich der Übergang zwischen dem letzten bekannten König des Staates im Delta und seinen Nachfolgern friedlich vollzog, aber er

BETONTE WEIBLICHKEIT
Diese Statue einer Göttin ist wie zahlreiche Werke aus dem 7. Jh. weich und sinnlich gestaltet. Ihre Identität kann nicht genau bestimmt werden, da die dazu notwendigen Symbole fehlen.

weist auch auf eine dynastische Erbfolge hin. Über Bhavavarman I., der als Sohn König Viravarmans und Enkel Sarvabhaumas bezeichnet wird, ist nicht viel bekannt. Eine Inschrift, die in Roban Romas entdeckt wurde, nennt ihn als Lehnsherr von Narasimhagupta, König von Indrapura. Es ist anzunehmen, dass sein Hof in Isanapura oder dessen Umgebung lag und dass er etwa um 600 starb. Sein Bruder Mahendravarman beanspruchte in einer Reihe kurzer Inschriften in Sanskrit, die im Norden im Tal des Flusses Mun gefunden wurden, mehrere Siege für sich. Im Verlauf der ersten Jahrzehnte des 7. Jh. wurde die Gesellschaftsstruktur in dieser Region zusehends komplexer. Die örtlichen Herrscher befanden sich in vollem Aufstieg und gründeten ihre Macht auf einen wachsenden Reichtum, der auf dem Reisanbau und der Produktion von Salz und Eisen basierte. Die Inschriften Mahendravarmans beziehen sich möglicherweise lediglich auf vereinzelte kriegerische Unternehmungen und nichts spricht dafür, dass es zu einer dauerhaften Besetzung oder zur Errichtung einer zentralen Regierung kam. Doch es ist offensichtlich, dass dieser Herrscher beträchtliche territoriale Ambitionen hatte. Offenbar war er dazu in der Lage, genügend Kräfte zu mobilisieren, um weit von seiner Operationsbasis entfernt, die vermutlich im Tal des Flusses Sen lag, Feldzüge durchführen zu können.

Unter der Herrschaft seines Sohns Isanavarman kam es zu einer umfassenden Entwicklung der Gesellschaftsstruktur. Die Häufung der Inschriften, die an Tempelweihen erinnern, ohne den Namen der Hauptstadt selbst zu erwähnen, weist darauf hin, dass die meisten Bauwerke dieser Stätte während Isanavarmans Regierungszeit errichtet wurden. Die Größe Isanapuras zeugt von einem bedeutenden Aufwand an Energie und

STÄTTE AUS VORANGKORIANISCHER ZEIT

Sambor Prei Kuk in der Provinz Kompong Thom besteht aus drei Hauptgruppen von Gebäuden, die grob nach einer Nord-Süd-Achse ausgerichtet sind. In jedem dieser Komplexe gruppieren sich die Nebengebäude aus Backstein um einen ebenfalls aus Backstein errichteten zentralen Tempel. Die Geschichte der Stätte kennzeichnen verschiedene Inschriften; die interessantesten stammen von der Südgruppe und beziehen sich auf die Gründung einiger Heiligtümer während der Regierungszeit Isanavarmans I. Sie erwähnen eine Darstellung Shivas aus Gold im zentralen Turmheiligtum und eine Darstellung von dessen Reittier, des Stiers Nandi, aus Silber. Sie befanden sich in einem kleinen Gebäude gegenüber dem zentralen Turmheiligtum. Die Inschriften der Nordgruppe beziehen sich ebenfalls teilweise auf das 7. Jh., wobei einige von ihnen auch große Schenkungen erwähnen, die im 10. Jh. unter Rajendravarman getätigt wurden und von der Aktivität Sambor Prei Kuks zu angkorianischer Zeit zeugen. Die zentrale Gruppe unterscheidet sich von den beiden anderen durch eine monumentalere und wohl etwas spätere (8. Jh.) Bauweise. Die Stätte barg verschiedene Skulpturen (von Durga, Harihara und Brahma), die sich alle im Nationalmuseum in Phnom Penh befinden, sowie Bruchstücke von skulptierten Sockeln.

Arbeitskraft. Es gibt ebenfalls eine ganze Reihe von Beweisen, die belegen, dass sich Isanavarman erfolgreich die Kontrolle über mehrere strategisch wichtige Regionen sichern konnte. Im äußeren Westen ernannte er seinen eigenen Sohn zum Herrscher von Jyesthapura. Näher an seiner Hauptstadt herrschte Narasimhagupta, Herrscher von Indrapura, so lange, dass er nacheinander der Vasall von Mahendravarman und anschließend von Isanavarman war. Es war ebenfalls Isanavarman, der den Herrscher von Tamandarapura ernannte, das vermutlich in der Region des Deltas lag. In Kuk Prah Kot erkannte der lokale Herrscher, der *pon* Bhadrayuddha, die Herrschaft Isanavarmans an.

Eine Inschrift aus dem Jahr 627, die in Vat Chakret entdeckt wurde, bezeugt, dass der Herrscher von Tamrapura sich ebenfalls zum Vasallen Isanavarmans erklärte. Schließlich erhob Isanavarman Anspruch auf drei neue Lehen namens Cakrankapura, Amoghapura und Bhimapura. Sein Herrschaftsgebiet entsprach ungefähr dem heutigen Kambodscha. An der Stätte Vat Po, die etwa 250 Kilometer von Isanapura entfernt liegt, wurde eine Inschrift Ishanadattas gefunden. Sie nennt zunächst den erlauchten und heldenhaften Isanavarman und berichtet dann von der Errichtung einer Statue und der Schenkung zahlreicher Parzellen Land, die verschiedene hochrangige Notabeln mit dem Ehrentitel *pon* zugunsten der Eltern des Herrschers unternahmen. Eine in Isanapura entdeckte Inschrift rühmt die militärische Bedeutung und die militärischen Unternehmungen Isanavarmans, des Königs, „der das Gebiet seiner Ahnen erweitert hat."

Zwar konnten die lokalen Herrscher eine gewisse Unabhängigkeit bei der Handhabung alltäglicher Angelegenheiten bewahren, doch Isanavarman, der kurz nach 637 starb, beherrschte ein beträchtliches Gebiet und kontrollierte mit dem Mekong den Zugang zum Meer. Über seinen Sohn und Nachfolger Bhavavarman II. ist nur wenig bekannt. Klar ist jedoch, dass er von Isanapura aus weiterhin über die Mehrzahl oder die Gesamtheit der Lehen seines Vaters herrschte. Allerdings finden sich Überreste zahlreicher Inschriften, die von Stiftungen der lokalen Herrscher sprechen, ohne dabei den König zu erwähnen. Dies könnte ein Beleg dafür sein, dass es noch unabhängige Regionen gab.

GÖTTLICHE DREIHEIT *Auf dieser Stele wird die aus Shiva, Brahma und Vishnu bestehende hinduistische Dreiheit* (trimurti) *durch die göttlichen Symbole dargestellt: Der Gebetskranz steht für Brahma (links), der Dreizack für Shiva (Mitte) und das Rad für Vishnu (rechts).*

Jayavarman I.

Jayavarman I. lebte etwa 635–680 und war der Urenkel Isanavarmans I. Die ihn betreffenden Inschriften sind auf das Tiefland am Ufer des Mekong sowie auf das Gebiet nördlich des Großen Sees und im Westen auf die reichen Agrarregionen rund um Battambang konzentriert. Sie deuten auf eine Verstärkung der Zentralherrschaft hin, deren Macht sich über ein beträchtliches Gebiet erstreckte. Neue Verwalter erschienen auf der Bühne und der Herrscher konnte eine Armee aufstellen, damit sein Gebiet verteidigen und andere angreifen. Die Verwaltungsstruktur verschaffte dem König mehr Einfluss auf die Regelung von Fragen des Grundeigentums und auch erhöhte Steuerzahlungen. Die Lage seiner Hauptstadt Purandarapura ist bislang noch unbekannt, aber laut Michael Vickery war das politische Zentrum der Stadt wohl nicht sehr weit von Tuol Kok Prah entfernt. Eine dort entdeckte Inschrift beschreibt Jayavarman als den Eroberer seiner Feinde und berichtet, wie Jñanacandra, ein hoher Beamter *(amatya)*, die Statue des Gottes Amratakesvara errichtete. Auf Befehl des Königs wurden die Güter dieser Stiftung mit denen des altehrwürdigen Gottes Rudramahalaya zusammengelegt. Vat Po Val befindet sich etwas mehr als 300 Kilometer westlich dieses Ortes. Obwohl diese Art Texte aufgrund einiger Übertreibungen nicht wortwörtlich genommen werden sollten, deutet er auf einen Krieg hin. Denn König Jayavarman hatte „zahllose Vasallenkönige“ unter seinem Befehl. In der Schlacht war er die „Inkarnation des Sieges, die Geißel seiner Feinde, der Herr der Erde, die er von seinen Ahnen geerbt hat und der Eroberer neuer Gebiete“.

Vat Prei Val liegt südlich von Tuol Kok Prah. Eine Inschrift von dort erwähnt den glorreichen König Jayavarman und präzisiert, dass dieser entschied, dass der Großneffe der beiden Gründer, Subhakirti, exklusive Rechte über die von seinen Großonkeln getätigten Schenkungen haben sollte, inklusive der Tiere, Sklaven, Wälder und Felder. „Wer diesen Befehl des Königs missachtet, wird bestraft werden.“ Eine Inschrift von Tuol Prah That bestätigt die Existenz einer Zentralherrschaft und beschreibt Jayavarman als Vernichter seiner Feinde. Der König ernannte den Verfasser dieses Textes zum *rajasabhapadi*, also zum Präsidenten des königlichen Gerichts und bezeugte ihm dadurch seine Ehrerbietung, dass er ihm einen weißen Schirm und eine goldene Vase schenkte. Als der *rajasabhapadi* ein imposantes Linga errichtete, stattete der König die Stiftung mit Feldern, Gärten, Vieh und Sklaven aus.

Jayavarman ergänzte ebenfalls das Rechtssystem. Eine Inschrift aus dem Jahr 674, die in der Höhle von Prah Kuha Luon entdeckt wurde, spricht davon, dass Kraft eines Edikts *(rajna)* des Königs die Felder, Rinder, Büffel, Diener und Gärten der Umgebung einem Kloster und nicht einer Privatperson gehören sollten. Daraufhin werden Verwünschungen gegen eine Vielzahl von Verbrechen ausgesprochen, für die Jayavarman Bestrafungen vorgesehen hat: „Wer eine jährliche Steuer erhebt, Karren, Boote, Sklaven, Rinder, Büffel an sich reißt und wer die Befehle des Königs infrage stellt, wird bestraft werden.“

HINDUGOTT GANESHA
Ganesha, der Sohn Shivas und Parvatis, ist an seinem eigenartigen Elefantenkopf zu erkennen. Er wurde vor Beginn jeder Unternehmung angerufen, damit er Hindernisse aus dem Weg räumte.

Ein Text von Vat Kdei Ang listet eine wahre Dynastie von Dienern des Königs auf, die für mindestens vier Generationen mit dem Thron verbunden waren. Eine andere, in Tan

Kran entdeckte Inschrift nennt den Namen eines gewissen Dharmasvami aus Dharmapura, ein Brahmane, der mit dem Hof verbunden war. Sein Geschlecht hatte den Posten eines *hotar,* einer geistlichen Autorität, inne. Sein ältester Sohn diente dem König als Pferdegroßmeister; ihm wurden der Posten des Statthalters von Sresthapura sowie zahlreiche andere Ehren, darunter ein weißer Sonnenschirm, verliehen. Anschließend wurde er Statthalter von Dhruvapura, das für seine undurchdringlichen, von Wilden bevölkerten Wälder berüchtigt war, wo er den Frieden wiederherstellte. Sein jüngerer Bruder erhielt nacheinander mehrere bedeutende Ämter, wie etwa Offizier der königlichen Garde, Bewahrer der königlichen Insignien, Befehlshaber über die Ruderer; schließlich wurden ihm sogar 1000 Soldaten aus Dhanvipura unterstellt.

In einer Inschrift von Vat Baray findet sich ebenfalls eine Anspielung auf die Ernennung eines *samantagajapati* oder Aufsehers der königlichen Elefanten. Da sich die strategische Bedeutung der Elefanten in den folgenden Jahrhunderten auf breiter Front durchsetzte, war diese Persönlichkeit wohl ein militärischer Befehlshaber. Im gleichen Text ernennt der König einen *mratan* (hohen Beamten) und einen *pon* für die *sabha,* den Staatsrat. In einer Inschrift wird ein Aufseher der königlichen Speicher *(dhanyakarapati)* erwähnt. Der Schriftstil lässt jedoch darauf schließen, dass diese Inschriften aus der gleichen Zeit wie die zuvor erwähnten stammen. Der Beamte, der die Inschrift verfasste, war reich genug, um einem Tempel eine großzügig Spende zukommen zu lassen – sie bestand insbesondere aus Arbeitern. Einer davon war wohl der Aufseher und die anderen waren Landarbeiter, Spinner, Weber, Sänger, Tänzerinnen, Musikanten, Köche und vielleicht Schmiede und Scherenschleifer. Der Verfasser scheint sich für die künftige Verfügbarkeit von Arbeitskraft interessiert zu haben, denn er stellt eine Liste der Kinder der Arbeiterinnen inklusive der Säuglinge auf. Schließlich schreibt ein Text aus Tuol Nak Ta Bak Ka die Salzmengen vor, die an die verschiedenen Stiftungen verteilt werden sollten, und untersagt, dass von den Schiffen, die den Fluss hinauf und hinab fahren, Abgaben erhoben werden.

Diese Quellen zeigen, dass Jayavarman I. die königliche Macht über seine Lehen festigte und dadurch das von seinem Urgroßvater Isanavarman I. begonnene Unternehmen fortführte. Der König scheint sich zusehends für die Region nördlich des Tonle Sap interessiert zu haben, über die seine Tochter, Königin Jayadevi, herrschte. Später ist diese Dynastie in den historischen Dokumenten nicht mehr zu finden, was jedoch kein Beweis dafür ist, dass sie erlosch, denn spätere, das 8. Jh. betreffende Inschriften, sind ausgesprochen selten.

INSCHRIFTENSTELE
In den Khmertempeln findet man viele Inschriften, die in einem Gebäude oder unter einer Ädikula angebracht wurden. Sie sind manchmal deren einzige Überbleibsel. Den oberen Teil dieser Stele aus dem 7. Jh., die im Nationalmuseum in Phnom Penh aufbewahrt wird, ziert eine Darstellung des Stiers Nandi, des Reittiers Shivas.

Weitere Dynastien

Es lässt sich genau bestimmen, welche Regionen die Lehnsherrschaft der Könige von Isanapura und deren Nachfolger anerkannten, und ebenso sicher existierten andere, unabhängige Königreiche. Eines dieser Reiche, dessen Hauptstadt Stung Treng war, erstreckte sich am Mekong entlang nach Norden, möglicherweise bis zum Zusammenfluss mit dem Fluss Mun. Eine von 803 datierende Inschrift, die in Vat Tasar Moroy gefunden wurde, beschreibt eine von Indraloka gegründete Königsdynastie, dem Indralokas Tochter Nrpatendradevi, die Enkeltochter und deren Tochter auf den Thron folgten. Offensichtlich bezog dieses Königreich seine Unabhängigkeit und seinen Reichtum aus der Beherrschung des Flusshandels. Ein zweites Königreich namens Canasapura lag weiter am Oberlauf des Flusses Mun. Eine Inschrift aus Ayutthaya nennt König Bhagadatta und dessen Nachfolger Sundaraparakrama, Sundaravarman, Narapatisimhavarman und Mangalavarman, alle Mitglieder derselben Familie.

Die gesellschaftliche Hierarchie

Die im 7. und 8. Jh. aus Backstein errichteten Heiligtümer standen in einem Zusammenhang mit dem lokalen Adel und den Monarchen. Ein Relief in einem Türsturz von Vat En Khna veranschaulicht eine Thronerhebungszeremonie. Die Inschriften bieten grundlegende Informationen, um die gesellschaftliche Stellung und die Rolle der Mitglieder des Hofes und des Klerus zu bestimmen, da sie deren Namen, Titel, Rolle und die Ausführung wirtschaftlicher Transaktionen im Zusammenhang mit dem Tempel auflisten. Unterschiedliche Königsnamen enthalten positive Sanskritwörter wie *jaya* (Sieg) oder *mahendra* (der große Indra), denen der Titel *-varman* nachgestellt wird. Dieser kommt dem Sanskrittitel *raja* (König) oder *maharaja* (großer König) nahe. In Khmer entspricht dies *vrah kamraten an* (königlich und göttlich). Die Nachsilben *-aditya* (aufgehende Sonne) und *-isvara* (Herr) wurden ebenfalls häufig für die Könige eingesetzt. Diese Namen und Titel waren immer Personen aus hoch gestellten Familien vorbehalten. Die Höflinge und andere Würdenträger erhielten eine große Vielzahl von Titeln. Die ehrenvolle Bezeichnung *mratan* etwa wurde ausschließlich für Männer verwendet, die große Verantwortung trugen. Ein solcher *mratan* heiratete die Tochter des Königs Isanavarman, ein anderer die Schwester der Königin Jayadevi. Ein *mratan khlon* hatte ein offizielles Amt inne und war für ein bestimmtes Territorium verantwortlich, während ein ranghöherer *mratan kurun* Statthalter in demselben Territorium war. Der Fall eines *mratan khlon,* der unter der Herrschaft Isanavarmans abkommandiert wurde, um Jyesthapura zu regieren, veranschaulicht das Verhältnis zwischen dem König und seinen Beamten, denn es handelte sich um eine königliche Ernennung an einen strategischen, aber entfernt liegenden Ort. Es finden sich auch weitere *mratan* mit Sanskritnamen als Gründer von Tempeln oder als reiche Spender.

Krönung des Königs
Der zentrale Teil dieses Sturzes aus dem Nationalmuseum in Phnom Penh stammt aus dem 7. Jh. und stellt eine Krönungsszene dar, während der Brahmanen Wasser über das Haupt des Herrschers gießen. Was diese Szene genau bedeutet, ist nicht bekannt. Allgemein erinnert sie an indische Zeremonien, die an den Höfen der Khmerkönige in vorangkorianischer Zeit übernommen wurden.

Der Titel *pon* war vermutlich gleichbedeutend mit dem chinesischen Titel *fan* und findet sich in den Khmerinschriften bis zum Jahr 719. Er scheint erblich gewesen zu sein, weshalb ein und dieselbe Person gleichzeitig *pon* und *mratan* sein konnte. Der Titel *pon* deckte so ein breiteres Segment der sozialen Leiter ab, mit großen Unterschieden in Rang und Reichtum. Beispielsweise trug Shivadatta, der Sohn Isanavarmans, diesen Titel. Einige *pon* gründeten im Namen des Königs einen Tempel, andere aus eigenem Antrieb. Zahlreiche Inschriften enthüllen, dass einige *pon* auf lokaler Ebene in Politik und Religion die Rolle einer treibenden Kraft übernahmen. Sie organisierten die Reisproduktion und entschieden über die Verwendung der Produktionsüberschüsse, interessierten sich sehr für

Flurfragen und sorgten dafür, dass Arbeitskräfte zur Verfügung standen, um für den Unterhalt der Tempel zu sorgen. Die *pon* waren häufig für Teiche und Sümpfe verantwortlich, die aufgrund der langen Trockenzeit zentrale Bedeutung für die landwirtschaftliche Welt Kambodschas hatten. Durch das minuziöse Studium der Inschriften konnte Michael Vickery zeigen, dass dieser Titel über die weibliche Linie vererbt wurde, sodass der Sohn der Schwester eines *pon* sein Nachfolger wurde. Als unter Jayavarman I. neue Bezeichnungen und Verwaltungsposten zu entstehen begannen, wurde dieser Titel allmählich immer seltener.

Sowohl in den ländlichen Regionen als auch in den Zentren der königlichen Macht scheint sich an der Schwelle zum 7. Jh. die Gesellschaft geschichtet zu haben und die gesellschaftliche Stellung vererbt worden zu sein. Die Könige bezogen ihre Macht auf politischem und religiösem Gebiet aus diesem festen Rahmen. Die Herrscher, Höflinge und lokalen Oberhäupter konnten ohne das Volk nicht existieren. Die Frauen spielten eine grundlegende Rolle bei den Riten. Einige trugen den Titel *tan* (untergeordnete Beamte), andere hatten einen mit einem Titel kombinierten Namen, was von einer höheren Stellung zeugt. Es gab zudem eine ganze Bandbreite von Handwerksberufen für Spezialisten beider Geschlechter. Dies galt für Eisenbearbeiter, Blattnäher, Hirten, Köche, Parfümeure, Spinner und Weber. Gießer von Statuen sind mit einem einzigen Begriff bezeichnet worden. Die Namen, die den Handwerkern gegeben wurden, bergen manchmal Informationen über die Art ihrer Tätigkeit – „Hersteller von Körben" waren Korbmacher. Die Erwähnung von sehr präzisen Produkten in den Namen – Gold, Bronze, ein Kupfergong, ein Diadem, ein Sonnenschirm, verschiedene Arten von Töpferwaren oder Stoffen – deutet auf einen gewissen Grad der Spezialisierung der Handwerker hin. Am häufigsten werden jedoch Landarbeiter genannt, denn Reis blieb der wichtigste Treibstoff für die „Gesellschaftsmaschinerie". Die Angehörigen der Elite trugen Sanskritnamen, die Leute aus dem Volk jedoch Khmernamen.

So trat die Trennung der Gesellschaft in die Aristokratie und den Rest der Bevölkerung, der von einfacher Herkunft war, immer stärker hervor. Die herrschende Klasse veranlasste den Bau der Tempel, die die Geister der Ahnen und die Götter beherbergten. Die Ah-

SZENE AUS DEM ALLTAG
Dieses Flachrelief vom Bayon (Ende 12./Anfang 13. Jh.) zeigt eine Küche, wo Mahlzeiten, insbesondere Reis, zubereitet werden. Die Diener sind gerade dabei, die unterschiedlichen Speisen zu servieren.

nengottheiten und lokalen, oft weiblichen Gottheiten hießen *kpon*. Die *pon*, Nachfahren der hochrangigen Ahnen, erfüllten die rituellen und kultischen Pflichten, die für alle Mitglieder der Gesellschaft von Bedeutung waren. Die Texte zeigen, dass die *pon* den Tempeln kommunale Güter schenken durften. Sie forderten von ihren Untergebenen, ihre landwirtschaftlichen und handwerklichen Überschüsse abzuliefern. Aber da die *pon* die Tempel auch unterhielten, bedeutet das, dass sie die Produktionsüberschüsse verteilen konnten. Die Aristokratie häufte mithilfe dieses Systems Reichtümer in Form von Reis, Stoffen und Ländereien an. Im Gegensatz dazu widmeten jene ohne Anspruch auf einen Sanskritnamen ihr Leben der Produktion dieser Überschüsse zugunsten des Tempels und der Ahnengötter, um Verdienste für ein anderes Leben zu sammeln. Bei der Bewertung dieses Umstands muss beachtet werden, dass der Zugang der Aristokratie zu einer wirtschaftlich und ideologisch beherrschenden Stellung einen unabdingbaren Faktor zur Gründung eines Staates darstellt.

Der Tempel

GÖTTIN DES KRIEGES (S. 65) *Die dynamische Bewegung, die diese wundervolle, in Sambor Prei Kuk entdeckte Statue aus dem frühen 7. Jh. belebt, ist in der Bildhauerkunst der Khmer einzigartig. Hier ist die Hindugöttin Durga zu erkennen, der kriegerische Aspekt der Gemahlin Shivas, im Kampf gegen einen Büffeldämon.*

Die meisten Tempel liegen auf einer erhöhten Plattform und besitzen einen quadratischen oder rechteckigen, in einigen Fällen auch achteckigen Grundriss. Das aus Backstein erbaute hohe, schmale, von einem Kraggewölbe gekrönte Tempelgebäude, birgt Götterstatuen. Die Außenmauern tragen in der Regel Verzierungen, wobei die augenfälligste auf einem mächtigen Türsturz aus Sandstein zu sehen ist, der sich über dem Eingang befindet und von skulptierten Säulen getragen wird. Die ältesten Stürze sind mit mythischen Monstern, so genannten *makara*, und mit Medaillons verziert, die zumeist den Gott Indra darstellen. Auf den jüngeren Stürzen finden sich stattdessen Blumenmotive.

Die meisten Tempel wurden aus Backstein errichtet, Naturstein blieb den Türrahmen vorbehalten. Die Zapfen, die das Einsetzen von Holztüren ermöglichten, sind noch immer zu sehen. Die Mauern selbst dienten häufig als Basis für die Darstellung von Miniaturgebäuden und liefern dadurch Informationen über die zeitgenössische Holzbauweise. In Isanapura, der flächenmäßig bei weitem größten Stätte der Epoche, finden sich auf den Tempeln Darstellungen erhöhter, reich verzierter Pavillons, in deren Innern Silhouetten zu

DIE BAUDENKMÄLER DER KHMER

In der Bildhauerkunst der Khmer erfolgt die Bestimmung der Stile parallel zur Definition der Baustile. In der Regel herrscht eine hohe, wenn nicht sogar völlige Übereinstimmung zwischen den beiden Bereichen bezüglich Typologie und Behandlung der ornamentalen Elemente. Sowohl auf den Backsteintempeln der vorangkorianischen Epoche als auch auf den Sandsteintempeln der angkorianischen Zeit findet man üppige Bauplastiken, wobei das fertige Bauwerk von den Grundmauern bis zur Dachspitze völlig mit Pflanzen- oder Tiermotiven überzogen wird. Auch Personendarstellungen spielen eine wichtige Rolle in der Symbolik des Gesamtwerks.

Von allen Elementen sind die Türstürze und die sie stützenden kleinen Säulen am besten dazu geeignet, ein Gebäude zu datieren. Dank der eingehenden Erforschung dieser Elemente konnte eine relative Einordnung der Gebäude zueinander erfolgen. Einige Bauten tragen zudem Inschriften, die das Gründungsjahr nennen – ein überaus glücklicher Umstand, denn durch die Kopplung der aus den Inschriften bezogenen Fakten mit den Ergebnissen der Erforschung der Stile wurde es möglich, eine absolute Chronologie der Khmerarchitektur aufzustellen. Diese Zeitfolge ist ebenso präzise wie unwiderlegbar.

erkennen sind, die vermutlich Gottheiten repräsentieren. Einige Tempel stehen isoliert und andere in Gruppen. In Isanapura werden die Tempel und heiligen Wasserbecken von verzierten Backsteinmauern eingefasst.

Die in den Stein dieser Monumente eingeritzten Inschriften enthalten wertvolle Auskünfte über die gesamte Gesellschaft. Im Allgemeinen nennen sie die Namen des oder der Tempelgründer, den des Gottes, dem der Tempel geweiht ist, sowie das Datum in Sanskrit, dann folgen weitere Informationen in Khmer. Der Name des Königs oder Gründers und der des Gottes werden wiederholt. Die Hindugötter, besonders Shiva, werden häufig erwähnt, aber auch lokale Gottheiten, deren Ursprünge weit in die Vergangenheit zurückreichen. Genannt werden der Gott der großen Wolken, der Bäume, der alte und der junge Gott, der des doppelten Teiches oder der Gott des Westens. Zahlreiche Gottheiten oder *kpon* sind auf eine Region begrenzt. Diese sind Ahnengottheiten, mit denen sich eine Familie verbunden fühlte.

Die meisten der Inschriften listen anschließend die zum Tempel gehörigen Parzellen, deren Grenzen, Wert und Erträge sowie Namen und Aufgaben der Personen auf, die für den Unterhalt des Tempels zuständig sind. Zum Schluss folgt eine Warnung, die Regeln der Stiftung nicht zu verletzen. Obwohl fast keine archäologischen Informationen bezüglich der häuslichen und weltlichen Aspekte des Dorflebens vorliegen, lassen sich aus diesen Inschriften doch immerhin Hinweise auf die Natur der Gesellschaft und ihrer wirtschaftlichen Grundlagen entnehmen.

Wenn man die Bedeutung der Tempel für den *pon* und dessen Verwandtschaft und für die im Tempel dienenden Arbeiter betrachtet, weiß man, dass die Tempel mehr waren als reine Kultstätten. Für erstere bildete der Tempel das Zentrum der Riten, die zu Ehren der lokalen Gottheiten und der Ahnengottheiten durchgeführt wurden. Der *pon* galt als Begründer des Geschlechts, stand daher den Ahnen am nächsten und hatte eine mächtige Mittlerrolle zur Welt der Geister inne. Diese grundlegende Funktion ist für den materialistisch orientierten westlichen Leser nur schwer zu begreifen, doch die Achtung dieser Werte hat bis in die heutige Zeit Bestand. Bevor Archäologen in Thailand oder Kambodscha eine vorgeschichtliche Stätte ausgraben, müssen sie den Geistern Opfergaben darbringen. Die Häuser der Geister sind überall gegenwärtig und allerorten werden ihnen täglich Nahrung und Blumen geopfert. Bedrohen Insekten oder irgendein anderes Unglück die Reisfelder, so ruft der Bauer die Geister an.

Die Ländereien gehörten der Gemeinschaft, weshalb sie logischerweise zu den Gütern des Tempels zählen mussten. Der *pon* strebte daher die Erreichung höchstmöglicher Erträge an, denn er selbst und sein Gefolge konnten nur dank des Produktionsüberschusses existieren, der es ihnen ermöglichte, sich dem Handel zu widmen und Opfergaben darzubringen. Wenn ein Tempel einen Reisüberschuss erwirtschaftete und ein anderer Obst und ein dritter Eisengerätschaften, so konnte der *pon* diese Produkte über den Tempel gegen Nahrungsmittel oder Stoffe, aber auch gegen Handelsgüter wie Gold und Silber eintauschen.

Die Verwalter der reichen Tempel konnten auf diese Weise bisweilen genügend Kapital anhäufen, um noch mehr Land und sogar einen weiteren Tempel zu erwerben. Es kam ebenfalls vor, dass sie ihr Erbe durch taktische Eheschließungen festigten. Die Verwalter großer Tempel konnten auf diese Weise Reichtümer ansammeln und eine ansehnliche Macht auf sich vereinen, die in einigen Fällen stark genug war, um für den König zur Bedrohung zu werden. Mit der Zuteilung von Ländereien belohnten die Monarchen loyale Getreue, wachten aber genau über die Verwalter der Tempel und die Grundstückstransaktionen. Deren Erfolg beruhte auf einer gut organisierten Verwaltung der Arbeitskräfte auf den Feldern, beim Roden der Wälder, beim Anlegen neuer Reisfelder, bei der Herstellung von Eisengerätschaften, bei der Pflege des Viehs oder – für die Versorgung der Menschen besonders wichtig – beim Bau von Wasserreservoiren.

Aus dem Leben der Landarbeiter
Dieses aus Borobudur von der Insel Java stammende Flachrelief (9. Jh.) zeigt eine der seltenen Darstellungen des bäuerlichen Alltagslebens. In Kambodscha findet man keine gleichwertigen Beispiele, doch dürften sich Arbeitsmethoden und Geräte in diesen beiden Ländern kaum voneinander unterschieden haben.

Aufgrund der großen Bedeutung der Arbeitskraft in der Gesellschaft finden sich ausführliche Listen mit Namen und Funktionen der Arbeiter. Einige von ihnen waren möglicherweise Kriegsgefangene, doch die meisten waren mehr oder weniger nahe Verwandte des *pon*. Was diese Menschen dazu trieb, einen Überschuss an Gütern zu produzieren, über den allein der *pon* verfügen durfte, lässt sich lediglich mutmaßen. Ihr Verhalten muss mit dem Begriff des Verdienstes zusammenhängen und mit dem Ausdruck „Investition in eine charismatische Autorität". Da sie mehr erwirtschafteten, als für das eigentliche Überleben notwendig war, und auf diese Weise einen Überschuss schufen, der für die Geister der Ahnen im Tempel bestimmt war, häuften diese *knum* Verdienste an. Im Gegenzug wurden sie von den Ahnen gesegnet, deren Eingreifen das Einsetzen der Regenzeit garantierte. In mageren Jahren, wenn die Ernte schlecht ausfiel, sorgte der *pon* für ihren Unterhalt, indem er Güter, die er zurückbehalten hatte, gegen Nahrungsmittel eintauschte, die von den Tempeln geliefert wurden, die bessere Ernten zu verzeichnen hatten.

In den Relikten dieser Agrargesellschaft finden sich zahlreiche Hinweise auf die Reisfelder, die der Autorität des *pon* unterstanden. Die Ackergrenzen wurden oftmals durch einen künstlichen Teich, eine Straße oder einen Wald markiert. Manche Listen enthalten detaillierte Aufstellungen zu Tempelvermögen und -personal, wie etwa Viehbestand, landwirtschaftlicher Produktionsüberschuss, Priester, Musikanten und Tänzerinnen sowie Handwerker. Die Tempelgründer und andere Begünstigte hatten Rechte an den Schenkungen für den Tempel. Bei Ländereien waren sie nutzungsberechtigt. Geld war nicht im Umlauf. Die Handelswaren wurden gemäß eines Silbergewichts, einer Reismenge oder auch entsprechend der Länge und Qualität eines Stoffes bewertet. Eine Inschrift in Lonvek zeugt von der Überlassung von 17 Tänzerinnen und Sängerinnen, 23 oder 24 Archivaren, 19 Blattnähern, 37 Handwerkern, darunter ein Töpfer, 11 Webern, 15 Spinnern und 59 Arbeitern zur Bewirtschaftung der Reisfelder.

Da nur relativ wenige Menschen auf den Reisfeldern arbeiteten, drängt sich die Frage nach den verwendeten Anbaumethoden auf. Die Kulturen wurden höchstwahrscheinlich auch in Überschwemmungsgebieten angelegt, wo die Reisfelder durch Niederschläge mit dem nötigen Wasser versorgt wurden. Wurde der Boden von Hand bearbeitet oder mithilfe eines von Tieren gezogenen Pflugs? Letztere Methode erbringt einen höheren Ertrag, die Inschriften enthalten jedoch keinen Hinweis darauf. Es werden allerdings häufig Büffel erwähnt, die für Tempel bestimmt waren, und eine Inschrift spricht sogar von einem Joch. Einen Hinweis bildet der hohe Anteil der Frauen auf den Reisfeldern. Setzt man voraus, dass die Männer das Pflügen und Eggen besorgten und die Frauen wie heute den Reis pflanzten, dann übten die meisten Männer Handwerksberufe aus. In den Tiefebenen, wo die langen Überschwemmungsphasen jede Landwirtschaft während der Regenzeit unmöglich machten, existierten andere Anbaumethoden. Das in den Überschwemmungsgebieten angewendete Anpflanzungssystem, das bereits für den im Mekongdelta gelegenen Staat von Funan beschrieben wurde, wurde auf die Regionen ausgeweitet, in denen im Verlauf der Periode der Königreiche von Zhenla ein bedeutendes Bevölkerungswachstum zu verzeichnen war. Hierbei wurde das gespeicherte Überschwemmungswasser in der Trockenzeit zur Bewässerung der Reisfelder verwendet. Der sich jährlich ablagernde Schlamm machte die Reisfelder fruchtbar und das Pflügen überflüssig.

WILDE NATUR
Dieser Tempel in Sambor Prei Kuk wird von gewaltigen Baumwurzeln umklammert. Das Leben der Bauern ist geprägt von der Bebauung des Bodens und der Rodung, die aufgrund des raschen Pflanzenwachstums notwendig ist.

Die wirtschaftlichen Transaktionen beschränkten sich keineswegs auf einfache Schenkungen von Ländereien und deren Produkte an die lokalen, von der Aristokratie verwalteten Tempel. Unter der Ägide des Tempels kam es auch zu einem Güteraustausch zwischen Privatleuten. So konnten bei einem Tempel Ländereien im Tausch gegen Silber oder Stoffe sozusagen mit einer Hypothek belastet werden, wobei die Erträge der Ländereien zur Zahlung der Zinsen verwendet wurden. Personen, die den Tempeln Güter schenkten, erhielten dafür manchmal im Gegenzug andere Erzeugnisse. Es konnten dort auch Wertgegenstände deponiert und später wieder erlangt werden. Der Tempel war also der Ort, an dem sich die Aristokratie die kommunalen Güter aneignete, um dann ihren Reichtum durch den Handel mit anderen Aristokraten zu mehren. Die in Stein gemeißelten Inschriften spiegeln wohl nur einen geringen Prozentsatz der Wirtschaftsaktivitäten wider. Der große Rest, der in den Tempelarchiven auf weniger dauerhaftem Material, etwa auf Palmblättern, festgehalten wurde, ist heute vollständig verschwunden.

Die Macht der Aristokratie

Die Konzentration der wirtschaftlichen und ideologischen Macht in den Händen der lokalen Aristokratie hatte dreierlei Folgen.

Die erste und bedeutendste Konsequenz bestand in einer Veränderung der Erbfolgeregeln, gemäß denen Titel und Güter vermacht wurden. Das Haupthindernis für die Anhäufung von Reichtümern und Vermögen bestand im System der Vererbung über die weibliche Linie. Aufgrund der Tatsache, dass Titel und Stellung des *pon* nicht an den eigenen Sohn, sondern an den Sohn der Schwester weitergegeben wurden, war es ambitionierten Adligen unmöglich, ihre Güter ihren Nachkommen zu hinterlassen. Diese Erbfolgeregelung stand der Bildung großer zentralisierter Staaten entgegen und wurde während der großen Dynastie von Isanapura beseitigt, deren Monarchen eine Erbfolge in männlicher Linie anwendeten. Allerdings wurde selbst in der Aristokratie die Vererbung des Besitzes an einen Sohn der Schwester des Verstorbenen noch über Jahrhunderte hinweg beibehalten. Eine zweite Lösung, die im Königreich von Sambhupura beobachtet wurde, bestand darin, auf die Erbfolge in direkter weiblicher Linie zurückzugreifen.

Die zweite Folge war eine Stärkung der königlichen Zentralgewalt, die durch die Aneignung von Ländereien und deren Erzeugnisse auf Kosten der Gemeinschaften gekennzeichnet war. Die Souveräne nahmen den Titel *vrah kamraten an* an, mit dem in einer Inschrift Bhavavarman I., Mahendravarman und Isanavarman benannt werden, die zu diesem Zeitpunkt allerdings schon tot waren. Erst im Jahr 664 wurde König Jayavarman I. in einer Inschrift bereits zu seinen Lebzeiten mit diesem Titel bezeichnet. Daher ist es nicht erstaunlich, dass es ihm gelang, die regionalen *pon* in den Hintergrund zu drängen, wenn es darum ging, über die Verwendung des Vermögens der Tempel zu entscheiden. In der gleichen Inschrift befiehlt Jayavarman I., dass die Güter des Vat Prei Val in ihrer Gesamtheit an den Großneffen des Stifters übergehen sollten. 17 Jahre später nahm er per Dekret den Erben der Stifter eines Tempels deren Erbrecht. Mit anderen Worten: Die Vergabe der Güter hing von nun an vom König ab.

PRASAT ANDET
(S. 69) Dieses aus dem ausgehenden 7. Jh. stammende Heiligtum ist zwar unvollendet geblieben, aber dennoch typisch für die Tempelarchitektur der Provinz. Seine Einfachheit hebt sich von der Pracht der großen königlichen Tempelgründungen der Zeit ab. Paradoxerweise ist die Statue, die es barg – eine Darstellung des Hindugotts Harihara, die heute im Nationalmuseum in Phnom Penh steht – eine der schönsten der gesamten Khmerkunst.

Mit der Zentralisierung der Macht ging die Zahl der Inschriften stark zurück, während es gleichzeitig zu einer Blüte der Künste und der Architektur kam. Deshalb gibt es eine Kenntnislücke über die politische Entwicklung zwischen 720 und 770, die von späteren Texten nur teilweise geschlossen wird. Eine Inschrift aus Vat Khnat nennt einen König namens Nrpaditya, der kurz nach der Regierungszeit Jayavarmans I. lebte. Ein zweiter Text aus Ampil Rolum erinnert an drei Könige des 8. Jh., die in Bhavapura herrschten und deren Namen ebenfalls auf *-aditya* (aufgehende Sonne) endeten. Doch die Zahl dieser wenigen Zeugnisse steht in keinem Vergleich zu der Vielzahl an Texten des 7. Jh.

Zwischen 550 und 800 bildeten sich in den kambodschanischen Tiefebenen eine Reihe von Staaten. Durch die Bestellung der Felder konnten wohl die für den Unterhalt der Aristokratie notwendigen Überschüsse erwirtschaftet werden. Während dieser Zeit bereicherte sich die führende Gesellschaftsschicht über die Tempel. Überschüsse an Stoffen, Reis, sowie an Silber und Gold wurden als Tauschgüter verwendet. Auch Geld war nicht mehr in Gebrauch. Nachrichten über Kriege ermöglichen es, das Schicksal mehrere Dynastien zu verfolgen. Die erfolgreichste Dynastie residierte in Isanapura, im Tal des Flusses Sen. Spätere chinesische Texte beschreiben den königlichen Palast. Auch heute existieren an diesem Ort noch zahlreiche Tempel sowie ein großes, künstlich angelegtes Wasserbecken.

Andere Staaten haben kaum Dokumente hinterlassen, doch es ist immerhin bekannt, dass in Sambhupura nacheinander drei Königinnen auf dem Thron saßen.

Ab dem Jahr 611 nennen die in Khmer verfassten Inschriften für ein Jahrhundert den *pon* als das herausragende Mitglied der Gesellschaft. Einige von ihnen stellten den Tempeln, die ihren Ahnen geweiht waren, Ländereien, Arbeitskräfte, Vieh oder auch Priester zur Verfügung. Im 8. Jh. wird der Titel *pon* nicht länger erwähnt. Jetzt verbreitet sich der offensichtlich vom König verliehene Titel *mratan*. Jayavarman I. herrschte über ein weites Gebiet und die Inschriften offenbaren, dass er seinen Vertrauten zunehmend Verwaltungstitel und symbolische Geschenke, beispielsweise weiße Sonnenschirme, verlieh. Er war ebenfalls der Befehlshaber der Streitkräfte, die er dazu einsetzte, sein Königreich zu verteidigen und zu vergrößern.

Aufgrund des Gebrauchs des Sanskrit für die Namen der Aristokratie, einige bedeutende Titel, die wichtigsten Siedlungen und die obersten Gottheiten hat man zu unrecht geschlossen, dass die Staaten von Zhenla tief von der religiösen und politischen Philosophie Indiens durchdrungen waren. Die lokalen Gottheiten und Kulte hatten aber lediglich einen indischen Anstrich erhalten, und die Annahme exotischer Namen diente hauptsächlich dazu, das persönliche Ansehen zu steigern.

Im 8. Jh. ging die Zahl der Inschriften stark zurück und die Dynastie Jayavarmans I. wurde unter der Herrschaft seiner Tochter Jayadevi schwächer. Die Gründe hierfür sind nur schwer zu bestimmen, aber spätere Texte, die sich auf diese Periode beziehen, zeigen, dass mehrere Königreiche weiter bestanden, die Tempel nach wie vor Schenkungen erhielten und bewaffnete Auseinandersetzungen eher die Regel als die Ausnahme waren.

Die dreistufige Pyramide von Angkor Vat (ersten Hälfte 12. Jh.) steht in einer von Wassergräben umgebenen Einfriedung. Sie wird von fünf Türmen gekrönt. Der zentrale Turm öffnete sich nach den vier Himmelsrichtungen und barg eine Statue Vishnus, dem der Tempel geweiht war. An den Ecken der ersten Umfriedungsgalerie erheben sich vier kleinere Türme gleichen Typs. Die zweite Pyramidenstufe ist von einer zweiten Galerie umgeben, in der sich wohl Götterstatuen befanden. Auf der ersten Etage liegt im Westen ein Komplex von Pfeilergalerien, die vier kleine Höfe mit bislang unbekannter Funktion umgeben. Die Flachreliefs der Umfriedungsgalerie dieser ersten Etage zeigen Szenen der Hindumythologie. Zwischen der Pyramide und der äußeren (vierten) Umfriedung standen vermutlich Holzgebäude.

1. Zentrales Turmheiligtum
2. Erste Umfriedungsgalerie (dritte Stufe)
3. Bibliotheken der zweiten Einfriedung
4. Zweite Umfriedungsgalerie (zweite Stufe)
5. Kreuzförmiger Innenhof
6. Bibliotheken der dritten Einfriedung
7. Gopura III. im Westen
8. Dritte Umfriedungsgalerie oder Reliefgalerie (erste Stufe)
9. Kampf um Lanka
10. Kampf von Kurukshetra
11. Historisches Defilee
12. Himmel und Hölle
13. Butterung des Milchozeans
14. Kampf Vishnus gegen die asura
15. Kampf Krishnas gegen den asura Bana
16. Kampf zwischen deva und asura
17. Pavillon der Nordwestecke (mit Flachreliefs)
18. Pavillon der Südwestecke (mit Flachreliefs)
19. Kreuzförmige Terrasse

KAPITEL 4

Die Dynastie von Jayavarman II.

Um das Jahr 800 legte ein König namens Jayavarman II. die Grundlagen für einen Staat und eine Dynastie, die für zwei Jahrhunderte Bestand haben sollten. Der Staat hieß fortan Kambujadesa oder Kambodscha und das Staatsgebiet reichte vom nördlichen Ufer des Großen Sees bis zum Phnom Kulen. Der ausgesprochen fischreiche See bot unerschöpfliche Ressourcen und die jährlichen Überschwemmungen waren günstig für den Reisanbau. Das geeinte Königreich umfasste die reichen, am Mekong gelegenen Ebenen bis zu dessen Delta, den Großen See und die fruchtbaren Böden Battambangs im Westen. Die in der Chronologie aufeinander folgenden Hauptstädte wurden alle in der Region des Großen Sees, oberhalb der Überschwemmungszone, errichtet. Sie wurden mit immer größeren und immer eindrucksvolleren Tempeln sowie *baray* (Wasserbecken) ausgestattet. In diesen Städten fanden sich damals ebenfalls Paläste und Profanbauten, für deren Bau jedoch Holz verwendet wurde, weshalb sie heute vollständig verschwunden sind.

SCHAUPLATZ DER KÖNIGSWEIHE
Der nordöstlich des Tonle Sap gelegene Phnom Kulen ist ein nicht sehr hohes Bergmassiv, in dem die meisten Flüsse entspringen, die das Gebiet von Angkor durchfließen. Dort ließ sich König Jayavarman II. im Jahr 802 zum Weltenherrscher weihen.

Jayavarman II. ließ sich im Verlauf einer prächtigen Zeremonie zum König der Könige weihen. Er umgab sich mit Hofbeamten, die mit zeremoniellen Aufgaben betraut wurden, etwa dem Tragen des Fächers oder des königlichen Fliegenwedels, Funktionen, die von ihren Nachfahren eifersüchtig bewahrt wurden. Der Hof war gleichzeitig Zentrum des Königreichs und Versinnbildlichung des Himmels, doch seine Existenz verdankte er den landwirtschaftlichen Überschüssen. Die Inschriften sind voll von Hinweisen auf die Adligen und deren verdienstvolle Handlungen, liefern aber ebenfalls unzählige Informationen über die Besitzer der Ländereien, deren Grenzen und die Aufgaben der Dienerschaft. Obwohl häufig Sklaven erwähnt werden, basierte die damalige Gesellschaft wohl nicht auf der Sklaverei. Die Landbevölkerung stellte ihre Arbeitskraft für die Unterhaltung der lokalen Tempel unentgeltlich zur Verfügung und so floss mittels der Tempel ein Teil ihrer Erzeugnisse wie Reis, Butter, Honig, Stoff oder Vieh in die Hauptstadt. Einerseits entsteht also das Bild einer Königsdynastie, die immer eindrucksvollere Bauten errichten ließ und – gestützt auf die Aristokratie – ihre Herrschaft über die Bevölkerung festigte. Andererseits war dieses Reich politisch immer wieder instabil. Als Ursache hierfür lassen sich Machtkämpfe nennen, die dadurch verursacht wurden, dass klare Erbfolgeregelungen fehlten und dass die Aufrechterhaltung der Herrschaft über die Provinzen ein ständiges Problem darstellte.

Jayavarman II. und die Schaffung der Königsmacht

Die Herkunft und die Leistungen Jayavarmans II. sind unklar und nur intensive archäologische und historische Forschungen könnten Licht ins Dunkel bringen. Zwei Inschriften ist zu entnehmen, dass der König während der letzen beiden Jahrzehnte des 8. Jh. am Ostufer des Mekong residierte, und zwar in einiger Entfernung zur früheren Königshauptstadt Isanapura. Er war von adliger Abstammung und begann seine Karriere vermutlich in Vyadhapura (Banteay Prei Nokor) oder der näheren Umgebung.

Im Jahr 1936 machte Victor Goloubew, ein französischer Forscher, eine Reihe von Luftaufnahmen dieser Stätte, auf denen die Tempel, die Ufer und die Kanäle klar zu erkennen sind. Er stieß auf fünf in einer Reihe liegende Becken außerhalb des Wassergrabens und eine Straße, die die Stätte mit dem Mekong im Westen verband. Um sicherzugehen, dass die Stätte wirklich auf jene Periode zurückgeht, in der Jayavarman II. und seine Gefolgschaft ihren berühmten Zug nach Nordwesten begannen, der in die Gründung Angkors mündete, werden ausgedehnte Grabungsarbeiten durchgeführt werden müssen. Eine Inschrift in Lobok Srot beschreibt Jayavarman als den König des Landes, das vom Ozean umgeben wird. Diese in der Region von Sambhupura gelegene Stätte zeugt möglicherweise von einer Allianz, die durch eine Heirat mit der Königin der Region besiegelt wurde.

Frühe Tempel
Nur wenige Tempel aus den Anfängen der angkorianischen Zeit sind bis heute erhalten geblieben. Der aus drei Turmheiligtümern bestehende Komplex Prasat Damrei Krap ist eines der wenigen Baudenkmäler, die der Regierungszeit Jayavarmans II. oder der seines Sohns Jayavarman III. zugeordnet werden können.

ZEUGE EINER VERSCHWUNDENEN STADT
In der westlichen Zone Angkors befand sich seit der vorangkorianischen Epoche eine bedeutende Stadt. Diese Stätte ist im Zuge der Anlage des westlichen baray *im 11. Jh. verschwunden. Das Prasat Ak Yum, der erste Khmertempelberg, wurde im 7. und 8. Jh. errichtet und dürfte das Zentrum der Stadt gebildet haben.*

Weitere Auskünfte über Jayavarman II. birgt eine Inschrift, die in Sdok Kak Thom, im Osten Thailands, gefunden wurde und 260 Jahre nach den Ereignissen abgefasst wurde, von denen sie berichtet. Diese Stele wurde von Sadasiva errichtet, dem Mitglied einer Familie des adligen Klerus. Der Text beschreibt, wie der Souverän aus Java zurückkehrte, um erneut in seiner heiligen Stadt Indrapura zu herrschen. Der auf der Stele verwendete Ausdruck Java hat einige Forscher zu der Annahme verleitet, es hätte einen Krieg zwischen den Khmer und den Javanern gegeben. Die Wahrheit ist vermutlich weniger spektakulär. Michael Vickery hat bemerkt, dass die Khmer ihre nahen Nachbarn, die Cham, *chvea* nannten. Da Banteay Prei Nokor im östlichen Grenzgebiet Kambodschas liegt, stellen Zusammenstöße mit den Cham eine wesentlich wahrscheinlichere Interpretation dieser Aussagen dar, als die einer langen Expedition in das weit entfernte Java. Wahrscheinlich sind auf der Steleninschrift die Begriffe für Java und Cham schlicht verwechselt worden.

Laut einer aus dem Jahr 1069 stammenden Inschrift von Palhal in der Provinz Battambang wurden die ersten Regierungsjahre Jayavarmans von zahlreichen Auseinandersetzungen überschattet. Der König erteilte dem *mratan* Prithivinarendra den Auftrag, alle Distrikte zu befrieden. Er wurde von zwei weiteren Militärbefehlshabern begleitet und brach den Widerstand in Malyang (frühere Bezeichnung für Battambang). Jayavarman belohnte seine Generäle mit schönen Landsitzen. Eine Inschrift aus Thvar Kdei in der Provinz Kompong Thom, die 150 Jahre nach diesen Ereignissen verfasst wurde, bestätigt, dass der König dem *vap* Jataveda, dem Gouverneur der Pagen im *sruk* Sahakara, eine Domäne geschenkt hatte. Der Ehrentitel *vap* erscheint hier zum ersten Mal. In wörtlicher Übersetzung bedeutet er vermutlich „Vater“. Ein anderes der selten erzählenden Zeugnisse aus jener Zeit, ein Text aus Prasat Kantop, berichtet davon, dass eine der Frauen Jayavarmans Ländereien in der Region erhielt, um ein Dorf zu gründen und dort ihre Familie mit ihrem Gesinde anzusiedeln.

Zur gleichen Zeit ließ sich Jayavarman in Hariharalaya am Nordufer des Großen Sees in einer Überschwemmungszone nieder, die besonders für die Landwirtschaft geeignet war. Die Existenz der Backsteinheiligtümer von Trapeang Phong ist eventuell auf einen längeren Aufenthalt des Königs dort zurückzuführen. Anschließend zog Jayavarman nach Amarendrapura weiter. Wo diese Stadt lag, ist noch unbekannt, doch sie barg möglicherweise einige der eindrucksvollen Tempel im Stil der Epoche, wie sie im äußersten Westen des westlichen *baray* von Angkor konzentriert sind. Dort förderten Grabungen den riesigen Tempelkomplex Ak Yum zutage, der teilweise vom Damm des *baray* bedeckt war. Diese Gruppe liegt im Innern einer großen, rechteckigen Einfriedung, die den Namen Banteay Choeu trägt. Victor Goloubew fand 1936 andere Einfriedungen rund um die Tempel Prei Kmeng und Phnom Rung.

Der Übergang von den Backsteinheiligtümern, die rund um einen einzelnen Raum errichtet wurden, zu den Komplexen, die mehrere Türme *(prasat)* zählten, welche auf dem Gipfel einer Reihe von stufenförmig übereinander angeordneten Plattformen errichtet wurden, vollzog sich vermutlich während der Regierungszeit Jayavarmans II. Der Ak-Yum-Tempel wurde nach diesem Modell erbaut. Die untere Plattform besteht aus Erde, auf die ein Backsteinbelag aufgebracht wurde. Diese Plattform hat eine Seitenlänge von 100 Metern und ist 2,6 Meter hoch. Stufen führen zur zweiten Ebene und (2,4 Meter höher) so gelangt man auf eine Backsteinplattform mit einer Seitenlänge von 42 Metern. Die Stützmauern waren mit Architekturdarstellungen verziert. Diese zweite Ebene trägt zudem eine Reihe von Backsteintürmen, die mit falschen Türen und Stürzen aus Sandstein verziert sind. Unweit des Südostturms wurde eine Inschrift auf einer Steinskulptur entdeckt, die eine im Jahr 1001 vorgenommene Schenkung an die Gottheit Gambhiresvara erwähnt. Dieser Gott erfreute sich in Isanapura großer Verehrung und der Text zeugt davon, dass der Tempel mindestens für einen Zeitraum von zwei Jahrhunderten Zentrum der entsprechenden Riten war.

Statue Vishnus

Diese Darstellung im Stil von Kulen geht etwa auf die Mitte des 9. Jh. zurück.

Zunächst verfügte das Hauptheiligtum, das auf der dritten Ebene liegt, nur über einen einzigen Eingang, der die Ostmauer durchbrach, doch in der Folgezeit wurden die anderen drei Mauern ebenfalls mit Öffnungen versehen. Der ursprüngliche Sturz und die ursprünglichen Säulen stammen spätestens aus dem ausgehenden 8. Jh. Zwei wieder verwendete Inschriften, die sich anfänglich auf dem zentralen Turm befanden, nennen die Jahre 704 und 717. Das ältere Datum erinnert an eine Schenkung des *mratan* Kirtigana zu Ehren des Gottes Gambhiresvara. Die Liste der Schenkungen umfasst Arbeiter zur Bewirtschaftung der Reisfelder, Zugtiere und Stoffe. Zweifellos war die Region in der Nähe des späteren Zentrums von Angkor ab dem Beginn des 8. Jh. bewohnt und wurde landwirtschaftlich genutzt.

Das Zentralheiligtum barg das Bruchstück eines großen steinernen Linga und sechs Bronzestatuen, die 9–35 Zentimeter hoch waren. Das Grabungsteam stieß auf einen außergewöhnlichen Schacht, der zu einem unterirdischen Raum führte, dessen Fußboden sich 12,5 Meter unter dem Boden des zentralen Turms befand. Dieser Raum beherbergte ein Backsteinheiligtum, das Gambhiresvara geweiht war, sowie zwei Elefanten auf Blättern aus Gold und eine 1,25 Meter hohe menschliche Statue.

Die in der Forschung gültige Datierung für die Erbauung des Tempelbergs Ak Yum beruht auf zwei Elementen: Diese sind die Inschriften, die beweisen, dass die Endbauarbeiten am Tempel nach dem Beginn des 8. Jh. stattfanden und der Baustil, der für die zweite Hälfte eben dieses Jahrhunderts charakteristisch ist. Diese Schätzung lässt den Rückschluss zu, dass es unter Jayavarman II. zu einer Vergrößerung der Tempel kam, was wohl auf Anregung des Herrschers selbst geschah. Mehrere andere Heiligtümer finden sich am westlichen Rand des westlichen *baray*. Vier von ihnen – jenseits des Norddamms des Prasat Kok Po gelegen – wurden ebenfalls freigelegt. Monument C weist den gleichen Stil auf wie Ak Yum, doch die Monumente B, A und D dieser Stätte gehen stilistisch gesehen auf eine etwas jüngere Epoche zurück. Prasat Khnat ist eine dritte Stätte dieser Zone und stammt vermutlich aus der Anfangszeit der Herrschaft Jayavarmans II.

Im Jahr 1936 wagte sich der französische Kunsthistoriker Philippe Stern auf die bewaldeten Höhen des Phnom Kulen, früher Mahendraparvata genannt, das „Gebirge des Großen Indra", und entdeckte unbekannte Tempel, Stürze und Statuen Vishnus. Er beschrieb den Tempelberg Rong Chen, dessen Zentralheiligtum auf der Spitze von drei Terrassen errichtet wurde, als das vollendetste Beispiel dieses Bautyps. An diesem Ort ließ sich Jayavarman, vermutlich aufgrund der Heiligkeit des Berges, im Schutz einer Shiva-Statue zum König der Könige krönen. Die Statue erhielt den Titel *kamrateng jagat ta raja* oder *devaraja* (Gottkönig). In der Folgezeit nahmen sie alle Nachfolger Jayavarmans bei einem Ortswechsel mit. Der Text besagt, dass sich Kambodscha dank dieser Zeremonie von der Herrschaft Javas (vermutlich sind seine Nachbarn, die Cham gemeint) befreite und dass es nur noch einen „Herrn auf Erden" geben werde, der zum *chakravartin*, dem Weltenherrscher, aufsteigen werde.

In diesen für den Reisanbau ungeeigneten Hochebenen, die bei klarer Witterung von Angkor aus zu sehen sind, dürfte es schwierig gewesen sein, für den Unterhalt des Hofes und des Gefolges zu sorgen. Jayavarman kehrte schließlich nach Hariharalaya zurück, wo er wohl gegen 830 starb.

Der Ostasienexperte Philippe Stern

Philippe Stern (1895–1979) arbeitete vor allem in Museen. Die einzige Expedition, die ihn vor Ort nach Kambodscha führte, unternahm der Franzose 1936. Seine Arbeiten, die sich ebenso mit Indien wie mit Champa oder Kambodscha befassen, sind nach wie vor beispielhaft, was ihre Genauigkeit und wissenschaftliche Strenge anbelangt. Seine Forschungsmethode bestand darin, innerhalb eines möglichst weiten Korpus eine Gruppe von Elementen auszuwählen, mit denen „die noch unbekannte Entwicklung einer Kunst, eines Stils oder eines Themas durch Gegenüberstellung der Entwicklung einer recht großen Zahl von Motiven" deutlich gemacht werden kann. Mit dieser Technik konnten insbesondere in der Khmerkunst beeindruckende Ergebnisse erzielt und die Zeitabfolge korrigiert werden, die in den ersten Studien aufgrund einer Fehlinterpretation der Inschriften des Bayon verfälscht wurde. Dieser wurde nämlich bis dahin als charakteristisch für die Anfänge der angkorianischen Kunst gehalten, während er doch deren letzte Phase darstellt. Philippe Stern hat ebenfalls zur Bereicherung der Südostasiensammlungen französischer Museen beigetragen, wobei er streng dem Berufskodex folgte, laut dem Unikate und die größten Meisterwerke im Ursprungsland zu belassen sind.

Jayavarman III.

Über den Sohn und Nachfolger Jayavarmans II., Jayavarman III. ist wenig bekannt. Eine Inschrift, die in Prasat Sak entdeckt wurde, das nördlich von Siem Reap liegt und zwei Backsteinheiligtümer umfasst, nennt als Gründungsjahr des Tempels das Jahr der Thronbesteigung Jayavarmans III. Dem König gelang es nicht, einen wilden Elefanten zu fangen. Darauf versprach ihm eine Gottheit, dass sie ihm das Tier überlassen würde, wenn er ihr ein Heiligtum errichte. Mindestens ein weiterer Tempel stammt ebenfalls aus der Regierungszeit Jayavarmans III., was dafür spricht, dass sich das Interesse der Königsmacht auch weiterhin auf die Region von Angkor richtete. Nördlich des Ak-Yum-Tempels, allerdings auf der anderen Seite des westlichen *baray*, findet sich das Turmheiligtum Prasat Kok Po. Eine Inschrift erinnert daran, dass ein gewisser Prithivindrapandita im Jahr 857 an diesem Ort eine Statue Vishnus errichten ließ. Jayavarman III. starb 877 und ihm folgte Indravarman I. auf den Thron.

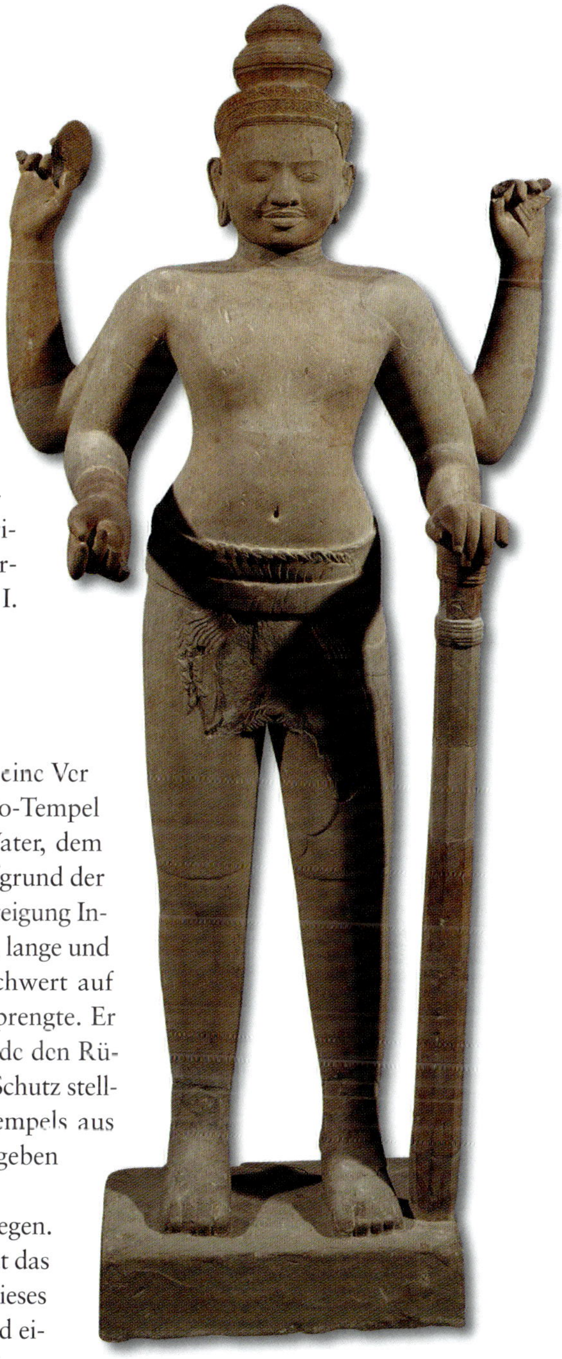

HELM STATT MITRA
Diese sehr gut erhaltene Statue aus der Regierungszeit Indravarmans (letztes Viertel des 9. Jh.) zeigt Vishnu mit einer Art Helm mit kleiner achteckiger Pagode auf dem Kopf. Dieser ersetzt die Mitra, mit der er bis dahin immer dargestellt wurde.

Indravarman I.

In seiner offiziellen Ahnentafel nahm Indravarman keinen Bezug auf eine Verwandtschaft mit den beiden vorherigen Herrschern, doch im Preah-Ko-Tempel widmete er Jayavarman II. und dessen erster Königin sowie dem Vater, dem Großvater mütterlicherseits und deren Gemahlinnen Heiligtümer. Aufgrund der flexiblen Erbfolgeregeln ist es kaum verwunderlich, dass die Thronbesteigung Indravarmans angefochten wurde. Eine Inschrift besagt, dass „die rechte, lange und mächtige Hand des Fürsten im Kampf furchtbar war, wenn sein Schwert auf seine Feinde niederfuhr und sie in alle vier Himmelsrichtungen versprengte. Er war unbesiegbar und beendete den Kampf erst, wenn ihm seine Feinde den Rücken kehrten, als Zeichen, dass sie sich ergaben oder sich unter seinen Schutz stellten“. Dieser Text stammt von der Gründungsstele des Preah-Ko-Tempels aus dem Jahr 879. Es folgt ein Versprechen, das am Tag der Weihe gegeben wurde: „In fünf Tagen werde ich mit dem Graben beginnen.“

Indravarman hielt sein Versprechen und ließ ein riesiges *baray* anlegen. Seine Motivation beschreibt eine Inschrift mit folgenden Worten: „Er hat das Indratataka, den Spiegel seines Ruhms, wie einen Ozean entworfen.“ Dieses heute ausgetrocknete *baray* besaß mit einer Breite von 800 Metern und einer Länge von 3800 Metern gigantische Ausmaße. Es wurde mittels Dämmen geschaffen, die das vom Phnom Kulen stammende, nach Süden abfließende Wasser zurückhalten sollten. Um die Durchflussmenge zu erhöhen, ließ Indravarman den Fluss Roluos kanalisieren und teilweise umleiten, sodass er sich in das *baray* ergoss. Der Norddamm und der Lolei-Tempel in der Mitte des Beckens wurden von seinem Sohn angelegt.

Welche Funktion diesen Becken zukam, wird noch diskutiert. Die Mehrzahl der Forscher ist aufgrund der Größe dieser Becken davon überzeugt, dass sie zur Bewässerung der Reisfelder dienten. Dies wird jedoch von keiner Inschrift bestätigt. Neben der Aufgabe, eine konstante Wasserversorgung zu gewährleisten, symbolisierten sie möglicherweise die Ozeane rund um den Berg Meru, den Sitz der Götter. Demnach würden die immer imposanter werdenden Tempelberge den Berg Meru darstellen.

ÜBERWUCHERTER TEMPEL
Die sechs Turmheiligtümer aus mit Stuck verziertem Backstein des Ahnentempels Preah Ko (879) erheben sich auf einer gemeinsamen Terrasse. Die ihn umwuchernden Pflanzen geben dem ohnehin schon originellen Aussehen des Tempelkomplexes eine romantische Note.

In Hariharalaya ließ Indravarman südlich seines neuen, künstlich angelegten Sees zwei beeindruckende Tempel, den Preah Ko und den Bakong erbauen, deren Wasserbecken und Kanäle vermutlich vom Wasser des Indratataka gespeist wurden. Preah Ko (heiliges Rind) ist ein neuzeitlicher Name und dieser Stätte aufgrund der dort befindlichen Statuen des Stiers Nandi, eines Reittiers Shivas, verliehen worden. Der Gebäudekomplex wird von einem 50 Meter breiten Wassergraben umgeben, der eine Innenfläche von 600 mal 500 Meter begrenzt. Weiter östlich erstreckt sich das Srah Andaung Preng, ein Becken mit einer Seitenlänge von 100 Metern. Die Zone, die sich zwischen dem Wassergraben und der zweiten Einfriedungsmauer befindet, wurde noch nicht freigelegt, aber möglicherweise kennzeichnet die rechteckige Plattform, die auf der Nord-Süd-Achse der westlichen Einfriedung liegt, die Lage des Königspalasts.

Den Zugang zum zweiten Hof gewährt ein Gopura (ein Eingangspavillon, der die eigentliche Tür umgibt) aus laterithaltigem Sandstein. Im Innern wird der Hof von einer Plattform beherrscht, auf der sechs Heiligtümer errichtet wurden. Obwohl sie heute aufgrund ihrer Größe und Proportionen immer noch beeindruckend sind, dürften sie es kurz nach ihrer Errichtung umso mehr gewesen sein, als ihre Backsteinmauern noch von mehreren Schichten bemalten Stucks bedeckt waren. Die drei Türme der hinteren Reihe waren den Vorfahren Indravarmans geweiht. Jene, die an den beiden Enden stehen, waren Rudravarman und Prithivindravarman, also jeweils dem Großvater mütterlicherseits und dem Vater Indravarmans geweiht. Der zentrale Turm wurde zu Ehren Jayavarmans II. errichtet.

Wer aber war Indravarman und wie war er mit seinen Vorgängern verwandt? Auf der Stele, die von der Gründung dieses Monuments berichtet, behauptet er, dass seine Mutter die Tochter Rudravarmans und die Enkeltochter Narpatindravarmans war. Sein Vater hieß Prithivindravarman und war adlig. Weitere Einzelheiten liefert eine Inschrift, die von einer Adelsfamilie in Vat Samrong eingraviert wurde. Unter der Herrschaft Jayavarmans II. waren ein Bruder und zwei Schwestern dieser Familie jeweils Militärbefehlshaber, Königin von Bhavapura und Ehefrau eines weiteren Generals. Jayavarman verlangte von ihnen, dass sie ihn begleiteten, als er sich in der Region von Angkor niederließ und er nahm die erste Schwester zur Frau. Eine ihrer Töchter heiratete eine hochgestellte Persönlichkeit und hatte wiederum eine Tochter: Narendra. Diese Enkeltochter Jayavarmans II. wurde die Frau Indravarmans. Da sich der Bruder der Mutter Indravarmans mit der Tochter Jayavarmans vermählt hatte, heiratete Indravarman seine Kusine ersten Grades. Zudem war seine Großmutter väterlicherseits die jüngere Schwester der Frau Jayavarmans II. Er war daher der angeheiratete Großneffe Jayavarmans II. und der angeheiratete Vetter Jayavarmans III.

Im Preah-Ko-Tempel profitierten alle königlichen Vorfahren, deren Name an den Namen Shivas gekoppelt war, vom Shiva-Kult. Die drei Heiligtümer der hinteren Reihe waren Narendradevi, Prithivindradevi und Dharanindradevi, den jeweils ersten Ehefrauen jedes Herrschers geweiht. Jedes Heiligtum musste eine Statue Shivas oder seiner Gemahlin beherbergen. Die vom König gespendeten Güter vermitteln eine Vorstellung von der Pracht dieses Monuments. Dieser „Löwe unter den Königen der Könige" schenkte seinen Ahnen Tragsessel, Sonnenschirme, wundervolle Gold- und Silbergefäße in allen Formen, Fächer und Töpfe aus Silber, goldene Gardeschwerter, Kultgefäße, goldgerahmte Spiegel, Fliegenwedel, wertvolle Parfüme, Kleidung und mit Silber verzierte Lanzen. Zudem schenkte er gut gekleidete und sehr begabte Tänzerinnen, Sänger, Musikanten, darunter viele Männer, Tausende Männer und Frauen, die aus zahlreichen Dörfern stammten und für die Arbeit auf den Feldern bestimmt waren, sowie Tausende Rinder, Büffel, Ziegen, Elefanten und Pferde.

Der Bakong-Tempel unterscheidet sich von dem benachbarten Preah-Ko-Tempel durch seine größeren Ausmaße und durch seine Bauweise. Unter der Herrschaft Jayavarmans III. wurde er wohl in einer einfachen Konstruktion angelegt und unter Indravarman I. vollendet. Die wichtigste Neuerung bestand in der Größe dieses Komplexes. Die zentrale Pyramide erhebt sich über fünf Stufen innerhalb einer Einfriedung mit einer Seitenlänge von 800 Metern, die von zwei Wassergräben gesäumt wird. An den Ecken der Pyramidenstufen stehen gigantische Elefantenstatuen. Der innere Wassergraben wird von hohen Rängen begrenzt, die bis zum Wasser hinabsteigen. Vier Gopura wa-

ZENTRALES TURMHEILIGTUM
Das prasat, das die Pyramide des Bakong in Roluos (881) krönte, wurde Ende des 11. Jh. oder Anfang des 12. Jh. durch dieses heute zu sehende Sandsteinmonument ersetzt. Häufig wurden die Khmermonumente bereits zu angkorianischer Zeit restauriert oder komplett umgebaut.

SHIVA, DIE OBERSTE GOTTHEIT

Shiva, der von Eiferern als die oberste Gottheit und als Ursprung der Schöpfung angesehen wird, ist der in den frühen Epochen meistbezeugte Hindugott. Er galt als Beschützer Kambodschas. Mit Ausnahme des buddhistischen Jayavarman VII. und einiger Herrscher, die Vishnu zu ihrer Hauptgottheit erwählt hatten (Jayavarman III., Suryavarman II.), verehrten alle angkorianischen Könige *isvara* (den Herrn) und weihten ihm ihre Staatstempel.

In den Inschriften findet man zahlreiche Anspielungen auf Shiva und in Übereinstimmung mit seiner vielförmigen Persönlichkeit verleihen sie ihm unzählige glorreiche Beinamen. Über seine schöpferische und zerstörerische Kraft hinaus wurde er als der große, mächtige Zauberer angesehen, der auf seine Getreuen achtete und zugleich Furcht erregend war. Das Bildmaterial ist dagegen weniger vielfältig und konzentriert sich auf die abstrakte, nüchterne und vollkommen symbolische Darstellung des Linga, das ursprünglich die stilisierte Illustration seines Phallus war. Shiva gehört der Welt der Brahmanen an und war übrigens selbst der erste Brahmane. Seine menschlichen Darstellungen zeigen ihn mit Asketenknoten und anderen Symbolen, die mit diesem Status in Zusammenhang stehen (etwa Wassergefäß und Gebetskranz). Der Gott verfügt über ein drittes Auge, das Auge des Wissens, das mitten auf seiner Stirn sitzt. Shiva begnügt sich nicht mit dem Besitz des Wissens, sondern er sieht über die äußere Erscheinung hinaus. Genauso wie die anderen Hindugötter hat er eine Gemahlin, Parvati, und besitzt ein Reittier, den Stier Nandi. Der in angkorianischer Zeit vorherrschende Shivakult wird in volkstümlicher Form bis heute fortgesetzt und offenbart dabei parallel zum Buddhismus des Kleinen Fahrzeugs oder in diesen integriert magisch-religiöse Glaubensvorstellungen.

DER GOTT SHIVA IN MENSCHENGESTALT
Im Unterschied zu Vishnu wurde Shiva nur selten in seiner menschlichen Gestalt dargestellt. Dieses Werk aus der Regierungszeit Indravarmans (letztes Viertel des 9. Jh.) zeigt den Gott mit zwei Armen und einer zylinderförmigen Frisur mit bogenförmigen Strähnen.

chen über den Zugang zum zentralen Hof. Das im Osten liegende Hauptportal ist durch eine Straße mit der Pyramide verbunden. Die Anlage hat die enorme Höhe von 14 Metern. Das ursprüngliche Gipfelheiligtum wurde durch ein späteres Gebäude ersetzt. Ihre heutigen Kenntnisse bezieht die Wissenschaft von Indravarman selbst: „Im Jahr 881 ließ der König, der wie ein Gott Reichtum spendet, hier ein Linga namens Indresvara errichten." Die Tatsache, dass der Name des Königs mit dem des Gottes Shiva (*isvara*) gekoppelt wurde, spricht für die Angleichung des Königs an eine Gottheit.

Die acht großen Heiligtümer, die sich gleichmäßig um die Basis der Pyramide verteilen, wurden vermutlich zu Ehren Shivas errichtet. Die Gründungsstele des Tempels spricht davon, dass „der König, der all jenen Freude bereitet, die Zeugen davon sind und der das vorbehaltlose Entzücken des himmlischen Erbauers erregt, hier, am Hof Indravarmans, acht Linga hat errichten lassen, die nach den acht Elementen Shivas benannt sind, nämlich Erde, Luft, Feuer, Mond, Sonne, Wasser, Äther und Opferpriester". Zweifellos sollte diese imposante Gruppe ein majestätisches Symbol der Königsmacht darstellen. Die Mauern der letzten Pyramidenstufe zeigen eine Schlachtszene, bei der sich eine Gruppe von *asura* (Dämonen) und die Götter gegenüberstehen. Es waren die Baumeister Indravarmans, die der *naga*, der mythischen Schlange und Wächterin über die irdischen Reichtümer, erstmals Form gaben. Diese Schlange repräsentiert ebenfalls den Regenbogen, die Verbindung zwischen der Welt der Menschen und dem Reich der Götter. Die von den *naga* bewachten Zugangsstraßen bilden die Schwelle zwischen dem Weltlichen und dem Heiligen.

Yasovarman I.

Yasovarman I. folgte seinem Vater im Jahr 889 auf den Thron. Er wird bei zahlreichen Gelegenheiten als mächtiger und siegreicher Krieger beschrieben. Sein Vater hatte der städtischen Landschaft durch die Beiwerke, die er in Hariharalaya errichten ließ, eine neue Dimension verliehen, doch diese waren im Vergleich zu den Projekten Yasovarmans eher unbedeutend. Zunächst stellte er den Norddamm des Indratataka fertig und ließ auf einer künstlich angelegten Insel in der Mitte des Beckens den Lolei-Tempel errichten, dessen vier Heiligtümer jeweils seinem Vater, seinem Großvater mütterlicherseits, seiner Mutter und seiner Großmutter mütterlicherseits gewidmet waren. Der Name jedes Heiligtums stellt eine Kombination des Namens des königlichen Vorfahren mit dem eines Gottes dar. Ein Zusatz auf der Stele Indravarmans im Preah-Ko-Tempel stellt eine Liste der dem Tempel zugewiesenen Güter und Personen dar und nennt Gold, Silber, Diener aus dem *sruk* Samrong, dem *sruk* Abhinavagrama im *praman* Jen Taran und dem *sruk* Tampal im *praman* Malyang. Der Ausdruck *praman* bezeichnet ein Gebiet, das der Rechtsprechung des Königs unterstand. Da manche der genannten Gebiete in einiger Entfernung zu Hariharalaya liegen, scheint diese Tatsache darauf hinzudeuten, dass Yasovarmans Macht groß genug war, um Güter zu requirieren und Arbeitskräfte auszuheben.

Anhand der Verteilung der Inschriften lassen sich die Umrisse eines Königreichs zeichnen, welches das traditionelle Herz des Gebiets Jayavarmans I. Richtung Süden umfasst, sowie die nordöstlich gelegene strategische Stätte Vat Phu. Aufgrund dieser Lage war eine gewisse Kontrolle über den Mekong möglich. Die westlich des Tonle Sap gelegenen Orte erlebten ein enormes Wachstum; im Nordosten wurden neue Siedlungen gegründet.

Um sein ehrgeiziges Bauprogramm zu vollenden, benötigte Yasovarman viele Arbeitskräfte und genügend landwirtschaftliche Überschüsse. Etwa 18 Kilometer nordwestlich der Hauptstadt findet sich eine kleine Anhöhe namens Phnom Bakheng. Auf dieser Erhebung errichtete er den Staatstempel und umgab die Kultstätte mit einem 200 Meter breiten Wassergraben, der ein Gebiet mit einer Seitenlänge von 4 Kilometern begrenzte. Trotz der zahlreichen späteren Bauten ist der Südwestwinkel dieses Wassergrabens immer noch sichtbar. Der im Zentrum der neuen Stadt gelegene Phnom-Bakheng-Tempel wurde von einer zweiten Umfriedung eingefasst, die ein Rechteck von 650 mal 436 Meter umschloss. Eine sehr steile Treppe gewährt Zugang zum Tempel. Der Gipfel des Hü-

AHNENTEMPEL LOLEI
Dieses Backsteinmonument vom Beginn der Regierungszeit Yasovarmans (893) ist heute eingestürzt. Von den vier Heiligtümern, die der Ahnentempel Lolei umfasste, stehen nur noch drei.

gels war teilweise eingeebnet worden, sodass die fünf Stufen der Pyramide das Plateau wie eine Krone beherrschen. An der Basis und auf jeder Terrasse erheben sich zahlreiche, aus Backstein errichtete Tempel. Auf dem Gipfel befinden sich fünf Tempel, wobei der größte der Tempel in der Mitte steht und die vier anderen an den Ecken angeordnet sind.

Diese neue Stadt, die den Namen Yasodharapura erhielt, war durch eine Straße mit Hariharalaya verbunden, die zum äußeren Wassergraben nördlich des östlichen Haupteingangs führte und sich direkt zum Phnom Bakheng wandte. Ein zweiter, paralleler Eingang, der weiter nördlich lag, gewährte Zugang zum Königspalast. Victor Goloubew bemerkte eine physische wie auch stilistische Verbindung zwischen dem Bakong-Tempel und dem Phnom-Bakheng-Tempel und identifizierte letzteren als Zentrum Yasodharapuras. Nachdem er vom Flugzeug aus den zentralen Tempel und die ihn umgebenden Wassergräben studiert hatte, folgte er den Überresten der Straßen, die vom Tempel in alle vier Himmelsrichtungen führten. Im Osten stieß er auf Lateritblöcke, mit denen die alte Straße, die einst von Wasserbecken gesäumt war, gepflastert war. Mithilfe von Elefanten bahnte er sich einen Weg durch die dichte Vegetation und gelangte auf Reisfelder, wo er auf Spuren der gleichen Straße stieß. Goloubew erkannte die Straßen, die vom Phnom Bakheng nach Westen, Süden und Norden führten, sowie den inneren Wassergraben, der den Hügel umfasste. Im Verlauf der Grabungen wurden Ziegel entdeckt, die darauf hindeuten, dass die Wohnsitze des Adels innerhalb des vom äußeren Wassergraben begrenzten Bereichs lagen. Die stolzen Türme des Phnom Bakheng riefen, von wo man sie auch betrachtete, allen die kosmische Macht und Majestät des Königs ins Gedächtnis.

Das östliche *baray*
Kurz nach seiner Thronbesteigung im Jahr 889 ließ Yasovarman das erste große baray *Angkors, das Yasodharatataka, anlegen. Etwa 50 Jahre später errichtete einer seiner Nachfolger, Rajendravarman, in dessen Zentrum den östlichen Mebon.*

Die Stadt dehnte sich weit über den äußeren Wassergraben hinaus aus. Yasovarman befahl die Schaffung des riesigen Yasodharatataka oder östlichen *baray*, dessen Dämme 7,5 auf 1,8 Kilometer lang waren. Dieses *baray* hatte ein Fassungsvermögen von mehr als 50 Mio. Kubikmeter Wasser. Ein vom Siem-Reap-Fluss herführender Kanal versorgte es mit Wasser. Das Wasser des *baray* wurde anschließend durch einen weiteren Kanal nach Westen geleitet und füllte die Wassergräben der Stadt. Der König ließ südlich des neuen Bassins mindestens vier Klöster sowie Tempel auf den benachbarten Hügeln Phnom Dei, Phnom Krom und Phnom Bok errichten. Er befahl die Gründung von hundert *ashram*, Einsiedeleien für Asketen, die alle ihre eigenen Regeln besaßen.

Die Königsmacht in der Hauptstadt und in den Provinzen

Mehrere Inschriften beleuchten einige Aspekte der gesellschaftlichen und administrativen Organisation des Königreichs und geben Aufschluss über die Beziehungen zwischen dem Regierungssitz und den Provinzen.

Das Strafsystem sah die Zahlung von Bußgeldern vor, die der sozialen Stellung des Schuldigen angemessen waren. Die hochrangigsten Persönlichkeiten waren die Mitglieder der Königsfamilie, gefolgt von den königlichen Beratern, den Würdenträgern, die Anspruch auf einen weißen Sonnenschirm mit goldenem Griff hatten, den großen Kaufleuten, den Geistlichen Vishnus und Shivas und schließlich dem Volk.

Verschiedene Inschriften, die in den Provinzen entdeckt wurden, berichten von einigen Merkmalen der Grundgesetzgebung. Ein Text aus Prasat Kuk Pradak in der Provinz Battambang westlich der Hauptstadt berichtet davon, wie Yasovarman dem *mratan khlon* Rudrasvami fünf in Gamran, im *praman* Jen Taran gelegene Reisfelder schenkte, als dieser ein Heiligtum stiftete. Zwei Jahre später ersuchte eben dieser Rudrasvami den König darum, ihm Wälder und Ländereien zu schenken, die in Tamvon, im *praman* Purvadisa lagen. Ein königliches Dekret beauftragte den *mratan* Vikramayudha, *vyapara* zweiten Rangs, sich nach Purvadisa zu begeben und dort die örtliche Bevölkerung hinzuzuziehen. Gemeinsam legten sie die Grenzen der Ländereien fest, die in das Eigentum Rudrasvamis übergehen sollten. Dieser schenkte der Stiftung im Gegenzug Betelpfeffer und Kokospalmen und verbot jedem, vom Personal des Heiligtums zu verlangen, sich anderen Arbeiten zu widmen außer dem Liefern von Wasser und Betelpfeffer für das Fest zur Geburt Ramas. Der König hatte die Macht, Ländereien zu verteilen und Verantwortliche *(vyapara)* zu benennen, die die Aufgabe hatten, die Grenzen der Ländereien zu ermitteln und zu kennzeichnen. So hatte ein regionaler Notabler einen Tempel gegründet, der traditionell eine wirtschaftliche Rolle spielte, indem er die Anhäufung von Produktionsüberschüssen begünstigte. Durch diese Verteilung von Ländereien verfolgten die Herrscher unmittelbar die Entwicklung der Kulturflächen und erhöhten die Ressourcen des Zentrums, indem sie die Produkte besteuerten. Auch treue Untergebene wurden vom König mit Ländereien beschenkt.

Das Königreich war in *praman* unterteilt. Eine in Phum Mien entdeckte Inschrift geht möglicherweise auf die Herrschaftszeit Yasovarmans zurück, obwohl der Name des Königs nicht genannt wird. Der Backsteinturm des Tempels ist von einem Wassergraben und einem großen *baray* umgeben und steht noch heute. Das königliche Dekret verlangt vom *mratan* Sri Vikramasannaha, im *praman* Indrapura einen Tempel zu gründen. Es folgen Auflistungen der Ländereien, Reisfelder und Arbeiter, die ausschließlich diesem Tempel zugeordnet wurden. Die letzten Zeilen informieren darüber, dass diejenigen, die diese Anordnungen missachten, enthauptet werden.

Auch den Einwohnern der Hauptstadt wurden königliche Gunstbezeugungen zuteil. Ein in Yasodharapura entdeckter Text betrifft den königlichen Astrologen, den *mratan* Sri Satyasraya, der unter dem Namen Sri Satyadhipativarman den Titel *mratan khlon* erhielt. Dieser errichtete eine Statue Vishnus. Westlich der Hauptstadt, in Prasat Tasar Sdam, ist zu lesen, dass Sri Jayayudha, Eroberer von Champa, einen Tempel errichtete und Lolei einen Wohnsitz, Blumen und andere Reichtümer als Opfergabe darbrachte.

Ein fest etablierter Staat

All diese Texte vermitteln den Eindruck eines strukturierten Staates. Die Hauptstadt war dessen Zentrum und wurde vom Tempel beherrscht, der das königliche Linga barg. Ein großes, künstlich angelegtes Wasserbecken versorgte die Kanäle der Stadt und eine Straße verband die augenblickliche mit der früheren Hauptstadt. Der König stand an der Spitze einer Verwaltung, bestehend aus adligen Familien, von denen viele von den ersten Getreuen Jayavarmans II. abstammten. Der Staatsapparat verfügte sowohl über fähige Militärbefehlshaber als auch über Priester und Beamte, die für die Grenzziehung der Ländereien verantwortlich waren. Die Bauvorhaben Yasovarmans erforderten zahlreiche Arbeitskräfte, deren Tätigkeit gut durchorganisiert werden musste. Für den Bau des Phnom-Bakheng-Tempels wurden grob geschätzt etwa 8,5 Mio. Kubikmeter Sandstein benötigt. Diese Steine stammten aus Steinbrüchen, die vermutlich am Phnom Kulen lagen. Sie mussten herantransportiert, geschnitten und eingefügt werden. Es mussten 4,5 Mio. Backsteine geformt und gebrannt werden. Um die Öfen zu befeuern, wurden viele Bäume gefällt. Dämme mussten errichtet werden, um das Wasser der Gräben zurückzuhalten, die die Stadt umgaben, und

EINE KHMERPYRAMIDE: DER PHNOM BAKHENG

Der Phnom Bakheng, einer der wenigen Hügel der Angkorregion, kennzeichnete das Zentrum Yasodharapuras, der Ende des 9. Jh. von König Yasovarman gegründeten Stadt. Heute befindet sich diese etwa 60 m hohe Erhebung im südlichen Teil Angkors. Das Monument auf dem Gipfel ist der komplexeste Tempelberg der Stätte. Seine fünfstufige Pyramide wurde zunächst in den Gipfel des Hügels geschnitten und dann mit Sandsteinblöcken verblendet. Es handelt sich daher um die einzige Khmerpyramide, die nicht vollständig künstlich angelegt wurde. Dies erklärt vermutlich, warum die Baumeister es wagten, jede der Stufen mit zwölf kleinen Nebentempeln aus Sandstein zu versehen. Insgesamt stellt der Phnom Bakheng eine ideale Vision des Bergs Meru dar, der Achse der Welt und des Sitzes der Götter. Der schlechte Zustand des Tempels erklärt sich dadurch, dass die Sandsteinblöcke, mit denen die Pyramide verkleidet wurde, nicht miteinander verbunden waren, sowie durch die augenscheinliche Zerbrechlichkeit der Backsteintürme (insgesamt 44), die an seiner Basis stehen. Die schlimmsten Schäden jedoch wurden durch die vermutlich im 16. Jh. erfolgte Errichtung eines großen, unvollendet gebliebenen Buddha auf dem Gipfel des Monuments verursacht.

Kanäle gegraben werden, um die Wassergräben mit dem *baray* und stromabwärts mit dem Siem-Reap-Fluss zu verbinden. Zur Aufschüttung der riesigen Dämme, die den Yasodharatataka oder östlichen *baray* begrenzen, wurden 8 Millionen Kubikmeter Füllmaterial benötigt. Zu diesen Arbeiten kam die Fertigstellung des Indratataka, der Bau der Lolei-Tempel und der Verbindungsstraße zwischen der neuen und der alten Hauptstadt, nicht zu vergessen die *ashram*, die der König im ganzen Reich errichten ließ.

Zur Errichtung all dieser Bauwerke wurden Arbeitskräfte benötigt. Spezialisierte Baumeister, Zeichner, Maurer und Vorarbeiter, die das Zurichten der Bausteine leiteten, mussten untergebracht und verpflegt werden. Während der langjährigen Bautätigkeit musste eine wahre Armee von Arbeitskräften motiviert, ernährt und gesteuert werden. Möglicherweise kehrten die gleichen Menschen, die während der Trockenzeit auf den Baustellen arbeiteten, während des Monsuns auf die Reisfelder zurück, um ihren dortigen Aufgaben nachzukommen.

DER PHNOM BAKHENG
Yasovarman ging systematisch daran, auf den wenigen in der Region von Angkor gelegenen Hügeln Shivamonumente zu errichten, etwa den Phnom Bakheng auf dem gleichnamigen Hügel im Zentrum des ersten Angkor sowie die Tempel vom Phnom Bok im Nordosten und vom Phnom Krom im Südwesten.

Die Söhne Yasovarmans

Durch eine Inschrift aus Tuol Pei, die aus dem Jahr 922 stammt, ist Harshavarman I. (der Beschützer des Glücks) bekannt, Sohn und unmittelbarer Nachfolger Yasovarmans. Niedergeschrieben wurde ein Befehl, der an den *mratan* Sri Narendrarimathana gerichtet war und die Gründung eines Tempels betraf, dessen Ressourcen gesichert waren, da sein Personal von allen anderen Fronarbeiten freigestellt war. Zu den Schenkungen zählten Kultgegenstände, Schmuck, Vieh und Reisfelder. Noch bedeutender ist, dass Harshavarman einen Beamten, der den neuen Titel eines *rajakulamahamantri* trug, anwies, die Stiftung von der Reissteuer zu befreien. Das Sanskritwort, mit dem die Steuer in diesem Zusammenhang bezeichnet wird, lautet *vriha* und leitet sich vermutlich vom Wort „Reis“ ab. Dieser Text gibt nicht nur Auskunft über die Rolle der zentralen Verwaltung in einer weit von der Hauptstadt entfernt liegenden Region, sondern bezeugt die Existenz eines Beamten, der im Auftrag der zentralen Macht die Reissteuer eintrieb. Die Arbeiter, die eigentlich nur für Fronarbeiten zur Unterhaltung des Tempels herangezogen wurden, bildeten eine Reserve an Arbeitskraft, die punktuell auf anderen Baustellen eingesetzt werden konnte. Zwei weitere Inschriften, die aus dieser Regierungszeit stammen, beschreiben ebenfalls ein Eingreifen des Königs in Provinzangelegenheiten. Ein Text aus Prah Vihear Kuk bezeugt die Schenkung von Landarbeitern an eine lokale Standesperson. Die andere Inschrift bekundet die Gründung einer Einsiedelei, der ein Paar Büffel, zwei Paar Elefanten und Personal geschenkt wurden.

Erhabene Göttin
Dieses Flachrelief der Göttin Durga ziert das Innere eines der fünf Backsteinheiligtümer des Prasat Kravan. Diese Gründung vishnuitischer Würdenträger wurde 921 geweiht.

Über die Söhne und Nachfolger Yasovarmans, Harshavarman I. und Isanavarman II., ist nicht viel bekannt. Ersterer begann vermutlich mit dem Bau des Baksei-Chamkrong-Tempels in Yasodharapura und weihte ihn gemäß der Tradition seiner Dynastie seinen Vorfahren Jayavarman III. und Indravarman I. sowie seinem Vater. Im Vergleich zum Phuom-Bakheng-Tempel wirkt dieses Bauwerk verhältnismäßig klein, ist jedoch in einem ausgefeilten Baustil errichtet. Das Backsteinheiligtum thront auf drei Lateritterrassen. Aus der gleichen Epoche stammt das Turmheiligtum Prasat Kravan, das 921 geweiht wurde und fünf aufgereihte Backsteintürme aufweist, deren Flachreliefs auf den Innenseiten Vishnu darstellen.

Es war jedoch ihr Vater, Yasovarman, der als erster die Hauptstadt an dem Ort errichtete, der heute Angkor genannt wird. Ihr zentraler Tempel an der Spitze des Phuom Bakheng ist das Symbol seiner Macht und bereits von weitem zu sehen, während das östliche *baray* oder Yasodharatataka davon zeugt, dass er die heiligen Wasser beherrschte, die von den Höhen des Phnom Kulen herabflossen.

Jayavarman IV.

Während die Söhne Yasovarmans in Yasodharapura herrschten, errichtete ein anderer Thronanwärter, Jayavarman IV., im Jahr 921 eine rivalisierende Hauptstadt im Nordosten in Chok Gargyar oder Lingapura. Zahlreiche Wissenschaftler haben ihn als Usurpator eingestuft, doch die Situation ist kompliziert und erfordert die Kenntnis der Feinheiten der Thronfolgeregelungen. Michael Vickery hat die Lage so zusammengefasst: Jayavarman IV. war der Sohn Mahendradevis, der Tochter Indravarmans. Er hatte einen älteren Bruder, Rajendravarman und einen Sohn, Harshavarman II. Jayavarman heiratete seine Tante Jayadevi, eine Halbschwester Yasovarmans. Er erbte so das legitime Recht, den Thron zu fordern, ein Recht, welches er dadurch ausübte, dass er seine eigene Hauptstadt gründete. Die Übertreibung von der Wahrheit zu trennen ist schwierig, aber mehrere Inschriften bezeichnen Jayavarman IV. als großen Krieger.

Die Bauten am Hof von Lingapura gliedern sich nach der Tradition, die Indravarman in Hariharalaya begründet hatte. Die befestigte Stadt hatte eine Seitenlänge von 1,2 Kilometer und barg innerhalb ihrer Mauern eine zweite Einfriedung, die die Gebäude des Staatstempels umgab, den Prasat Thom. Östlich erhebt sich ein imposanter, kreuzförmiger Gopura, hinter dem sich zwei Gebäude unbekannter Funktion befinden. Den eigentlichen Eingang zum Monument bildet das Prasat Kraham. Der Weg führt weiter über eine auf einem Damm befindliche, von *naga* flankierte Straße, die den Wassergraben quert. Anschließend gelangt man zu einer Reihe von Bibliotheken und Heiligtümern aus Backstein. Überquert man erneut den Wassergraben und geht unter einem kleinen Gopura durch, erreicht man schließlich den riesigen Haupttempel, der sich auf dem Gipfel einer Pyramide befindet, zu dem eine einzige, im Osten gelegene Treppe hinaufführt. Jenseits der Mauer dieser zweiten Einfriedung erhebt sich ein Hügel. Unmittelbar südöstlich erstreckt sich das *baray* Rahal, das 560 mal 1200 Meter misst. Es hat zwar nicht die Ausmaße des Yasodharatataka Yasovarmans I., doch um es anzulegen, müssen riesige Anstrengungen unternommen worden sein, denn es wurde teilweise in den Fels gehauen. Schließlich wird Lingapura von einer Reihe von Nebentempeln umgeben, die sich über eine Fläche von 35 Quadratkilometern verteilen.

Um diese neue Hauptstadt innerhalb einer kaum zwei Jahrzehnte währenden Regierungszeit errichten zu können, war ein Heer von Arbeitern notwendig. Glücklicherweise haben die Erbauer an den Tempeln zahlreiche Inschriften hinterlassen, die Hinweise da-

KAMPF DER AFFEN
In der Regierungszeit Jayavarmans IV. wurde die Kunst durch ihren monumentalen Charakter geprägt. Einige der Werke erreichten Höhen von 4 m. In der neuen Hauptstadt Koh Ker wurde aber auch das Bildmaterial erneuert und ergänzt. So kamen bis dahin ungewöhnliche Themen wie dieser Kampf der Affen zu Ehren.

rauf geben, wie die Arbeit organisiert wurde. Reihen von Texten des westlichen Gopura des Prasat Krasap, einer der Nebentempel Lingapuras, wurden von Étienne Aymonier als „endlose Listen der heiligen Arbeiter" bezeichnet. Die Namen der Arbeiter wurden nach ihrer Herkunftsregion zusammengefasst. Die Inschriften offenbaren, dass Lingapura dank der zahlreichen Arbeitskräfte errichtet werden konnte, die aus zahlreichen Provinzen stammten, und dank der Reissteuer, die eigens erhoben wurde, um die Arbeiter zu ernähren. In den wenigen Inschriften aus der Regierungszeit Jayavarmans, die in den Provinzen entdeckt wurden, findet sich das gleiche ausgeprägte Interesse für die Fluraufteilung und die Steuer. Ein aus dem Jahr 941 stammender Text aus Phnom Bayang, also dem Beginn der Regierungszeit seines Sohnes und Nachfolgers Harshavarman II., ist ein Loblied auf Jayavarman. Diese Inschrift ist dem Leiter der *visaya* (territorialer Bezirk) Jaranga zu verdanken und stuft Jayavarman als großen Krieger ein, der den Ruin seiner Feinde auf dem Schlachtfeld herbeiführt.

In Nong Pang Puey in der Nähe von Aranya Prathet in Thailand wurde eine aus dem gleichen Jahr stammende Inschrift entdeckt, die den Zusammenschluss zweier Tempel beschreibt, von denen einer dem Gott von Lingapura geweiht war. In dieser Inschrift wird König Jayavarman darum gebeten, dem königlichen Tempel die Dienerschaft des Tempels der *acarya* Paramacarya im *sruk* Vanapura einzuverleiben. Ein königliches Dekret präzisiert, welche Mengen Reis und Öl dafür zu zahlen sind, und kündigt jenen, die diese Befehle missachten, an, dass sie von den Ältesten des Distrikts in einen Käfig gesteckt und dem König ausgeliefert werden, der dann über sie zu Gericht sitzen wird. Diese Region liegt 300 Kilometer von Lingapura entfernt und die Macht, die Jayavarman IV. mithilfe seiner hohen Beamten und seines Bruders Rajendravarman ausübte, bietet einen Einblick in die Art und Weise, wie die Ressourcen der entlegenen Regionen in das Steuersystem eingebunden wurden. Die Monumente wurden vermutlich über einem älteren Tempel errichtet. Eine Inschrift aus dem Jahr 928 lobt Jayavarman IV. und gesteht ihm den Titel König von Kambodscha zu: „In der Schlacht ist er Furcht erregend und die Pfeile dieses Königs sind wie Wolken am Himmel und breiten über die Augen seiner arroganten Feinde die Finsternis der Nacht."

Die Stele von Con An trägt ein Dekret des Königs, in dem er befiehlt, den Jen-On-Tempel an den größeren Staatstempel von Campesvara anzugliedern. Er legt die jährliche Steuer an Reis und Butter fest, zu der acht Bahnen Stoff, 100 Rinder und Kultgefäße hinzukamen. Der Stifter des Tempels liefert 117 Sklaven beiderlei Geschlechts für die „dunkle Monatshälfte", das heißt die beiden Wochen mit abnehmendem Mond, und 130 für die Zeit des zunehmenden Mondes.

DAS GROSSE HEILIGTUM PRASAT THOM

Als die Hauptstadt aus noch teilweise ungeklärten Gründen von Angkor nach Koh Ker verlegt wurde, wurden an dieser kargen Stätte, die über keine nennenswerten Wasserressourcen verfügte und abseits der wichtigsten Verkehrswege des Landes lag, große Tempel errichtet, von denen an erster Stelle stets das große Heiligtum Prasat Thom genannt wird.

Das von Jayavarman IV. im zweiten Viertel des 10. Jh. gegründete Heiligtum stellt eine Ausnahme dar, da es nicht wie die Staatstempel, die vor und nach dessen Regierungszeit errichtet wurden, rund um ein Zentrum, sondern entlang einer Achse angelegt wurde. Das Monument birgt zwar eine Pyramide, doch sie wurde in einer unabhängigen Einfriedung westlich der ursprünglichen Bauten beigefügt, die laut den Inschriften einige Jahre früher errichtet wurden. Diese besonders beeindruckende Pyramide bildet nicht den zentralen Teil des Tempels, sondern dessen Brennpunkt. Neben dieser Besonderheit zeigt das Prasat Thom eine besondere Bauweise. Die am weitesten vom Herzstück des Komplexes entfernten Strukturen sind zugleich die größten. Die sehr kleinen, aus Backstein errichteten Zentralheiligtümer wirken im Vergleich zu den majestätischen Gebäuden, die die Zugangsstraße zum Tempel säumen, wie Miniaturen. Diese Verkleinerung der Bauten von außen nach innen lässt sich auch an einem späteren und sehr berühmtem Tempel, dem Banteay Srei, beobachten.

Das Prasat Thom barg eine Reihe außergewöhnlicher Shivaskulpturen, die durch ihre ikonographische Ursprünglichkeit und durch ihre Dimensionen beeindrucken. Eine der wichtigsten Statuen war eine etwa 4 m hohe Darstellung des höchstwahrscheinlich tanzenden, mit zehn Armen versehenen Shiva.

Die Mehrzahl der Stelen Jayavarmans stammt aus seiner prächtigen Hauptstadt Lingapura. Die in Stein gravierten Archive des Tempels zählen gewissenhaft alle Distrikte des Königreichs auf, die in Form von Arbeitskräften oder Lebensmitteln ihren Beitrag zum Bau der Stadt geleistet haben. Doch andere Texte, die sowohl aus dem äußersten Westen, aus Aranya Prathet, sowie aus dem Süden, vom Phnom Bayang, stammen, bestätigen die überragende Position Jayavarmans. Sie zeichnen ein Bild seiner Macht und legitimen Herrschaft, das sich in seinem umfassenden Bauprogramm widerspiegelt und seinem Ruf als Usurpator kategorisch widerspricht.

Harshavarman II. und Rajendravarman I.

Die Nachfolge Jayavarmans IV. trat dessen Sohn Harshavarman II. an, dessen kurze Regierungszeit von Konflikten gezeichnet war. Harshavarmans Nachfolger war Rajendravarman I., der gleichzeitig dessen Onkel und Vetter ersten Grades war. Der neue König verlegte seinen Hof nach Yasodharapura zurück und ließ östlich der von Yasovarman gegründeten Stadt zwei beeindruckende Tempelberge errichten. Der östliche Tempel Mebon wurde auf einer Insel mitten im Yasodharatataka oder östlichen *baray* errichtet, während der Tempel Pre Rup weiter südlich erbaut wurde.

Eine Inschrift am Pre-Rup-Tempel, die Rajendravarman hoch lobt und anschließend eine detaillierte Ahnentafel seiner berühmten Vorfahren aufstellt, die bis zu den mythischen Anfängen Kambodschas zurückreicht, spricht davon, dass seine Thronbesteigung nicht kampflos verlief. Bei solchen Auflistungen ging es weniger um die historische Wahrheit als vielmehr darum, die Legitimität des Herrschers zu festigen. Die Inschrift präzisiert, dass ein König namens Puskaraksa der Onkel mütterlicherseits des Onkels mütterlicherseits der Mutter Jayavarmans II. war, des Königs, der seine Hauptstadt auf dem Gipfel des Bergs Mahendra errichtete. Die Mutter Jayavarmans, Mahendradevi, Mitglied dieser großen Königssippe, wird als eine Göttin und Gemahlin der Götter beschrieben. Rajendravarman war selbst König der Könige. Seine Höflinge beschwören die Art, wie er die Pläne seiner Feinde scheitern ließ: Er war in der Lage einen dicken Eisenbarren mit

KOLOSSALE HAND
(S. 88) Prasat Thom, eines der Hauptmonumente von Koh Ker, barg eine Statue des tanzenden Shiva, der anscheinend über fünf Köpfe und zehn Arme verfügte. Vor sehr langer Zeit wurde diese Skulptur von Plünderern umgestürzt und zerschlagen, in der Hoffnung, verborgene Schätze in ihr zu finden.

Schwerthieben und geschmeidigen Bewegungen, wie eine Bananenstaude, in drei Stücke zu teilen. Sein Körper war hart wie Diamant. Er zerriss mit Schwerthieben jene in Stücke, die seinen arroganten Feinden halfen, verbrannte sie zu Asche und enthauptete sie. Seine Kriege führten ihn bis nach Champa, eine im Osten gelegene Region, die von Indra verteidigt wurde. Er drang weiter vor um seinen Feind zu besiegen, begleitet von seinen Armeen, zu Elefant und zu Pferd, wie ein himmlischer Gast, der den Kampf wünscht. Der Text liefert eine sehr lebhafte Beschreibung der Schlacht und der Heldentaten des Königs, dessen Schwert vom Blut seiner Feinde rot gefärbt war. Der Verfasser lässt sich mit maßlosen Übertreibungen über den Ruhm des Herrschers aus, der die Schuldigen bestraft, aber für die Unschuldigen ein Meer von Mitgefühl hatte, er, der leuchtet wie der volle Mond.

Wie seine Vorgänger ließ der König einen Tempel errichten, diesmal in Pre Rup. Der harmonische Grundriss umfasst fünf Haupttürme (*prasat*), die auf fünf Stufen aus Laterit errichtet wurden. Zu ihrer Glanzzeit waren sie mit Stuck bedeckt und bemalt und dürften mit ihrer enormen Höhe die neue Hauptstadt beherrscht haben, deren Zentrum sie bildeten. Das zentrale Heiligtum aus Backstein war das größte und barg Rajendrabhadresvara, das königliche Linga. Die vier anderen Turmheiligtümer waren jeweils Ishvara Rajendravarmeshvara, zum Segen des Königs, Rajendrayesvarupa, für den Brahmanen Vishvarupa, einen Ahnen des Königs, Jayadevi, der Tante Rajendravarmans und seinem Vorgänger Harshavarman II. geweiht.

HEILIGE SCHRIFTEN ALS MODELL

(S. 91) Der kleine Tempelberg Baksei Chamkrong wurde im ersten Viertel des 10. Jh. gegründet und 948 von Rajendravarman restauriert und fertig gestellt. Er symbolisiert den Berg Kailas und befindet sich nordöstlich des Phnom Bakheng, der den Berg Meru darstellt. Die in den heiligen Texten beschriebene Lage des Kailas und des Meru zueinander ist die gleiche wie die Lage des Baksei Chamkrong zum Phnom Bakheng. Die hinduistische Weltbeschreibung diente bei der Anlage der Monumente Angkors häufig als Vorbild.

König Rajendravarman hatte dem Baumeister Kavindrarimathana schon den Auftrag eines etwas kleineren, aber sehr ähnlichen Tempels erteilt, der auf der Insel errichtet wurde, die in der Mitte des Yasodharatataka lag. Der zentrale Turm barg ein Linga, das Rajendresvara genannt wurde. In den Nebentempeln der oberen Plattform fanden sich die Statuen der Gottheiten, deren Kult den Ahnen des Königs zugute kam. Der Zugang vom *baray* erfolgt über vier Treppen, die auf eine Terrasse führen. Gegenüber jeder Treppe wird die Mauer der äußeren Einfriedung von einem kreuzförmigen Gopura durchbrochen, unter dem man hindurchschreitet. Man gelangt dann auf eine Plattform, die von mehreren Reihen langer Räume eingenommen wird. Weitere Stufen führen auf die obere Terrasse, die Backsteintürme und Lateritgebäude trägt. Von dort aus führt eine weitere, von steinernen Löwen flankierte Treppe zur Ebene der fünf Türme.

PRE RUP, EINER DER SCHÖNSTEN TEMPELBERGE

Als der Hof und die königlichen Institutionen unter Rajendravarman nach Angkor zurückkehrten, wurden zahlreiche große Bauvorhaben umgesetzt. Dazu zählten die Restaurierung einiger Monumente wie des Baksei Chamkrong im Jahr 948 und die Errichtung großer Königstempel wie des 953 eingeweihten östlichen Mebon und des 961 eingeweihten Pre Rup. Letzterer zählt aufgrund seiner eleganten Proportionen und seiner leichten Komposition zu den schönsten Khmertempelbergen. Er ist dem Gott Shiva geweiht und besteht aus einer dreistufigen Pyramide, die sich im Herzen zweier konzentrischer Einfriedungen erhebt, die wiederum auf zwei breiten, leicht erhobenen Stufen errichtet wurden. Gekrönt wird die Pyramide von fünf *prasat* aus Backstein.

In diesem Tempel findet man entlang der Umfriedungsmauern der beiden unteren Stufen rechteckige Räume, so genannte Langräume, die als Vorläufer der fortgesetzten Galerien der späteren Tempel gelten. Heute liegt Pre Rup friedlich inmitten von Reisfeldern, doch als er südlich des westlichen *baray* (ursprünglich ein riesiges Wasserreservoir, das heute ausgetrocknet ist) errichtet wurde, dürfte der Tempel das Zentrum Angkors gebildet haben.

Der heutige Name des Tempels „Pre Rup" bedeutet „das Bild drehen" und bezieht sich auf ein Bestattungsritual. Laut der örtlichen Überlieferung soll nämlich die merkwürdige Vorrichtung, die der Osttreppe der Pyramide vorangeht – in Wahrheit ein Sockel für eine Statue des Stiers Nandi, des Reittiers Shivas – ein Behältnis zur Feuerbestattung sein, worin der Verstorbene zu den Lebenden zurückgerufen wurde, indem sein Bild in seine Asche gezeichnet wurde, sodass er anschließend umso wirkungsvoller dazu aufgefordert werden konnte, unsere Welt endgültig zu verlassen.

Während der Regierungszeit Rajendravarmans wurde ebenfalls die Baksei-Chamkrong-Pyramide restauriert, die Shiva geweiht war. Zudem wurden zwei buddhistische Tempel südlich des Yasodharatataka errichtet. Der Bau der neuen Hauptstadt östlich von Yasodharapura stellt nur einen Aspekt des Königreichs Rajendravarmans dar. Um den Aufbau der Gesellschaft besser zu erfassen, müssen die Inschriften betrachtet werden, die sich auf den ländlichen Monumenten finden. Soweit man aus der regionalen Verteilung dieser Texte schließen kann, erstreckte sich die Macht Rajendravarmans über das gleiche Territorium, das auch seine Vorgänger Yasovarman I. und Jayavarman IV. beherrscht hatten. Das Königreich bestand aus der nördlich des Tonle Sap gelegenen Region, einem Stück des Mekongtals zwischen Phnom Penh und dem oberen Delta und erstreckte sich nach Osten Richtung Sisophon. In der Agrarregion Battambang entstanden neue Siedlungen. Die meisten in den Tempeln entdeckten Texte singen zwar ein Loblied auf die Tugenden des Königs, zählen jedoch vor allem verdienstvolle Handlungen, Grundstückstransaktionen, Veränderungen im Grenzverlauf der Parzellen und die Aufgaben der Arbeiter auf. Bei Streitigkeiten, die sowohl mit der Unterordnung der Provinztempel unter den Staatstempel als auch mit der Verwaltung des Kronbesitzes verbunden waren, scheint die Verwaltung ihre Aufgaben perfekt erfüllt zu haben. Die meisten der Inschriften enden allerdings mit der Androhung schwerer Strafen für jene, die Güter religiöser Stiftungen stehlen oder mit ihnen Missbrauch betreiben, was auf Probleme mit der Kriminalität hindeutet.

Die Beziehungen zwischen Zentrum und Provinzen lassen sich dank einer im Süden, in Ba Phnom entdeckten Inschrift beurteilen. Nach den Lobreden auf den König listet dieser Text die Ehrbezeugungen auf, die einem *mantrin*, Mahendradhipativarman, zuteil wurden, zu denen eine vergoldete Sänfte, ein weißer Sonnenschirm und ein Sonnen-

Büffel und Reisfelder
Die angkorianische Landschaft, die damals eine wesentlich größere Bevölkerungsdichte aufwies als heute, dürfte nicht sehr viel anders ausgesehen haben als das Bild, das sie zum jetzigen Zeitpunkt bietet. Die in den Inschriften in großer Zahl vorhandenen Bezugnahmen auf Reisfelder, Wasserbecken oder Dörfer finden einen Widerhall in der gegenwärtigen Struktur der Region.

schirm mit Pfauenfedern zählten. Seine Tochter Narendradevi war eine der Gemahlinnen König Rajendravarmans. Obwohl ein Teil des Textes nicht mehr entziffert werden kann, ist die Aufzählung zahlreicher Stiftungen und Schenkungen lesbar, die vermutlich von Mahendradhipativarman getätigt wurden, darunter eine Statue Vishnus in Yasodharapura. In Purandarapura vergrößerte der *mantrin* das vorhandene *baray* und ließ ein Heiligtum aus Backstein nördlich des Wohnsitzes Vishnus bauen: „An einem Ort, wo den Weiden Wasser fehlte, in einem tiefen Tal des Waldes, ließ er ein künstliches Becken anlegen, das von drei Flüssen gespeist wurde, eine Tat, die sich für das Wohl anderer geziemte.“ Hier zeigt sich das Bild eines Würdenträgers aus der Provinz, dessen Tochter mit dem König vermählt war und der sich verdient machte, indem er religiöse Einrichtungen stiftete, den Wald roden und künstliche Wasserbecken anlegen ließ. Der Khmertext beschreibt, wo die Grenzen der Reisfelder von Ransi Gval verlaufen. Laut Georges Cœdès impliziert die Verwendung des Worts Kanal in diesem Fragment vermutlich das Vorhandensein eines Bewässerungssystems.

Ein genaueres Bild der Organisation der ländlichen Welt liefert eine Inschrift in Kdei Skie. Nach dem üblichen Lob des Königs für Heldentaten auf den Schlachtfeldern berichtet der Verfasser davon, wie er Statuen Vishnus und Lakshmis aufstellen ließ. Anschließend beschreibt er im Einzelnen die Grenzen des den Göttern geweihten Landes. Diese sind im Norden der Kanal, der nach Subhava führt, im Süden der Weg, der von Madhavapura kommt, im Westen reichen sie bis zur Nordostecke des Bassins von Gamryan und schließlich bis zu den Backsteinbauten.

Eine ebenfalls weit von der Hauptstadt entfernt entdeckte Inschrift aus Basak spricht vom Sieg des Königs über seine Feinde und dem Wiederaufbau beschädigter Gebäude in Yasodharapura. Dann erwähnt sie den Bau des östlichen Mebon, des Tempels auf der Insel in der Mitte des östlichen *baray* mit seinen fünf mit Stuck bedeckten Türmen. Als ergebenem Diener des Königs wurde dem *mratan* Shri Nripendrayudha eine Sänfte geschenkt, weil er einem Gott, der im Khmertext Nripendrayudhasvami genannt wird, Handwerker, die Gold, Silber und andere Metalle bearbeiten, sowie Elefanten, Büffel, Pferde, Dörfer, Reisfelder, Grundstückseinkünfte und andere Reichtümer geschenkt hatte.

Reis ist das am häufigsten erwähnte Lebensmittel bei Steuerzahlungen auf dem Land. Doch ein anderer Text aus Basak spricht davon, wie Rajendravarman seinem *vrah guru* einen Erlass übergab, um die Erhebung einer Steuer heiligen Öls in Form von Butter zu organisieren, die der königlichen Kasse und anderen Nutzern zugute kam. Er ernannte vier Personen, die dafür zuständig waren, das für die Tempelriten bestimmte Öl einzutreiben. Bei einer Weigerung belief sich die Strafe auf ein Paar Rinder. Für jede Monatshälfte wurden je 15 Männer und Frauen zum Hüten der heiligen Herde abgestellt. Sie hatten dafür zu sorgen, dass die Tiere anständig untergebracht waren und ihr Stall ausgemistet wurde.

Die gleiche Beziehung zwischen dem Land und den Tempeln lässt sich im nördlichen Teil des Staates beobachten. Im Prasat Thnal Chuk nennt eine Inschrift Anweisungen, die Rajendravarman an den *kamsten* an Rajakulamahamantri und drei *mratan* richtete. Die Tempelanlage besteht aus sieben Backsteingebäuden, die von drei Seiten von einer Mauer umschlossen werden. Im Westen befindet sich keine Mauer. Der sehr schlichte, im Osten gelegene Eingang führt zu zwei Galerien und drei Heiligtümern, hinter denen sich zwei kleinere Gebäude befinden. Der Text nennt den Eigentümer, Pancagavya, und seine Schenkungen an den Santipada-Tempel, nämlich Sklaven, Tiere, Reisfelder und eine tägliche Reislieferung an die Götter im Staatstempel von Lingapura. Es werden die Namen der Männer, Frauen und deren Kinder aufgelistet, die jeweils in der hellen und der dunklen Monatshälfte für die Tempelarbeit eingeteilt werden.

Eine Inschrift, die sich in der nördlichen Einfriedung von Isanapura, der alten Hauptstadt Isanavarmans findet, spricht vom Krieg und seinen Folgen. Als ein Krieger namens Vikramasingha von einem Feldzug nach Champa zurückkehrte, schenkte er seine Güter dem König und gründete mehrere Heiligtümer, denen er Ländereien und die für deren Bewirtschaftung benötigten Arbeitskräfte schenkte. Er stammte aus einer Adelsfamilie, denn sein Vater gehörte zum Hof Yasovarmans und sein Großvater hieß Virendravarman. Er ließ ebenfalls den lokalen Kult des Gottes Gambhiresvara wieder aufleben.

Kuk Sla Ket ist ein Komplex von westlich von Yasodharapura gelegenen Heiligtümern, die von einer Familie von Dienern des Königs gestiftet wurden, deren letzter, Kshetrajna, zum Barbier Rajendravarmans ernannt wurde und den Titel *mahendropakalpa* erhielt. Seine Inschrift zählt zunächst die Könige seit Indravarman I. sowie deren Ahnentafel auf und nennt dann sein eigenes Geschlecht und die Funktionen, die seine Ahnen bei den aufeinander folgenden Königen innehatten. Zwei Brüder dienten Jayavarman III. und Indravarman; deren Neffe trat ihre Nachfolge unter Yasovarman I. an. Kshetrajna wurde in Anerkennung seiner Dienste ein weißer Sonnenschirm und ein goldenes Band verliehen. Er ließ im zentralen Heiligtum eine Statue Vishnus aufstellen.

RÄTSELHAFTE BRONZEGLÖCKCHEN
Die Funktion dieser Objekte konnte von der Archäologie noch nicht genau geklärt werden. Fest steht jedoch, dass sich ihre allgemeine Form zwischen dem 12. Jh. (links) und dem 19. Jh. (rechts) kaum verändert hat.

Der Komplex Tuk Cum, „von Wasser umgeben“, erstreckt sich genau östlich der großen steinernen Brücke, wo die angkorianische Straße den Fluss Stung Sreng westlich von Angkor überquert. Dort gibt es ein Backsteinheiligtum, das von einem kleinen Wassergraben umgeben ist. Im Jahr 949 stellten ein gewisser Bajrendracarya und dessen Neffe, der *vap* Dhu, an diesem Ort eine Statue auf. Sie teilten ihrer Stiftung Arbeiter, Dörfer, Reisfelder und Anpflanzungen zu. Ihre Inschrift beschreibt, wie sie andere Reisfelder erwarben, nämlich indem sie sie gegen Rinder, Elfenbein und Stoff tauschten, die Grenzen festlegten und ihrer Stiftung diese Gebiete schenkten.

Die Beziehung zwischen den Arbeitern und dem Tempel, dem sie unterstellt waren, wird in einer Inschrift präzisiert, die auf einem Monolithen in einer Höhle des Phnom Kanva in der Provinz Battambang entdeckt wurde. Dieser Text beschreibt die Flucht eines Arbeiters mit Namen Viruna, der auf den Ländereien des Tempels geboren worden war. Er wurde wieder eingefangen, die Nase wurde ihm abgeschnitten und die Augen ausgestochen. Anschließend wurden der Unglückliche und seine Familie wieder in den ausschließlichen Dienst des Heiligtums gestellt.

Jayavarman V.

Im Jahr 968 folgte Rajendravarman dessen etwa zehn Jahre alter Sohn Jayavarman V. auf den Thron. Aufgrund des jugendlichen Alters des Herrschers griff der Staat auf Beamte aus der Aristokratie zurück, die die Regierungsgeschäfte in die Hand nahmen. Mehrere dieser Persönlichkeiten erscheinen in Inschriften als Gründer von Tempeln oder Eigentümer von Landsitzen. Der Regierungssitz blieb in Yasodharapura. Der König folgte jedoch der Tradition, gemäß der jeder König seinen eigenen Staatstempel errichten ließ. Mit dem Bau dieses Tempels wurde begonnen, noch bevor der Herrscher 17 Jahre alt wurde. Dieser Ort wurde damals Hemasringagiri, „der Berg mit den goldenen Gipfeln“, genannt, trägt aber heute den weniger klangvollen Namen Ta Keo. Dieser Tempel liegt genau westlich des Yasodharatataka und sollte den Berg Meru, den Sitz der Götter symbolisieren. Wie auch Pre Rup hat er fünf Heiligtümer, die auf der obersten Terrasse einer fünfstufigen Pyramide errichtet wurden. Der unvollendete Gebäudekomplex wird von zwei Einfriedungsmauern und einem Wassergraben umgeben. Ein königlicher Beamter, Yogisvarapandita, erzählt, wie ein Donnerschlag ein Gebäude traf. Er organisierte eine Zeremonie, um dieses böse Ohmen zu bannen, und kaufte Steine und Elefanten, um das Monument zu vollenden, aber vergeblich. Der Hemasringagiri wurde durch eine Straße mit einem Anlegeplatz verbunden, der in der Mitte des Westufers des

ANDRÉ MALRAUX, EIN ABENTEURER IN ANGKOR

Die archäologischen Sensationen Kambodschas zogen neben den Forschern auch Glücksjäger an. Zu ihnen gehörte der französische Schriftsteller André Malraux, dessen Absichten seine Frau Clara wie folgt wiedergab: „[…] entlang des Königswegs, der von der Dangkrek-Kette nach Angkor führt, gibt es große Tempel, die […] schon beschrieben wurden, aber dort gibt es sicherlich noch andere, bislang unbekannte […] Wir werden in einige kleine Tempel Kambodschas gehen, wir werden einige Statuen mitnehmen und sie in Amerika verkaufen, damit wir in den nächsten […] Jahren ein ruhiges Leben führen können.“

André Malraux und Louis Chevasson, einer seiner Freunde, begaben sich also nach Bantea Srei. Sie entfernten Sandsteinblöcke vom Tempel und verfrachteten sie nach Phnom Penh. Doch der Diebstahl wurde entdeckt, den Dieben der Prozess gemacht und die gestohlenen Stücke wurden wieder an ihren ursprünglichen Platz gebracht. Die Angelegenheit erregte weniger wegen des Tatbestands an sich Aufsehen, der zu jener Zeit äußerst gängig war, sondern vielmehr aufgrund des Bekanntheitsgrades des Hauptakteurs. An ihm sollte ein Exempel statuiert werden. Doch bis heute sind die Khmertempel Opfer von Plünderungen …

Yasodharatataka lag, einer Region, in der der Inschriftenkundler Claude Jacques den Königspalast Jayavarmans V. ansiedelt, der, ebenso wie der weiter südlich errichtete Staatstempel den Namen Jayendranagari (Hauptstadt des siegreichen Königs) trug.

Der Ort, an dem sich der Reichtum der aristokratischen Familien des Hofes am besten einschätzen lässt, ist der Banteay Srei, der 25 Kilometer nordöstlich des Jayendranagari liegt. Dieser bezaubernde Tempel aus rosa Sandstein wurde von Yajnavaraha, einem Enkelsohn König Harshavarmans I., errichtet, der ein Minister Rajendravarmans war, bevor er Lehrer und Berater Jayavarmans V. wurde. Der Tempel wurde am 22. April 967 geweiht und die Gedenkstele nennt Yajnavaraha und dessen Bruder Vishnukumara als Enkelsöhne Harshavarmans. Laut der Inschrift war Yajnavaraha ein Gelehrter und Philanthrop, der den Opfern von Krankheiten, Ungerechtigkeit oder Armut Linderung verschaffte. Täglich kamen die Unglücklichen, die Verlassenen und die Schwachen zu ihm, um ihn um Hilfe zu bitten. Mit dem Ziel, Verdienste zu erlangen, gründete er zahlreiche Klöster, errichtete etliche Shivastatuen und ließ Wasserreservoire anlegen. Der König belohnte ihn mit Sonnenschirmen aus Pfauenfedern, goldenen Tragsesseln und weiteren Beweisen seiner Wertschätzung und der privilegierten Stellung ihres Empfängers.

Weibliche Gottheit und Türwächterin
Die außergewöhnliche Zartheit und Pracht der Details der Architekturplastik vom Banteay Srei (967) zeigt sich in der unermesslichen Grazie der weiblichen Figuren, die sich beiderseits der echten und falschen Türen des nördlichen und südlichen prasat *des Tempels befinden.*

Die Inschriften Jayavarmans konzentrieren sich auf die reichen Agrargebiete nördlich und westlich des Tonle Sap, östlich des Mekong und südlich bis zum Mekongdelta. Sie erhellen einige Aspekte der juristischen und administrativen Funktionsweise der Gesellschaft und beschreiben das ländliche Leben und die Landschaften. Offensichtlich besaß der König, ebenso wie die großen Aristokratenfamilien, riesige Ländereien. Indralakshmi, die jüngere Schwester des Herrschers, heiratete einen gewissen Divakarabhatta, der möglicherweise aus Indien stammte. Sie lebten offenbar an einem Ort namens Dvijendrapura, einige Kilometer südlich von Jayendranagari. Hier wurden in den Grundmauern der Ruine eines Heiligtums Inschriften gefunden, die von ihnen verfasst worden sein dürften.

Diese Tempel bargen Statuen Vishnus und der Mutter der Prinzessin. Ein Inschrift zählt die Schmuckstücke auf, die jeder Statue gehörten, wie Ohrgehänge, Kronen, Armbänder und Edelsteine. Eine Liste der Güter des Tempels nennt einen goldenen Tragsessel, der 968 vom König geschenkt wurde, Silberschalen, Sonnenschirme mit goldenem Griff, Kultgefäße aus Silber und einen Spiegel. Der Text nennt 71 Sklaven, Männer und Frauen, sowie deren Kinder. Es findet sich ebenfalls eine Aufzählung der Landsitze, die dem Tempel vermacht wurden. Eine Streitigkeit über die Besitzverhältnisse eines dieser Landsitze machte das Einschreiten des Königs erforderlich und die Vermittlung zweier Beamter, die den Titel *khlon glan* (Aufseher der königlichen Lager) des zweiten und dritten Ranges trugen. Nach Beratungen mit den Ältesten der Region und verschiedenen anderen Persönlichkeiten wurden die Grenzen festgelegt. In einer Passage nimmt der Text eine Unterscheidung zwischen den Reisfeldern in der Nähe des Flusses und jenen, auf denen in der Trockenzeit Reisanbau möglich ist, vor.

FEINSTE ORNAMENTIK
Diese wilden Enten oder Gänse weisen die Person, die sich unter ihnen befindet, als zur Götterwelt gehörig aus. Die Ziselierungen, die der Sandstein hier aufweist, sind eines Goldschmieds würdig.

Das gleiche Paar ließ eine ähnliche Inschrift auf seinem großen Besitz Prasat Komphus verfassen. Diese Stätte birgt die Ruinen von fünf Heiligtümern aus Backstein, eine Umfassungsmauer, zwei Bibliotheken, einen breiten Wassergraben und Gopura, hinter denen sich weitere Tempel und weitere *baray* erstrecken. Die wichtigste Inschrift beschreibt die Gründungen Divakarabhattas im „Honigwald" von Madhuvana und legt die Reismenge fest, die für den Unterhalt seiner Schenkung benötigt wird, sowie die monatliche Menge an Honig. Sie listet anschließend die den Göttern geschenkten Schmuckstücke für das Linga Shivas und die Statuen Indralakshmis und der Mutter Rajendravarmans auf. Andere wertvolle Gegenstände werden genannt, wie Sonnenschirme mit goldenem Griff, Fliegenwedel aus Silber und Fächer aus Pfauenfedern. Laut dieser Inschrift erhielten mehrere Beamte, darunter ein Aufseher über die Fronarbeit (*khlon karya*), Schreiber, Qualitätsinspektoren und Aufseher über die Lager durch die Gunst des Königs einen Tragsessel. Außerdem wurde das Versprechen abgegeben, den Wohlstand der Mönche, die für den Dienst der lokalen Götter abgestellt waren, zu gewährleisten.

Im Jahr 979 richtete der König an seinen *vrah guru* und andere hohe Beamte den Befehl, vier hochrangigen Fürsten, dem *kamsten* Sri Rajapativarman (Schwager des Königs), Narapativaravarman (Neffe Rajendravarmans), dem *mratan khlon* Sri Jayayudhavarman

PRUNKSTÜCK DER ARCHITEKTURPLASTIK

Der im Jahr 967 gegründete Tempel Banteay Srei ist ein Shivaheiligtum und wurde von einer Familie von Brahmanen gestiftet, die unter den Herrschern Rajendravarman und Jayavarman V. in der zweiten Hälfte des 10. Jh. lebte. Er zählt zu den Bauten, mit denen die Architekturplastik ihren Höhepunkt erreichte.

Das Monument hat drei konzentrische Umfriedungen, denen im Osten eine Straße vorangeht. Ihr Anfangspunkt ist ein Pavillon, in dem sich die Gründungsstele befand. Die Gebäude sind recht klein. Ihre Anlage folgt einem ähnlichen Entwurf wie beim Tempel Prasat Thom in Koh Ker. Auch die Bildthemen des Banteay Srei ähneln denen des Prasat Thom. Die innerste Umfriedung birgt die reichsten Bauten, nämlich drei nach Osten geöffnete Turmheiligtümer auf einer gemeinsamen Terrasse sowie zwei Bibliotheken. Ihre Architekturplastiken wurden völlig zu Ende geführt – eine seltene Tatsache in der Baukunst des alten Kambodscha. Von der Basis bis zur Spitze ist alles von prächtigen Ornamenten überzogen, etwa von Lotosrankenornamenten, Friesen aus Knospen und Blütenblättern, wirklichen und mythischen Tieren, erzählenden Szenen, weiblichen und männlichen Türwächtern usw. Das hier verwendete Material, ein sehr dicht gekörnter rosafarbener Sandstein, ist von außergewöhnlicher Qualität, weshalb sämtliche Details hervorragend erhalten sind.

Zu den zahlreichen Schätzen Banteay Sreis werden insbesondere die wundervollen Giebel der Bibliotheken gerechnet, deren Schrägen aus mehreren Kreisbogen gebildet werden und die ab dieser Epoche für die kambodschanischen Tempel so charakteristisch sind. Sie bergen zahlreiche aus den Heldenepen stammende erzählende Szenen.

(Bruder Narapativaravarmans) und einer Person, deren Name nicht genannt wird, wohl der Königin, Ländereien zu schenken. Die Fürsten ließen eine Inschrift in Prasat Char, einer reichen, aus drei Heiligtümern bestehenden und von zwei Einfriedungsmauern umgebenen Gründung, anbringen. Hierin bekundeten sie ihre Absicht, Dörfer zu gründen, Tempel zu bauen und ihre Familie zu beherbergen, und legten die Grenzen ihrer Ländereien fest. Eine Enklave, die dem *vap* Vis gehörte, wurde gegen eine andere Parzelle getauscht. Eine Parzelle war den Herden vorbehalten, eine andere den Sklaven, die das Öl für Lingapura produzierten. Es finden sich auch einige anekdotische Einzelheiten über das Landleben. So tötete der *mratan* Hrdayabhava, Wächter des Schlafgemachs, Beamter der dritten Kategorie, zwei Elefanten, die dem *kamsten* gehörten, weil diese seinen Reis aufgefressen hatten. Da er selbst keine Elefanten besaß, entschädigte er den *kamsten,* indem er ihm für diesen Verlust Land schenkte.

Im Jahr 974 nahm der König im Alter von 16 Jahren an einer Zeremonie „am Ufer des Bassins des heiligen Steins" teil. Bei dieser Gelegenheit stiftete er zwei Mönchsorden, die das Recht hatten, Ländereien zu besitzen, sowie ihre Nachfolgeregeln zu bestimmen. Außerdem waren sie von Steuerzahlungen befreit. Ein hoher Beamter (*vrah guru*) hatte die Aufgabe, 20 Gründungsmitglieder für jeden Orden auszuwählen. Er ließ ihre Statuten in Blätter aus Gold und Silber eingravieren, die er dem Gerichtshof vorlegte, und schenkte den Gründungsmitgliedern Blumen. Diese hatten ein exklusives Recht auf die Einkünfte der Dörfer und über die Arbeiter, die von den Klöstern abhängig waren. Zudem wurden sie von der Steuer auf Reis und Öl ausgenommen. Es wurden strenge Bestimmungen erlassen, aus Furcht, die lokalen Machthaber der verschiedenen Regionen könnten den Versuch unternehmen, sich die Besitztümer der Orden anzueignen oder in deren Rechte einzugreifen. Die Priester, die sich durch ihre Gelehrsamkeit auszeichneten, wurden zu Lehrern am Hof ernannt.

VOLLKOMMENE KUNST
Die perfekten Proportionen der Gebäude Banteay Sreis werden durch die Schönheit einer vollkommen vollendeten Ornamentik, eine Seltenheit für Khmertempel, zusätzlich betont.

PHANTASTISCHE WÄCHTER
Die drei Turmheiligtümer Banteay Sreis liegen entlang einer Nord-Süd-Achse auf einer Terrasse, zu der kleine Treppen hinaufführen. Die Wachhäuser, die an diesen Aufgängen standen, wurden von Wächterfiguren gekrönt. Die kambodschanische Vorliebe für das Übernatürliche kommt im Hybridcharakter dieser Phantasiegestalten zum Ausdruck.

Die meisten Gründungen folgten dem traditionellen Hindukanon. Ein Text vom Phnom Mrec (Pfefferhügel) im Distrikt Gamryan erzählt, wie ein gewisser Soma einem Tempel Shivas Land übereignete. Zwei Heiligtümer aus Backstein erheben sich noch an der Flanke des Hügels, an einem Ort, von wo aus sich die Sicht nach Osten über die von Reisfeldern bedeckte Ebene erstreckt und von wo aus die Grenzen der Felder sicher problemlos zu erkennen waren. Der Erwerb einer Parzelle erfolgte durch Zahlung verschiedener Naturalien. Für ein Grundstück mussten zum Beispiel zwei Sklaven, ein Maß Gold, ein Paar Büffel und zwei Rinder, die „ein schnelles Gespann ziehen können", entrichtet werden. Der für die dem Tempel der Göttin Bhagavati unterstellten Sklaven gezahlte Preis wird in einer Inschrift aus Phum Mien genannt. Mehrere Sklaven wurden gegen andere getauscht und einer von ihnen wurde von einem Vietnamesen gegen Silber gekauft. Weiter Richtung Süden, in Basak, kündet ein königlicher Erlass davon, dass eine Parzelle, die seit langem der Krone gehört, dem Gott abgetreten wird. Es wurde ein Ausschuss gebildet, dem mehrere Beamte angehörten und der die Aufgabe hatte, die Verhältnisse des Landguts zu regeln. Dem *mratan* Sri Narendrasimha, dem *senapati* (General) der Eingangspforte, fiel die Aufgabe zu, die Grenzen der Ländereien festzulegen.

Die Dynastie Jayavarmans II.: Königsmacht und Gesellschaftsorganisation

Als Jayavarman II. seinen Hof nacheinander an verschiedenen Orten zwischen dem Tonle Sap und dem Phnom Kulen einrichtete, wurde er von einer großen Gefolgschaft begleitet. Laut Inschriften, die zwei Jahrhunderte darauf oder sogar noch später verfasst wurden, nahmen die Oberhäupter dieser Familien im königlichen Regierungssystem bedeutende religiöse und weltliche Aufgaben wahr und wurden durch die Abtretung von Ländereien belohnt. So sind die Namen der Fächerträger (ein erbliches Amt) oder die der Hohepriester des *devaraja*-Kults unter 13 verschiedenen Monarchen bekannt. Die Nachfolge innerhalb dieser Adelsfamilien erfolgte in der weiblichen Linie und wurde vom Familienoberhaupt an den Sohn der Schwester weitergegeben. Unter Jayavarman I. zeichnete sich in der Verwaltung des Zhenlareichs eine Tendenz zur Zentralisierung der Macht ab, die sich unter Jayavarman II. und dessen Nachfolgern erheblich verstärkte. Der Königshof bildete das Herzstück des Gesellschaftssystems. Seit der Regierungszeit Indravarmans I. und vermutlich seit Jayavarman II. war ein Tempel zum Wohle des Königs und dessen Ahnen Shiva geweiht. Zudem existierten ein Königspalast sowie, außer während kurzer Herrschaftszeiten, ein künstlich angelegtes Wasserbecken. Der zentrale Tempel war von Einfriedungsmauern und häufig auch einem Wassergraben umgeben. Da die Paläste

GÖTTLICHER FINGERZEIG? *Es ist ungeklärt, warum die Errichtung des Tempelbergs Ta Keo vorzeitig abgebrochen wurde. Eine Inschrift weist darauf hin, dass während der Bauarbeiten der Blitz in das Gebäude einschlug – vielleicht wurde dieses Ereignis als göttliche Missfallenskundgebung interpretiert.*

RÄTSELHAFTE BAUTEN

Die in den meisten Tempeln vorhandenen Nebengebäude werden üblicherweise als Bibliotheken bezeichnet. Diese nach Westen offenen Gebäude liegen den Hauptheiligtümern gegenüber und weisen in der Regel einen rechteckigen Grundriss auf. Sie werden von einem tonnenförmigen Dachaufsatz überspannt und besitzen Öffnungen in Form von Balustraden- oder Lüftungsfenstern. In der Fülle der Khmerinschriften erwähnt nur eine einzige den Namen einer solchen Struktur: *pushtakashrama* („Einsiedelei der Bücher").

Aufgrund dieser Inschrift hat man geglaubt, diese Bezeichnung auf Gebäude der gleichen Art übertragen zu können. Die Identifikation schien zwar aufgrund der Öffnungen, die für eine gewisse Belüftung sorgten und damit einen guten Erhalt der auf pflanzlichem Material abgefassten Handschriften garantiert haben dürften, schlüssig zu sein, doch die vorliegenden Fakten lassen sich mit dieser Theorie nicht in Einklang bringen. In den Bibliotheken fanden sich häufig Skulpturen, die neun Gottheiten oder sieben Weise darstellten und die vermutlich im Zusammenhang mit astronomischen Riten standen. Sollten die Öffnungen tatsächlich der Belüftung der Räume gedient haben, dann im Rahmen von Ritualen, in deren Verlauf Feuer entzündet wurde.

aus Holz errichtet wurden, ist über deren Bauweise nichts bekannt und erst groß angelegte Grabungen werden die städtische Struktur ans Licht bringen können. Auf den Tempelmauern finden sich jedoch Darstellungen von Holzpalästen, die von der reichen Tradition einer weltlichen Baukunst zeugen, von der aber kein Werk bis in die heutige Zeit erhalten geblieben ist.

Jeder Monarch schuf sein eigenes Machtzentrum. Jayavarman II. richtete seinen Hof nacheinander in Amarendrapura, Hariharalaya und Mahendraparvata ein. Indravarman I. herrschte in Hariharalaya, Yasovarman in Yasodharapura, Jayavarman IV. in Lingapura, Rajendravarman in der ehemaligen Hauptstadt Yasodharapura, aber in einer anderen Zone als sein Vorgänger und Jayavarman V. in Jayendrapura, etwas entfernt von der Hauptstadt seines Vaters.

Ausdehnung des Königreichs

Die Verteilung der Inschriften vermittelt eine Vorstellung von der Ausdehnung der aufeinander folgenden Königreiche, der Funktionsweise der zentralen Regierung, sowie der Ressourcen, die den Unterhalt des Hofs garantierten. Das Königreich umfasste die Fluss- und See-Ebenen Kambodschas, insbesondere die Region nördlich des Tonle Sap und das Mekongtal. Im Westen, im Tal des Chao-Phraya-Flusses und auch im großen, im Muntal gelegenen Reisanbaugebiet im Norden fanden sich kaum Spuren, die auf eine von Angkor ausgehende politische Kontrolle schließen lassen. Der Verwaltungsapparat stützte sich auf ein Heer ergebener regionaler Beamter und eine zentrale Bürokratie, die aus Mitgliedern der Aristokratie bestand, die häufig durch Blutsbande mit der königlichen Familie verbunden waren.

WICHTIGE AMTSTRÄGER
Der Khmerhof war sehr hierarchisch aufgebaut – Titel und Verwaltungsaufgaben waren hier von großer Bedeutung. Ämter wie die des Fliegenwedel-, Fächer- oder Sonnenschirmträgers – wie auf diesem Defilée der Amtsträger zu sehen – waren ausgesprochen begehrt.

Die Verwaltungshierarchie lässt sich anhand der Titel, Grade und Insignien ausmachen, die mit der Zeit immer komplexer wurden, während zeitgleich die Amtsbefugnisse der Beamten vielseitiger wurden. Ein Text vom Prasat-Kandal genau neben dem Preah-Ko-Tempel stellt den Beamten Shivasoma in seiner Eigenschaft als *guru* des Königs dar. Er war der Enkelsohn eines Königs namens Jayendradhipativarman, der ein Onkel mütterlicherseits Jayavarmans II. war. Mit der Zeit dienten immer mehr Mitglieder der königlichen Familie am Hof, wodurch eine Kaste adliger Höflinge entstand, aus der der König schöpfen konnte, um seine Beamten zu ernennen. Indravarman I. betraute beispielsweise einen gewissen Amarabhava damit, über die religiösen Stiftungen zu wachen. Dieser ließ ein künstliches Bassin für eine Stiftung errichten, der es an Wasser mangelte, und wurde dafür von Yasovarman I. mit dem Titel des *acaryadhipati* (das heißt Leiter der *acarya)* belohnt.

Neue Titel und neue Ämter

In den Diensten des Königs standen zwei herausragende Persönlichkeiten, die über große Macht verfügten: der *rajakulamahamantri* und der *vrah guru*.

Der *rajakulamahamantri* tritt in den Texten der Regierungszeit Harshavarmans I. erstmals in Erscheinung. Mehrere Inschriften präzisieren die Aufgaben dieses Beamten, der die Macht hatte, Ordenseinrichtungen von der Steuer zu befreien und die Zusammenlegung von Tempeln zu genehmigen. Er übte seine Macht im heiligen Gericht aus, wo es seine Aufgabe war, jene zu bestrafen, die einen königlichen Erlass missachtet hatten.

Der *vrah guru* erfüllte dagegen sowohl rituelle als auch zivile Aufgaben. Er war beispielsweise mit den Riten betraut, die eine für die Landwirtschaft günstige Regenzeit gewährleisten sollten, sowie mit der Weitergabe königlicher Erlasse an die verschiedenen Tempel, und es war der *vrah guru*, der bei der Gründung von Klöstern vermittelte.

Die Zahl der Würdenträger erhöhte sich während der Regierungszeiten Rajendravarmans und Jayavarmans V. beträchtlich. Jetzt fanden sich am zentralen Hof Beamte aller Rangstufen, von den Verantwortlichen für die königlichen Lager bis zu den Beamten, die damit betraut waren, die Flurgrenzen festzulegen. Einige Höflinge standen direkt im Dienst des Königs, etwa die Fächerträger, die Träger der Fliegenwedel, die Pagen der Schlafkammer und die Ärzte. Während der Bauzeit der Tempel, Wasserbecken und -kanäle waren auch Vertreter anderer Berufsstände wie Baumeister, Zeichner sowie eine ganze Anzahl spezialisierter Handwerker und Personen, die Zugang zu einer breiten Basis von Arbeitskräften besaßen, am Hof vertreten. Im Verlauf der Herrschaft Rajendravarmans und Jayavarmans V. wurden die wichtigsten Aristokratenfamilien so reich, dass sie große Tempel wie den Banteay Srei gründen und finanzieren konnten.

Die Kontrolle der Provinzen

Der Hof bildete die Spitze der Gesellschaftspyramide. Seine Existenz hing jedoch von seiner Fähigkeit ab, das Leben in den ländlichen Regionen zu beherrschen und zu organisieren, denn das Land sorgte für seinen Unterhalt. Fast alle heute noch vorhandenen Dokumente sind in Stein geritzt. Die Archive des Hofes und der Provinzen wurden auf vergänglicheren Materialien festgehalten und sind daher heute nicht mehr erhalten.

Die Schaffung eines politischen Machtzentrums, welches das Volk sowie die Territorien, die es ernährten, beherrschte, stellt eine Schlüsseletappe der Entwicklung des Staates dar. Die Inschriften zeugen von bedeutenden Fortschritten, denn sie verwenden zunächst den Ausdruck *praman* und dann den Ausdruck *visaya* zur Bezeichnung der wichtigen territorialen Unterteilungen. Diese Gebiete erhalten neue Namen, beispielsweise Purvadisa und Sanduk, die mit den Namen von Personen verbunden sind, die den Titel eines *khlon visaya* tragen. Zu ihren Aufgaben zählen die Festlegung der Flurgrenzen und, daran besteht kein Zweifel, die Führung des Flurbuchs selbst. Sie überwachten Grundstückstransaktionen, legten die Grenzen der Landgüter fest und machten, um Verdienste zu erlangen, gelegentlich Schenkungen an religiöse Stiftungen. Letztere unterstanden wie alle Institutionen, die spezielle Naturalsteuern entrichteten, nicht der Gerichtsbarkeit der *khlon visaya*.

Es findet sich ebenfalls der Titel *tamrvac*, mit dem offensichtlich Beamte bezeichnet wurden, die von der zentralen Macht in die Provinzen gesandt wurden, um über die Ausführung der königlichen Erlasse zu wachen. Möglicherweise waren innerhalb der *visaya* mehrere Dörfer aus verwaltungstechnischen Gründen zusammengefasst worden – die Größe dieser Einheiten variierte zwischen der eines Dorfes und der einer Provinz. Dennoch bildete das Dorf das Herzstück des landwirtschaftlichen Systems. Laut den Inschriften war der *khlon sruk* für Dorfangelegenheiten zuständig. Musste er Grundstücksstreitigkeiten klären oder Verbrecher an höhere Stellen übergeben, wurde er von den Ältesten unterstützt. Das Hauptziel dieser Verwaltungsorganisation bestand darin, regelmäßig und effizient die in Naturalien zu entrichtenden Steuern einzutreiben, die für den Unterhalt des Königshofs und des Verwaltungsapparats benötigt wurden. Das Steuersystem zielte auf die Produktionsüberschüsse – der Staat von Angkor griff nie auf Geld zurück, auch wenn bei wirtschaftlichen Transaktionen häufig das eine oder andere Gold- oder Silbergewicht als Hilfsmittel genannt wird.

HIMMEL UND HÖLLE VON ANGKOR VAT
Die Bestrafung von Verbrechen war mit körperlichen Züchtigungen verbunden. Sie finden einen drastischen bildlichen Ausdruck in diesem berühmten Flachrelief (erste Hälfte 12. Jh.), in dem die verschiedenen Möglichkeiten der Wiedergeburt nach dem Tod – im Himmel oder wie hier in der Hölle – aufgeführt sind.

Das Rechtssystem

Die wichtigsten Quellen, die der Forschung Informationen über das angkorianische Rechtssystem liefern, sind Texte, die von Grundbesitzstreitigkeiten handeln. Die rituellen Lobreden auf den König beweisen, dass dieser an der Spitze des Rechtssystems stand, doch die Inschriften künden ebenfalls von der Existenz eines heiligen Gerichtshofs und eines weiteren Gerichts, das über Streitigkeiten zwischen hohen Beamten entschied.

Eine aus der Regierungszeit Jayavarmans V. stammende Inschrift von Tuol Prasat offenbart, in welcher Form Landsitze innerhalb einer Familie von einer Generation auf die nächste übertragen wurden und dass es durchaus zu unberechtigten Forderungen oder auch Enteignungsversuchen kam. So erzählt ein gewisser Sahadeva, wie Gavya, sein Urgroßvater mütterlicherseits, ein reicher, weiser, großzügiger und gesetzestreuer Mann, sein Landgut erworben hatte. Die Rechte Gavyas über das Dorf Devigrama und dessen Ländereien waren von König Rajendravarman bestätigt worden. Bei Gavyas Tod erhoben drei Männer, Hi, Pu und Ke, Anspruch auf das Land. Die Grenzmarkierungen, die auf Befehl des Königs aufgestellt worden waren, wurden herausgerissen. Sahadeva unterrichtete den Herrscher schriftlich von diesem Verbrechen. Daraufhin befahl Jayavarman V. seinen Ministern, den Fall genau zu untersuchen. Die Angelegenheit endete mit der Verurteilung Pus und seiner Komplizen. Sie wurden schuldig gesprochen. Das Gericht ordnete an, dass ihnen die Lippen und die Hände abgeschnitten werden sollten. Es muss schwere Auseinandersetzungen innerhalb dieser Familie gegeben haben, denn kurz nach dem Tod Jayavarmans V. wurden neue Forderungen erhoben. Erneut endete die rechtliche Untersuchung mit der Bestrafung einer Partei, denen die Füße und der Kopf zerquetscht wurden. In einem anderen Fall forderte eine Frau die Parzelle eines Landsitzes zurück, den der *vap* Dharma einem Gott geschenkt hatte. Sie ließ die neuen Grenzmarkierungen entfernen. Die Untersuchung ergab, dass sie mit gutem Recht gehandelt hatte und die Grenzmarkierungen dort wieder hingestellt hatte, wo ihr Besitz aufhörte.

Diese Streitigkeiten deuten darauf hin, dass Grundbesitzer vor Gericht klagen konnten. Es ist jedoch nicht viel über die Rechte derer bekannt, die von den Inschriften als Sklaven bezeichnet werden und getauscht oder verkauft werden konnten. Ein Text erzählt, wie ein Flüchtiger wieder eingefangen und zur Strafe verstümmelt wurde. Ein Erlass Yasovarmans besagt, dass die Bestrafung, die auf die Verletzung der Regeln eines Tempels erfolgt, im Verhältnis zur Stellung des Schuldigen zu stehen hat. So hatten die Fürsten von königlichem Blut, die an der Spitze der Gesellschaftspyramide standen, ein Bußgeld von 20 *pala* Gold zu zahlen. Ein *mantrin* zahlte die Hälfte dieses Betrags und jene, die das Recht auf einen weißen Sonnenschirm mit goldenem Griff besaßen, ein Viertel. Die Menschen aus dem Volk wurden mit 100 Peitschenhieben bestraft. Trotz ihrer Lückenhaftigkeit besteht kein Zweifel daran, dass die Gesetzgebung effiziente Lösungen für Streitigkeiten bot und auch noch in sehr weit vom Hof entfernt gelegenen Regionen angewendet wurde.

Erkenntnisse über die Dynastie Jayavarmans II. im Überblick

Jayavarman II. und seine Nachfolger herrschten über einen Staat, der von der Produktion eines Reisüberschusses abhängig war. Auch wenn manchmal Silber und Gold als Zahlungsmittel verwendet wurden, so wird bei keiner der Transaktionen ein offizielles Geldwesen erwähnt. Dagegen offenbaren die Inschriften eine dauernde Sorge um die Qualität der landwirtschaftlich genutzten Flächen und eine gewissenhafte Aufmerksamkeit bezüglich des Grundbesitzes und des Flurbuchs. Zahlreiche Beamte waren für das Schätzen und Eintreiben der Steuern verantwortlich. Reis war das wichtigste Gut, doch andere Produkte

DAS SANSKRITEPOS *MAHABHARATA*

Die indische Überlieferung schreibt die Abfassung des Mahabharata dem Weisen Vyasa zu. Der zunächst mündlich überlieferte Text wurde zwischen dem 4. Jh. v. Chr. und dem 4. Jh. n. Chr. schriftlich festgehalten. Es handelt sich um ein Heldengedicht, das von zwei verfeindeten Sippen berichtet: den Kaurava und den Pandava. Die Kaurava verkörpern die negativen moralischen Werte, während die Pandava, die von fünf Brüdern angeführt werden, alle geistigen und körperlichen Tugenden besitzen. Krishna tritt in der Erzählung als Wagenlenker Arjunas aus der Sippe der Pandava auf. Diesem verkündet Vishnu am Vorabend der großen Schlacht, in der Arjuna und seine Brüder den Kaurava gegenüberstehen sollten, seine Lehre. Sie bildet den Bhagavadgita, den ersten großen Hindutext, der das Konzept der *bhakti* entwirft, „der Ergebenheit des Herzens gegenüber der Gottheit". Hier wird die Liebe des Absoluten, das die Gottheit darstellt, gerühmt, sowie der Verzicht auf den unmittelbaren Nutzen aus Taten und Pflichten. Den Höhepunkt des *Mahabharata* bildet die große Schlacht von Kurukshetra.

Seit vorangkorianischer Zeit finden sich in den Khmerinschriften zahlreiche Bezüge auf diesen Text, aus dem oft ganze Verse zitiert werden. Es handelt sich häufig um bildhafte Anspielungen, die auf die Zweideutigkeit der verwendeten Ausdrücke setzen. Arjuna etwa ist ein Eigenname, der zugleich „weiß" bedeutet. Um den Sinn solcher Anspielungen zu verstehen, sind zugleich eine gute Kenntnis des Sanskrit und eine große Vertrautheit mit der indischen Mythologie notwendig. Das *Mahabharata* ist nur schlecht zur bildlichen Darstellung geeignet, weshalb die Khmerkünstler aus ihm einige wichtige Episoden wie die berühmte Schlacht aufgriffen, die in Angkor Vat meisterhaft dargestellt ist.

spielten ebenfalls eine bedeutende Rolle, wie etwa Wachs, Öl, Honig, Salz und Stoffe. Zudem hatte der Staat einen hohen Bedarf an Arbeitskräften, deren Verwaltung an ihrem Einsatzort einem Beamten mit dem Titel *khlon karya* anvertraut wurde.

Die Flüsse, die die entlegenen Regionen über den Tonle Sap mit dem Zentrum verbanden, waren die Haupttransportwege, über die Waren bis zum Königshof gelangten. Die Eigentümer der Ländereien konnten über die Arbeitskraft der Dörfer verfügen, die auf ihren Ländereien lagen. Es ist nicht bekannt, in welchem Maß die vorhandenen Wasserbecken für den Reisanbau genutzt wurden, doch es wird erwähnt, dass sie durch Kanäle miteinander verbunden waren.

Die Religion kann als ein wesentlicher Faktor für die Sicherung des gesellschaftlichen Zusammenhalts angesehen werden. Das physische Zentrum des Staates manifestierte sich in einem Tempelberg, der Heiligtümer Shivas, des Königs und dessen Ahnen trug. Die wichtigsten Gegenstände der Verehrung waren damals die Linga, deren Namen eine Verbindung zwischen dem des Königs der Götter und dem des Königs auf Erden darstellten. Die Gründungsinschriften der Staatstempel nennen die Ahnenfolge des Herrschers und dienten dazu, seinen Herrschaftsanspruch zu begründen. In den Provinzen übernahmen zahlreiche weitere Tempel Funktionen von Zentren oder Marktflecken. Diese bescheidenen Heiligtümer wurden häufig von Adligen gestiftet, die für deren Unterhalt Land und Arbeitskräfte bereitstellten. Diese religiösen Stiftungen waren in der Regel von der Steuer befreit und verdankten ihre Existenz ihren eigenen Ressourcen an Arbeitskräften. Sie leisteten einen lebenswichtigen, wenn auch immateriellen Beitrag zum Erhalt des Königreichs, denn der König profitierte von einem Teil der durch die Spender angehäuften Verdienste.

Jayavarman V. war der letzte große König einer Dynastie, die für Jahrhunderte über diesen Staat geherrscht hatte, dessen Zentrum sich in der Zone nördlich des Tonle Sap befand. Es wurde von einem Reisanbaugebiet versorgt und von einem Netz von Wasserläufen bewässert, deren Rückgrat der Mekong bildete. Als Jayavarman V. gegen 1000 n. Chr. starb, brach ein Bürgerkrieg aus, der in den Aufstieg einer neuen Dynastie mündete, einer Dynastie, die von König Suryavarman I. begründet wurde.

DETAIL VOM BANTEAY-SREI-TEMPEL
In der ersten Hälfte der angkorianischen Epoche (9. und 10. Jh.) wurde die Regierungsform stetig weiter zentralisiert und die Gesellschaft in religiöser Hinsicht und auf Verwaltungsebene immer vielschichtiger. Neben den Inschriften bilden die Baukunst und die Bildhauerei die einzigen greifbaren Zeugnisse, die bis heute erhalten geblieben sind.

Die Baukunst der Khmer

Miniaturmodell des Prasat
Das Modell steht im Nationalmuseum in Phnom Penh und stammt aus dem Shivatempel Banteay Srei, der 967 gegründet wurde. Solche Miniaturen fanden sich an den Ecken der Scheinetagen und dienten meist als Schmuck.

Die sakrale Baukunst des alten Kambodscha spiegelt sich vorrangig in großen Gebäudekomplexen, die einen heiligen Bezirk bilden. Nach Art seines indischen Vorbilds ist der Khmertempel das Abbild eines Berges, auf dem sich der Sitz der Götter befinden soll. Die verschiedenen Mauern und Wassergräben, die auf dem Weg ins Innere der Anlage zu überwinden sind, sind Verteidigungsanlagen, die den himmlischen Aufenthaltsort der Götter schützen sollen.

Umgeben von zahlreichen, regelmäßig und rechtwinklig angeordneten Nebengebäuden birgt das Zentralheiligtum die Darstellung des Gottes, dem der Tempel geweiht ist. Zum zentralen Kultraum hatten nur die Priester Zutritt, während die Gläubigen die Statue der Gottheit nur von draußen betrachten konnten. Sie stand ehrfurchtgebietend und geheimnisvoll im Halbschatten und wirkte von dort aus auf die Geschicke der Welt ein.

Mit Ausnahme einiger rechteckiger Tempel und einiger untypischer Monumente der vorangkorianischen Zeit, wie etwa der achteckigen Heiligtümer von Sambor Prei Kuk (erste Hälfte des 7. Jh.) oder auch, zu angkorianischer Zeit, des runden Zentralheiligtums von Bayon (Ende des 12./Anfang des 13. Jh.), war der Grundriss quadratisch. Der Eingang zum zentralen Kultraum liegt in den meisten Fällen im Osten. An den anderen Seiten befinden sich Scheintüren, deren Aussehen sich mit dem der echten Tür deckt. Das *prasat* (Oberbegriff für Turmheiligtum) erhebt sich auf einem Sockel, dessen Gestaltung von einer einfachen Terrasse bis zu einer beeindruckenden Stufenpyramide reichen kann. Der Hauptteil des Gebäudes entfaltet sich zwischen einer Basis und einem Kranzgesims, über dem sich der Überbau befindet, der aus kleiner werdenden Scheinstockwerken besteht. Das Monument gipfelt in einer Art Krone, die an ein Gefäß oder eine Lotosblüte erinnert.

In vorangkorianischer Zeit herrschte Backstein vor, der bald durch Sandstein und für den Sockel und die Nebengebäude durch Laterit ersetzt wurde. Holz war das bevorzugte Material zur Errichtung von Profanbauten (Palästen, Wohnhäusern). Aufgrund des sehr feuchten Klimas und der durch Termiten und andere Holz fressende Insekten verursachten Schäden sind leider keine dieser Bauten erhalten geblieben.

Nebengebäude des östlichen Mebon
Die Steine dieses 953 erbauten Gebäudes sind ausgesprochen unregelmäßig zusammengefügt, was von einer arbeitsintensiven Baumethode zeugt, bei der jeder Block erst während des Einfügens seine endgültige Form erhielt.

Kunstvoller Gewölbebau
Beim Kraggewölbe wird jede Steinschicht des Gewölbes, hier des Westtors Angkor Thoms (Anfang des 13. Jh.) im Verhältnis zur vorhergehenden etwas weiter in Richtung der Zentralachse des zu überspannenden Raumes verschoben.

Fronton (Banteay-Srei-Tempel)
In Kambodscha ist keines der frühen Holzgebäude erhalten geblieben, doch die Flachreliefs liefern zahlreiche Darstellungen der Holzbauweise, bei der, wie in der zeitgenössischen einheimischen Architektur, die Pfeiler eine wichtige Rolle spielten.

Flachrelief der inneren Galerie des Bayon
Nur wenige schriftliche oder bildliche Zeugnisse beziehen sich auf die Baukunst. Dieses Flachrelief aus dem 13. Jh. zeigt in seinem unteren Teil Steinschneider bei der Arbeit. In dieser Szene werden die Blöcke mithilfe eines einfachen Rollenzugs gehoben.

DER PRE-RUP-TEMPEL

Die wichtigsten königlichen Monumente wurden auf Stufenpyramiden errichtet. Pre Rup (961) mit seinen in der Form der Fünf eines Würfels angeordneten fünf *prasat* auf der oberen Terrasse erinnert an den Berg Meru, die Achse der Welt und den Sitz der Götter. Die von den Khmer verwendeten Baustoffe waren meist mit Stuck überzogener Backstein, Laterit und Sandstein, die in harmonischem Kontrast zueinander stehen. Wie die meisten anderen Tempelberge auch, dürfte sich Pre Rup seinerzeit im Zentrum der Hauptstadt befunden haben. Anhand der Standorte der wichtigsten Monumente Angkors lässt sich die aufeinander folgende Verlegung des Stadtzentrums verfolgen, zunächst rund um den Phnom Bakheng, dann rund um Pre Rup, Ta Keo, den Baphuon, vielleicht Angkor Vat und schließlich den Bayon.

Balken des Westtors von Angkor Thom
Auch wenn die Holzmonumente verschwunden sind, so haben doch in manchen Gebäuden einige schmückende oder stützende Elemente die Zeit überdauert.

KAPITEL 5

Die Dynastie der „Sonnenkönige“

Im Jahr 1011, etwa fünf Jahre nach seiner Ankunft in der Hauptstadt Yasodharapura, rief ein neuer König namens Suryavarman I. die Würdenträger zusammen, damit sie ihm Gehorsam schwören konnten. Zahlreiche *tamrvac* des ersten bis vierten Ranges boten dem König unter Beisein des heiligen Feuers ihr Leben und ihre Ergebenheit an. Dieses Ereignis kennzeichnete das Ende eines Bürgerkriegs, in dem sich die Anwärter auf die Nachfolge Jayavarmans V. gegenüberstanden. So wurde erneut eine Herrschaftsform hergestellt, bei der der Königshof das Zentrum des Königreichs bildete, das auf der Staatstreue der großen Familien der Grundbesitzer beruhte. Die Beamten versprachen, die religiösen Stiftungen zu schützen, und flehten den König an, jene hart zu bestrafen, die seine Rivalen unterstützt hatten.

Wer war dieser neue König? Die Frage nach der Abstammung und der Legitimität Suryavarmans brachte zahllose Hypothesen hervor. Einige Wissenschaftler behaupteten sogar, dass er aus dem fernen Malaysia stammte. Unlängst wurde auf 13 lange Inschriften verwiesen, in denen die Geschichte aristokratischer Familien für die beiden vorausgegangenen Jahrhunderte aufgelistet wird. Diese in der Folge schwerer Streitigkeiten um die Thronfolge in Stein gemeißelten Texte, die mitten im Bürgerkrieg verfasst wurden, ent-

PRÄZISE ZEICHNUNG *Lucien Fournereau schuf im 19. Jh. während einer Expedition nach Kambodscha mehrere Zeichnungen von den großen Monumenten Angkors – hier der Querschnitt des Baphuon-Tempels. Zu einer Zeit, als die Fotografie noch nicht die gleich Qualität wie heute bot, hielten diese präzise den Zustand der Tempel fest.*

halten offenkundig einige Lügen. So behaupten beispielsweise zwei Familien, dass einer ihrer jeweiligen Ahnen dem gleichen König im gleichen Amt gedient habe. Die meisten dieser Geschlechter wurden von Gefolgsleuten Jayavarmans II. begründet. Einige waren durch Heirat mit der königlichen Familie verbunden. Die Zeiten waren unsicher, insbesondere für jene, die eine der im Bürgerkrieg unterlegenen Parteien unterstützt hatten. Für

Vision vom Wiederaufbau
Unter den Zeichnungen von Lucien Fournereau findet sich diese Rekonstruktion des Baphuon (drittes Viertel des 11. Jh.). Sie geht dem Wiederaufbau des Monuments, der derzeit erfolgt, um mehr als ein Jahrhundert voraus.

diese Personen war es von Vorteil, sich auf die lange Tradition ihrer aristokratischen Vorfahren und deren loyale Dienste am Hof des Königs zu berufen. Dabei hatten sie keinerlei Skrupel, die Wahrheit etwas zurechtzubiegen.

Eine Inschrift enthält die Ahnenfolge der Familie Saptadevakulas, deren Mitglieder Anspruch darauf erhoben, vom mutmaßlichen Großvater mütterlicherseits Indravarmans I. abzustammen und die das Amt des Aufsehers der Fächerträger innehatten. Sie führten ihre adlige Abstammung sogar in noch frühere Zeiten, in die Regierungszeit Jayavarmans II. zurück. Wenn Suryavarman, was wahrscheinlich ist, von dieser berühmten Persönlichkeit abstammte, so bezog seine Partei daraus eine gewisse Legitimität. Zur Stützung dieser Hypothese betont ein Historiker, dass sowohl der Vorgänger als auch der Nachfolger Suryavarmans Udayadityavarman hieß. Also trugen alle drei Sanskritnamen, die entweder „Sonne" (surya) oder „aufgehende Sonne" (udayaditya) bedeuteten. Zudem stammt die erste der Inschriften Udayadityavarmans aus derselben im Nordosten gelegenen Region wie die ersten Texte Suryavarmans. Obwohl ihre Verwandtschaftsbeziehung niemals klar formuliert wurde, spricht der in ihrem Namen vorhandene Bezug auf die Sonne für eine Einheitlichkeit, die es nahe legt, ihr Herrschergeschlecht als „Dynastie der Sonnenkönige" zu bezeichnen.

Doch die Thronbesteigung Suryavarmans war alles andere als sicher, denn nach dem Tod Jayavarmans V. erschienen zwei weitere Thronanwärter auf der Bildfläche, nämlich Udayadityavarman I. und Jayaviravarman.

Die Mutter Udayadityavarmans I. war die Schwester einer der Ehefrauen Jayavarmans V., eine wacklige Basis, um daraus einen Anspruch auf den Thron abzuleiten. Ein Text schildert, wie Udayadityavarman I. die Rechte eines Tempels auf bestimmte Arbeiter bestätigte, sich aber selbst das Recht vorbehielt, auf diese Arbeiter zurückgreifen zu können. Dieser Text stammt von nordöstlich der Hauptstadt Yasodharapura gelegenen Ruinen, obwohl der neue König vermutlich im Palast Jayavarmans V. residiert haben dürfte.

Danach gibt es keine Bezüge auf diesen Monarchen mehr. Dafür finden sich sowohl in der Hauptstadt als auch im Westen Inschriften, die einen zweiten König, Jayaviravarman, nennen. Es ist nicht bekannt, worauf er seinen Thronanspruch gründete, doch einige Texte belegen, dass es in den von ihm kontrollierten Gebieten im Vergleich zum vorangegangenen Regime zu einer dauerhafteren Verwaltung kam. So findet sich auch eine

Illustration in einer Inschrift, in der Jayaviravarman gebeten wird, den Bewohnern Divapuras zu erlauben, als Handwerker Mitglied der Goldschmiedezunft zu werden. Aber es war bereits ein neuer Gegner auf der Bildfläche erschienen.

In einer Reihe von Inschriften aus der gleichen Epoche, die aus östlich und nordöstlich der Hauptstadt gelegenen Gebieten stammen, wird der Name Suryavarmans als Machthaber genannt, der über königliche Vorrechte verfügte. So ist in einem Text aus Roban Romas aus dem Jahr 1001 zu lesen, dass der Grundbesitz, der von Sri Somesvarapandita aus dem *sruk* Jen Suren einer neuen Stiftung geschenkt wurde, von Suryavarman geschenkte Ländereien umfasste. In Preah Nan schenkte Sri Prithivindrapandita aus dem *sruk* Ay Ramani im Jahr 1002 Suryavarman ein Heiligtum mit Vergütungen in Form von Reis und Dotationen wie getrockneten Kuhfladen, Ländereien, Silber, Senf und Hülsenfrüchten. Offensichtlich festigte Suryavarman damals seine Macht über das Land.

Ab dem Jahr 1006 spricht alles dafür, dass Suryavarman die Herrschaft über die Hauptstadt errungen hatte. Ein gewisser Sri Tapasvisvarapandita erinnert daran, dass er eine Stiftung gegründet und den Verdienst hierfür Suryavarman zugesprochen habe, der ihm dafür seinerseits Geschenke machte. Ab diesem Zeitpunkt wird Jayaviravarman nicht mehr erwähnt.

Der Preis, den Suryavarman für den Sieg und die Gründung seiner eigenen Dynastie zahlte, findet sich in einer Inschrift von Sdok Kak Thom. Sie listet sorgfältig die Ahnenfolge einer adligen Familie aus der Herrschaftszeit Jayavarmans II. auf, beschreibt die Verwüstungen des Bürgerkriegs und spricht von der Notwendigkeit, Stiftungen und Landsitze wieder herzustellen, wieder aufzubauen und erneut auszustatten.

Suryavarman, der Baumeister und Erneuerer

Das beste Mittel, die Größe und Majestät eines Herrschers zu demonstrieren, bestand in der damaligen Epoche darin, Tempel, *baray* und wohl auch Paläste von nie dagewesener Pracht zu erbauen. Noch bevor er sich in Yasodharapura niederließ, nahm Suryavarman 75 Kilometer weiter östlich, in Preah Khan von Kompong Svay, ein gigantisches Bauvorhaben in Angriff. Von der Existenz dieses Zentrums wird erstmals im Jahr 1873 berich-

LEIDENSCHAFTLICHER VERFECHTER DER KHMERKUNST

Louis Delaporte (1842–1925), der Sohn eines angesehenen Anwalts, besuchte die Marineschule in Brest. Seine ersten beruflichen Aufträge führten ihn nach Mexiko, Martinique und Island. Schon früh offenbarte sich hier seine Begeisterung für das Reisen. Im Jahr 1865 brach der junge Leutnant zur See in den Fernen Osten auf. Als er im Jahr 1866 im Verlauf der Mekongexpedition Angkor erblickte, veränderte sich sein Leben. Fortan bemühte er sich, die Khmerkunst in Frankreich bekannt zu machen und seinen Zeitgenossen „eine andere Form des Schönen" näher zu bringen.

Im Jahr 1873 wurde Delaporte mit einer Mission betraut: Er sollte u. a. „Statuen, Flachreliefs, Pfeiler und andere Monumente der Baukunst oder der Bildhauerei [beschaffen], die von archäologischem oder künstlerischem Interesse waren". Von Juli bis Oktober durchquerte die Expedition Kambodscha und brachte von ihrer Fahrt viele bewundernswerte Werke mit, die nach zahlreichen Schwierigkeiten im Schloss von Compiègne und dann im eigens zu diesem Zweck gegründeten Trocadéro-Museum ausgestellt wurden. Im Jahr 1881 reiste Delaporte mit einer weiteren Expedition erneut nach Kambodscha, von der er als kranker Mann heimkehrte. Fortan musste er sich damit begnügen, Sammlungen und Forschungen anzuregen, die von anderen durchgeführt wurden. Im Jahr 1889 wurde er zum unbezahlten Konservator der Khmersammlung des Trocadéro-Palasts ernannt und verbrachte seine Zeit mit der Verwirklichung seines Plans vom „Wachrufen der Baukunst", wobei er Abgüsse und Originale mischte. In den letzten zehn Jahren seines Lebens widmete er sich der Veröffentlichung seines Hauptwerks mit dem Titel: *Les Monuments du Cambodge* (Die Monumente von Kambodscha). Dieses Werk gilt jedoch heute als überholt.

tet. Seine riesigen Ausmaße konnten erst nach einer Reihe von Luftaufnahmen richtig eingeschätzt werden, die im Jahr 1937 gemacht wurden und mit deren Hilfe der Verlauf der Wassergräben und Außenmauern rekonstruiert werden konnte. Die Fotos offenbaren ein Viereck mit einer Seitenlänge von annähernd fünf Kilometern. Die Ostmauer wurde von einem 2,8 Kilometer langen und 750 Meter breiten *baray* durchbrochen. Im Innern finden sich zwei weitere Umfassungsmauern, die ein zentrales Heiligtum einfrieden. Der Bau dieser beeindruckenden Stätte ist unmöglich dem jungen Suryavarman zuzuordnen, der seine Jugendjahre östlich von Angkor verbrachte, denn einige Heiligtümer gehören zu einer späteren Periode. Doch eine Inschrift auf der zweiten Umfassungsmauer – die aufeinander folgenden Umfassungsmauern eines Tempels werden ausgehend vom zentralen Heiligtum nummeriert – geht vermutlich auf seine Regierungszeit zurück. Es sind weiter gehende archäologische Forschungen notwendig, um die Geschichte dieser Stätte genau zu erfassen, aber es besteht kaum ein Zweifel daran, dass ihre Gründung auf die Zeit zurückgeht, als Suryavarman gegen seine Rivalen zu Felde zog.

Auch in Yasodharapura belegt die Errichtung neuer Bauten die Wiederherstellung des Friedens. Im Herzen seiner Hauptstadt ließ der König den Phimeanakas vollenden, einen kleinen Tempelberg innerhalb der Einfriedung des Königspalasts. Dieser Tempel besteht aus einem einzigen Heiligtum, das von einer überdachten Galerie umgeben wird und sich an der Spitze einer dreistufigen Lateritpyramide befindet. Die Rekonstruktion des Kö-

MYTHISCHER BERG
Im Königspalast im Herzen Angkor Thoms spielte dieser kleine Tempelberg, der Phimeanakas, der sich nur schwer datieren lässt, eine wichtige Rolle im religiösen Leben des angkorianischen Kambodscha. Laut Zhou Daguan stieg der König jeden Abend dort hinauf, um sich mit einem weiblichen Schlangengeist zu vereinen, der das Königreich schützte und dessen Wohlstand garantierte.

Naga – die Schlange
Die zu den Khmermonumenten führenden Straßen werden von Balustraden gesäumt, die Naga darstellen (11. Jh.). Sie sind Symbole des Wassers, das die Tempel schützen sollte. Die kambodschanischen Heiligtümer repräsentieren die kosmischen Berge, den Sitz der Gottheiten.

nigspalasts, der aus leicht vergänglichen Materialien wie Holz errichtet worden war, wird erst nach der Freilegung seines Fundaments erfolgen können. Seine Gebäude lagen innerhalb einer Lateritumfriedung, die eine Fläche von 600 mal 250 Metern einfasst, welche von einigen Forschern der Regierungszeit Suryavarmans zugeordnet werden. Heute erstreckt sich östlich dieser Einfriedung ein weiter Platz. Auf der östlichen Seite wurden der Südliche und der Nördliche Khleang errichtet, lange Sandsteingebäude mit unbekannter Funktion.

Suryavarman bekundete seine Macht ebenfalls dadurch, dass er mit dem Bau des westlichen *baray* begann, dem größten künstlichen Wasserbecken Angkors, das noch heute eine beträchtliche Wassermenge birgt. Der südliche Damm bedeckt zum Teil den Tempel Ak Yum, der im Jahr 1001 noch in Betrieb war. Auf einer künstlich angelegten Insel in der Mitte des *baray* erhebt sich ein Tempel, der unter dem Namen westlicher Mebon bekannt ist. Die Erddämme des künstlichen Sees begrenzen eine Fläche von 17,6 Quadratkilometern, was von einer hervorragenden Arbeitsorganisation zeugt.

Doch das Werk des Baumeisters Suryavarman beschränkte sich nicht auf die Hauptstadt und deren Umgebung. In der Provinz konnten, nachdem erneut Friede herrschte, mehrere alte Tempel wieder aufgebaut werden. Vat Ek und Phnom Chisor wurden beträchtlich erweitert, doch kein Tempel, ganz gleich aus welcher Periode, konnte es an Pracht mit dem Preah-Vihear-Tempel aufnehmen. Sein exquisiter Standort auf der Spitze der Dangrek-Kette bietet einen einmaligen Blick in Richtung Süden, denn 550 Meter tiefer erstreckt sich die Nordebene Kambodschas, die zur damaligen Epoche mit den Turmspitzen zahlloser Tempel geschmückt war. Von unten betrachtet müssen die goldenen Turmspitzen des Preah Vihear den Eindruck vermittelt haben, dass dieser Tempel der wahre Sitz der Götter war. Der Zugang zu diesem Adlerhorst erfolgte über eine Reihe von Straßen, die von Markierungszeichen flankiert und in großen Abständen von Gopuras, monumentalen Torbauten, betont wurden, die zahlreiche Inschriften tragen. Die Verzierungen dieser Gopuras und des Hauptheiligtums stehen zu Recht in dem Ruf, bei den szenischen Darstellungen der Hindumythologie eine einzigartige Kraft zu entfalten. In einem antiken indischen Heldengedicht steigt Vishnu in Form seiner Inkarnation Kurma, der Schildkröte, auf den Grund des Milchozeans, um den Berg Mandara zu stützen. Der Berg dient den Dämonen und den Göttern als Basis zur Butterung des Ozeans, um daraus das Elixier der Unsterblichkeit zu beziehen.

Die Inschriften erklären die Funktion dieses heiligen Ortes und zeichnen ein sehr lebendiges Bild der Zeremonien, die hier abgehalten wurden. Eine Reihe von Tex-

ten auf den Mauern des zweiten Gopura lassen durchblicken, dass diese Gründung auf Anregung des Königs hin erfolgte. Sein Name in der Form Suryavarmesvara findet sich auch in anderen Teilen des Königreichs wieder, darunter in Phnom Chisor im Süden. 20 Jahre später liefert ein weiterer Text den Namen dieses Tempels, Sikharesvara und den Sukavarmans, Bewahrer der Staatsarchive, die bis in die sagenhaften Anfänge des Königreichs zurückreichten. Die auf Pflanzenblättern aufgezeichneten Archive wurden in Preah Vihear und an zwei weiteren Orten aufbewahrt.

Die Inschriften sprechen von Wundern, die sich in dem Tempel Preah Vihear ereigneten und belegen, dass Sukavarman gewissenhaft Buch über die Votivgaben führte, die mit diesen Wundern in Zusammenhang standen. Ein Text aus dem Jahr 1038 berichtet ebenfalls davon, dass sich, dank der asketischen Frömmigkeit des Königs, der Gott Bhadresvara in Form des Sikharesvara in Preah Vihear verkörpert hatte. In Yasodharapura informierte der Herrscher höchstpersönlich die lokalen Notabeln von der sichtbaren Manifestation Sikharesvaras und erteilte dem Volk den Befehl, alles zu tun, um diesen Tempel zu bewahren und ihn vor seinen Feinden zu schützen. Offensichtlich schrieb Suryavarman Preah Vihear eine außergewöhnliche religiöse Ausstrahlung zu.

QUIRLUNG DES MILCHOZEANS
Die erzählende Kunst machte im 11. Jh. bedeutende Fortschritte. Die Szene von der Quirlung des Milchozeans am Tempel von Prah Vihear wird hier mit allen in den heiligen Texten enthaltenen Einzelheiten dargestellt.

Das Leben nach dem Bürgerkrieg

Dass es in Preah Vihear Feindseligkeiten gab, wird auch in anderen Inschriften bestätigt, die über das ganze Königreich verstreut gefunden wurden. Während des Bürgerkriegs, in dem sich Jayaviravarman und Suryavarman gegenüberstanden, wurden zahlreiche Tempel aufgegeben und zerstört. Als der Frieden wieder hergestellt war, scheinen diejenigen, die auf der Seite der Sieger standen, die leer stehenden Ländereien gestürmt zu haben. Im Jahr 1012 beispielsweise schenkte Suryavarman einem gewissen Tapasvindrapandita in Prasat Trapan Run Land und erteilte ihm den Befehl, die Stiftung zu verwalten und das Land wieder herzurichten. In diesem Klima ließen zahlreiche Adelsfamilien, die Eigentümer großer Ländereien waren, endlose Inschriften anfertigen, in denen sie ihre jahrhundertelange Loyalität und ihren Militärdienst beim siegreichen König bekundeten. Parakramaviravarman beispielsweise stellt sich in einem Text von Kuk Prin Crum als Urenkel des Padma dar, des Ministers und Schwagers Jayavarmans II., und als Krieger, der auf dem Schlachtfeld niemals eine Niederlage erlitt. Er wurde Oberbefehlshaber Suryavarmans und machte sich an der Spitze seiner Armee, die über unwiderstehliche Stärke verfügte, auf in den Krieg. Er wurde an die Spitze der Südregion gestellt und vernichtete den Feind des Königs, Arjuna. Suryavarman belohnte seinen General, indem er ihm alle von Arjuna beschlagnahmten Ländereien schenkte. Parakramaviravarman gründete daraufhin einen Tempel auf seinem zuletzt erlangten Besitz und sprach den Verdienst dafür dem König zu, was im Gegenzug ihm und all seinen Nachfahren eine Steuerbefreiung einbrachte.

Ein anderer General namens Nrpasimhavarman wird als Held beschrieben, der von Weisheit, Macht, Tugend und Ruhm erfüllt war. Er besaß zehn Dörfer; sein Schwager Virendradhipativarman war ebenfalls ein General Suryavarmans und ein Kriegsheld. Nrpasimhavarman erbat vom König Ländereien an drei verschiedenen Orten, vermutlich im Umland von Nak Ta Cih Ko, einer Stätte, in deren Nähe die Inschrift entdeckt wurde. Entweder waren diese Ländereien verlassen worden oder sie waren noch nie besiedelt gewesen, denn der neue Eigentümer musste zunächst den Wald roden, um ein Dorf gründen zu können, in dem er seine Familie unterbringen und ein Linga errichten konnte. Ein anderer Krieger und treuer Diener der Krone, Lakshmindrapandita, erhielt vom König Gold, Edelsteine und Ländereien, auf denen er das Dorf Lakshmindrapada gründete. Dieser Bericht stammt von einer Inschrift aus den Jahren 1024/25, die in Vat Prah That von Tuk Cha gefunden wurde. Der Text beginnt mit der Erzählung, wie der König, der in mütterlicher Linie von Indravarman I. abstammte, seinem königlichen Feind mit dem Schwert die Krone abschlug. Lakshmindrapandita ließ ein Wasserbecken und einen Damm anlegen,

Sprachen und Schriftsysteme

Seit vorangkorianischer Zeit wird durch die Inschriften bezeugt, dass mehrere Sprachen verwendet wurden. Hierzu zählte zunächst das Sanskrit, das große literarische Bedeutung besaß. Sanskrit, die Kultursprache Indiens, wurde in Kambodscha hauptsächlich im religiösen Bereich eingesetzt. Über Jahrhunderte hinweg blieb sie – ähnlich wie Latein in der westlichen Welt – die Sprache der Priester. Sie wurde für den offiziellen Teil der Inschriften verwendet, für die Lobrede auf den Gründer, für Lobgesänge auf die Götter und eventuell für Verwünschungen gegenüber Ungläubigen, die den Tempel hätten bedrohen können.

Pali, die Sprache des buddhistischen Kanons, entwickelte sich in Kambodscha erst, nachdem die anderen Religionen verschwunden waren, wohl im Lauf des 14. Jh. Das alte Khmer kann als Vorläufer des modernen Khmer betrachtet werden und wurde für den praktischen Teil der Inschriften, etwa die Listen der Dienerschaft, verwendet, da es alle – vom höchsten Würdenträger bis zum einfachsten Bauer – sprachen. Die Sprachen wurden in einem Alphabet geschrieben, das sich von dem in Südindien verwendeten Schriftsystem herleitete. Seit es in Kambodscha übernommen wurde, hat es sich dort gesondert entwickelt.

der nach seinem eigenen Namen Lakshmindratataka getauft wurde, und stellte ein Linga aus Gold auf. Er brachte zahlreiche Opfergaben zu Ehren der Götter dar, etwa Getreide, Gold, Silber, Kupfer, Sklaven, Rinder, Ländereien und Büffel.

Umgekehrt hatten, wie am Beispiel Arjunas zu sehen war, jene, die sich dem Monarchen entgegenstellten, die Konsequenzen zu tragen. Ein anderer Text aus der Region von Yasodharapura spricht von einem Gebiet, das von zwei Männern erworben wurde, die beide Viravarman hießen und die vermutlich miteinander verwandt waren. Sie kauften riesige Grundstücke, die sie mit Reis, Elefanten, Gold und Kultgefäßen bezahlten. Dagegen wurde ein gewisser Hiranya, der als Feind Suryavarmans dargestellt wird, vom König bestraft, sein Land wurde beschlagnahmt und dann dem jüngeren Viravarman übergeben. Der König griff auch in Preah Vihear ein, wo die Ländereien der rebellischen Pas-Khmau-Sippe eingezogen und in den königlichen Besitz eingegliedert wurden.

Die wirtschaftliche und gesellschaftliche Bedeutung des Tempels, der gleichzeitig Wirtschaftszentrum und Instrument der Königsmacht war, wird durch eine Inschrift unterstrichen, die in Phnom Sanke Kon nordwestlich von Angkor entdeckt wurde. Sie betrifft drei Brüder und den Sohn ihrer Schwester. Im Jahr 1007 errichteten sie ein Linga in ih-

Opfergaben

Unabhängig von der Religion ist das Geben eine verdienstvolle Handlung. Sie fällt auf den Geber oder dessen Familie zurück. So wie der Wohlstand der Tempel einst von den Schenkungen des Königs und seines Volkes abhing, wird der Unterhalt der buddhistischen Mönche heute durch die Gläubigen gesichert.

SCHÜTZENDE SCHLANGE
In der angkorianischen Khmerkunst wird Buddha häufig dargestellt, wie er auf dem zusammengerollten Körper einer vielköpfigen Kobra (naga) *sitzt (11. Jh.).*

rem Ahnentempel, der bereits drei Statuen ihres Vaters Samaraviravarman enthielt, die jeweils unterschiedliche göttliche Namen trugen. Neun Jahre später befahl der König, dass ihr Tempel an einen größeren königlichen Tempel angegliedert werden sollte. Sie bekamen die Verpflichtung auferlegt, einen jährlichen Tribut zu leisten.

Unter der Herrschaft Suryavarmans dehnte sich das Königreich über das Mekongtal und die Ufer des Großen Sees aus und erstreckte sich bis ins Muntal nördlich der Gebirgsbarriere der Dangrek-Kette. In Ban Khamoy in der Provinz Ubon beispielsweise ist zu lesen, dass eine buddhistische Stiftung verschiedene Schenkungen an Arbeitern, Tieren, Reis, Stoffen sowie ein Paar Büffel, vier Paar heilige Rinder und ein Becken aus Bronze erhielt. Es dürfte sich um ein bedeutendes Kloster gehandelt haben, denn noch heute sind hier ein großes *baray* und zwei kleine Wasserbecken sowie die Überreste von Bauten aus Sandstein und Laterit zu sehen.

Andere Schenkungen betrafen das buddhistische Heiligtum Phimai (ehemals Vimayapura). Eine Inschrift nennt den Namen Suryavarmans im Zusammenhang mit einem Reisopfer. In der Provinz Battambang südwestlich von Angkor finden sich auch viele Inschriften, die mit Grundstückstransaktionen zusammenhängen. Klöster, die unter dem Bürgerkrieg gelitten hatten, wurden wieder aufgebaut, neues Land urbar gemacht. Noch weiter im Westen spricht eine in Prachinburi in Thailand gefundene Stele von Ländereien, die der König einem gewissen Viravardhana, einem Onkel mütterlicherseits von Narapatindravarman schenkte, damit er dort ein neues Kloster bauen konnte.

Die interessanteste Inschrift dieser Region stammt jedoch vom Sdok Kak Thom. Dieses Heiligtum, dessen zentraler Turm aus Laterit und Sandstein noch heute steht, besaß zwei Bibliotheken und stand in einem 60 mal 40 Meter breiten Hof. Eine hohe Lateritmauer begrenzte einen zweiten Hof, zu dem ein Gopura im Osten Zugang gewährte. Die beiden Höfe wurden durch einen Wassergraben getrennt. Jenseits der Umfriedung erstreckte sich auf 400 mal 500 Metern ein *baray.* Diese Stätte ist hauptsächlich wegen der vor Ort entdeckten Inschrift interessant, denn sie liefert Informationen über den *devaraja*-Kult, der bei der Weihe Jayavarmans II. zwei Jahrhunderte zuvor begründet worden war. Sie verbildlicht zudem, wie es einer Adelsfamilie gelungen war, ihren Reichtum in einem Zeitraum von acht Generationen beträchtlich zu mehren.

Der Text erzählt die Geschichte dieser Familie von der Regierungszeit Jayavarmans II. bis zur Errichtung eines Linga mit Namen Jayendravarmesvara in Badraniketana – so der frühere Name der Stätte – im Jahr 1052. Die Inschrift beschränkt sich nicht auf die Aufzählung der Eigentumstitel, sondern beschreibt die Anstrengungen, die unternommen wurden, um die wirtschaftliche Lebensfähigkeit der unterschiedlichen Besitzungen wieder herzustellen, die alten Statuen der Ahnen und Götter auszubessern, neue zu errichten und der Familie eine bessere Stellung am Hof zu verschaffen.

Der Unterzeichner dieser Inschrift, Sadasiva, war ein hochrangiger Höfling, der glanzvolle Titel erhielt. Der Tempel birgt die Statuen, die dem Wohl seiner Ahnen im Jenseits geweiht waren. Ein großer Teil des Textes betrifft sein Vermögen an Grundstücken sowie deren Titel, Lage und Grenzen. Anschließend spricht er über Opfergaben, den Unterhalt und die Schenkung verschiedener Güter wie Sklaven, Tiere und Ackergeräte. Die Stifter baten den Herrscher um Ländereien, die anschließend in verschiedene *sruk* aufgeteilt wurden. In jedem *sruk* gab es einen Tempel, der in der Regel von Mitgliedern der Familie des Gründers verwaltet wurde. Die Diener und Arbeiter, die für den neuen Tempel benötigt wurden, kamen aus verschiedenen Regionen und wurden gemäß ihrer Herkunft in den unterschiedlichen Bereichen eingesetzt. Sadasiva begnügte sich nicht damit, den König darum zu bitten, ihm Ländereien zu schenken und einige Grundstücke zu verkaufen: Er wollte die Ländereien seiner Familie wieder aufbauen, die beim Tod seines Vorgängers Sivakarya verwüstet worden waren. In Bhadrapattana ließ er ein Bassin, einen Park und einen Damm anlegen. In Bhadradi füllte er die Ställe mit Vieh und ließ einen Damm errichten. In Vamsahrada ließ er einen Wassergraben, einen Damm und ein Wasserbecken bauen, um den Wohlstand zu sichern. Dank der in dieser Inschrift erwähnten Einzelheiten war es in der Folge möglich, die Ruinen dieser verschiedenen Bauten wiederzufinden.

SDOK KAK THOM
Aus architektonischer oder künstlerischer Sicht ist der Sdok-Kak-Thom-Tempel nur von geringem Interesse, doch die hier entdeckte Inschrift hat eine große historische Bedeutung für die Geschichte des Königtums und der offiziellen Khmer-institutionen.

Das Werk Suryavarmans I.

Die Regierungszeit Suryavarmans I., die in den Schrecken des Bürgerkriegs begann, endete in Frieden und Wohlstand. In der Hauptstadt begann der König mit dem Bau des größten *baray*, der jemals von den angkorianischen Königen in Angriff genommen worden war. Zudem baute oder unterstützte er große regionale Tempel wie Preah Vihear. Seine Getreuen, jene, die ihm zu Beginn seiner Regierungszeit Gefolgschaft geschworen hatten, wurden durch Schenkungen von Ländereien belohnt; die durch den Krieg ruinierten Ländereien nahmen ihre Produktion wieder auf. Die Adelsfamilien, deren Ahnentafeln bis in die Anfänge des Königreichs und sogar noch weiter zurückreichten, konnten ihre Ahnentempel wieder aufbauen und verschönern. Suryavarman ging als einer der größten Könige Angkors in die Geschichte ein.

Udayadityavarman II.

Es ist nicht bekannt, ob eine verwandtschaftliche Beziehung zwischen Udayadityavarman und dessen Vorgänger bestand. Während seiner Regierungszeit wurde in Yasodharapura eifrig gebaut. In den Provinzen kam es gleichzeitig zu einer Festigung der Königsmacht wie auch zu vereinzelten Aufständen. Der Tempel Udayadityavarmans, der Baphuon, erhebt sich südlich des Königspalasts in der Nähe des Phimeanakas. Eine Inschrift aus Lonvek im Südosten am Lauf des Tonle Sap berichtet davon, wie dieser Tempel nach dem Vorbild des Berges Meru, des Sitzes der Götter, erbaut wurde. Noch heute beeindruckt das Gebäude den Besucher, obwohl sein Zentralheiligtum nicht mehr existiert und er an mehreren Stellen eingestürzt ist. Der Aufgang zur zweiten Terrasse ist reich mit Flachreliefs von erlesener Feinheit verziert, die verschiedene Szenen aus den hinduistischen Heldenepen darstellen. Vom Zentralheiligtum existieren nur noch schriftliche Beschreibungen. So bestand es laut der Inschrift aus Lonvek aus einem goldenen Turm. Nach dem Bericht des chinesischen Reisenden Zhou Daguan, der im 13. Jh. das Khmerreich besuchte, war der Turm jedoch aus Kupfer.

KRISHNA IM KAMPF
Die um das Jahr 967 in Banteay Srei entstandene erzählende Kunst wurde im Lauf des 11. Jh. am Tempelberg Baphuon weiterentwickelt. Die dargestellten Szenen aus der Mythologie beziehen sich auf die Heldenepen oder das Leben Krishnas, einer Verkörperung des Gottes Vishnu. Sein Onkel hatte Krishna den ihm zustehenden Thron geraubt und Krishna musste gegen verschiedene Dämonen kämpfen, bevor er sein Königreich wiedererlangen konnte (Darstellung aus dem 11. Jh.).

Zhou Daguan erwähnt auch die riesigen *baray*, die die Hauptstadt umgaben. Das westliche *baray* war das größte und wurde wohl unter Udayadityavarman fertig gestellt. Jüngste Grabungen lassen vermuten, dass es in mehreren Etappen gebaut wurde. Im Unterschied zum östlichen *baray* wurde es in den Boden gegraben und sein südlicher Damm ist wesentlich größer als notwendig. Möglicherweise diente das Laterit, das in diesem riesigen Steinbruch gewonnen wurde, als Baumaterial. Laterit, das unmittelbar nach dem Aus-

EIN HERRLICHER TEMPEL: DER BAPHUON

Den im 11. Jh. errichteten Baphuon beschreibt Zhou Daguan im ausgehenden 13. Jh. als einen „bronzenen Turm, der sogar noch höher ist als der goldene Turm (der Bayon) und dessen Anblick wahrhaft beeindruckend ist". Denn die Pyramide dieses Tempels weist eine sehr starke Neigung auf. Wegen der Kühnheit der Erbauer war es jedoch schwierig, das Monument zu erhalten: Der Tempel, der heute restauriert wird, ist nach seiner Freilegung mehrfach eingestürzt.

Der im Herzen Angkor Thoms gelegene Baphuon war Shiva geweiht. Der Gott befand sich hier in Form eines Linga in dem einzigen Turmheiligtum auf der Spitze der fünfstufigen Pyramide. Hervorzuheben an diesem Tempel ist seine reiche erzählende Architekturplastik – die einen echten Sinn für Anekdoten offenbart – in Form von Friesen oder häufiger in Form von kleinen, viereckigen, aneinander gereihten Tafeln. Wie üblich stammen die Themen hauptsächlich aus den Epen *Mahabharata* und *Ramayana,* aber auch aus dem *Krishnayana,* das dem Leben des jungen Krishna gewidmet ist und dessen Heldentaten schildert.

Bei der Umwandlung des Tempels in ein buddhistisches Heiligtum, die spätestens im 16. Jh. erfolgte, wurde ein riesiger liegender Buddha auf der Westseite der Pyramide angebracht.

graben biegsam ist, hat die Eigenschaft, an der Luft hart zu werden. Es wurde sehr häufig verwendet – vielleicht wurde der Sockel des Baphuon mit Laterit aus dem nahe gelegenen Steinbruch erbaut. Auf jeden Fall war das *baray* zu dieser Zeit bereits fertig gestellt, denn der westliche Mebon, der in seinem Zentrum errichtet wurde, weist einen Baustil auf, der typisch für die Regierungszeit Udayadityavarmans II. ist. Die künstliche Insel des westlichen Mebon umfasst einen viereckigen Raum, der von einer Umfassungsmauer aus Sandstein umgeben wird. Im Innern gewährt ein Bassin, über das eine Straße führt, Zugang zum zentralen Gebäude, welches heute vollständig zerstört ist. Dort wurden die Überreste einer riesigen Bronzestatue Vishnus entdeckt, die an die Beschreibung erinnert, die Zhou Daguan von einem Bronzebuddha gibt, der sich im Heiligtum dieser Insel befand und von dem das Wasser in Kaskaden herabfiel. Der chinesische Reisende verwechselte möglicherweise Vishnu und Buddha. Für die Grabungsarbeiten zur Anlage des *baray* und für den Bau des angrenzenden Tempels dürfte ein Heer von Arbeitern erforderlich gewesen sein. Doch der wirkliche Nutzen dieser Wasserfläche ist umstritten.

MAJESTÄTISCH
Der Shivatempel Baphuon, der Mitte des 11. Jh. erbaut wurde und zwischen dem Königspalast und dem Bayon liegt, dürfte nach vollständiger Restaurierung zu den schönsten Monumenten Angkors zählen.

Der Umstand, dass die Errichtung der Bauwerke nur von zahlreichen Arbeitskräften zu bewerkstelligen war, lässt auf eine hohe Bevölkerungsdichte schließen.

Über manche Riten sind nur sehr wenige Informationen übermittelt. Das gilt beispielsweise für die Bestattungsriten. Erste Erkenntnisse darüber gewannen die Wissenschaftler, als an der nordwestlichen Ecke des Srah Srang genannten Bassins zufällig eine Gruppe von drei großen Tongefäßen entdeckt wurde, die die verbrannten Überreste menschlicher Wesen bargen. Sie wurden von kleinen bronzenen Buddhastatuen begleitet. Der französische Archäologe Bernard-Philippe Groslier legte später eine Begräbnisstätte mit einer Fläche von 1600 Quadratmetern frei, wo er auf Bestattungskrüge mit menschlicher Asche und Grabbeigaben wie chinesisches Porzellan, Porzellanstatuen, Bronzespiegel, Eisenwaffen, Bleibarren und Bleistücke stieß. In der Nähe der Urnen fanden sich auch Gefäße, die wahrscheinlich in der Gegend hergestellt wurden: eine 30 Zentimeter große Bronzebrosche, Eisenhaken, Ketten, Äxte und Messer. Einer der Krüge wurde von einem Zinngefäß, Tierzähnen, steinernen Mörsern und

Schleifsteinen begleitet. Ein anderer Topf enthielt sieben Bleibarren. Es wurde entdeckt, dass ein Paar Spiegel aus Bronze genau von Osten nach Westen ausgerichtet worden war. Ein anderer Spiegel hatte noch seinen Elfenbeingriff. Es wurden auch Bronzestatuen Buddhas und Vishnus gefunden, der auf dem Adler Garuda reitet.

DER WESTLICHE *BARAY*
Die Anlage des westlichen baray *im 11. Jh. wurde durch die Fertigstellung des kleinen Tempels des westlichen Mebon auf einer künstlichen Insel gekrönt. Heute steht nur noch die Einfriedung des Monuments.*

Die Regierungszeit Udayadityavarmans war durch Aufstände im ganzen Königreich gekennzeichnet. Ein gewisser Kamvau riss heilige Bilder ab und zerstörte sie. Ein Text aus Prasat Prah Khset berichtet davon, wie ein meuternder General mit seinen Truppen zunächst einen Sieg über die loyale Armee davontrug. Schließlich, so der Text, verwandelte der große General Sangrama die Niederlage in einen Sieg und tötete den Treubrüchigen. Auch im Süden kam es zu schweren Unruhen. Hier schlug Sangrama den Rebellenführer Aravindhahrada. Narapatindravarman, der Neffe einer der Ehefrauen Suryavarmans I., baute das Dorf Vrah Damnap wieder auf, das während der Unruhen aufgegeben worden war. Der König belohnte seine Getreuen mit Gunstbezeugungen. In Phnom Wan im oberen Tal des Flusses Mun wurden einem Soldaten namens Viravarman Grundbesitz und Ehreninsignien geschenkt, darunter ein goldener Tragsessel und ein elfenbeinerner Sonnenschirm mit Pfauenfedern. Er errichtete im Dorf Sukhalaya ein Heiligtum, dem er 200 Sklaven, Ländereien, eine Herde Büffel und andere Tiere vermachte. Er baute 23 Dörfer wieder auf und legte ein großes *baray* an. In Baset dienten zwei Generale, Rajendravarman und dessen Sohn Vyapara, nacheinander Suryavarman I. und Udayadityavarman II. Letzterer schenkte Vyapara Ländereien, als deren Besitzer starb, ohne einen Erben hinterlassen zu haben. So wurde trotz der Aufstände und Unsicherheiten der Epoche Loyalität immer noch mit Ti-

HEILIGE WASSER

Die *baray*, die großen Wasserrückhaltebecken in Angkor, hatten neben einer praktischen Funktion, die heute nur von wenigen Forschern infrage gestellt wird, eine hauptsächlich religiöse. Sie stellten den kosmischen Ozean dar, aus dem am Beginn der Schöpfung alles Leben hervorgegangen ist. Die Wassergräben einiger Tempelberge der Stätte wurden, wie es scheint, vom Wasser der *baray* gespeist und hatten so an deren heiligem Charakter teil. Zudem wurde im Zentrum der *baray* stets ein Tempel errichtet: im *baray* von Roluos der Loleitempel, in den östlichen und westlichen *baray* die beiden Mebon (östlicher und westlicher) und im nördlichen *baray* Neak Pean. Einige dieser Monumente scheinen majestätische schwimmende Sakralkomplexe zu sein, während andere wegen ihrer Bauweise und ihres Symbolismus eine höhere Bedeutung hatten.

Der westliche Mebon beispielsweise barg eine beeindruckende Bronzestatue des Gottes Vishnu, aus dessen Bauchnabel Wasser trat, was ein Zeichen dafür war, dass mit der Bewässerung begonnen werden konnte. Neak Pean wiederum besaß eine ganze Reihe miteinander verbundener Wasserbecken, in denen die Gläubigen Heilung von ihren körperlichen Leiden suchten.

RUHENDER VISHNU
Diese herrliche Bronzestatue, die in den 1930er-Jahren entdeckt wurde, ist die größte heute bekannte Khmerstatue aus Metall. Sie stammt aus dem 11. Jh. und befand sich im Tempel des westlichen Mebon. Wenn der baray *einen ausreichend hohen Wasserstand hatte, floss Wasser aus dem Bauchnabel des Gottes. Dieses Meisterwerk aus dem Nationalmuseum in Phnom Penh dürfte zu seiner Zeit kein Einzelstück gewesen sein, doch leider wurden die meisten angkorianischen Bronzestatuen in späterer Zeit eingeschmolzen, weil ihr Metall benötigt wurde.*

teln, Ehreninsignien und Gunstbezeugungen des Königs belohnt. Es liegt ebenfalls der Beweis dafür vor, dass nach wie vor Grundstückstransaktionen vorgenommen wurden und dass die Großgrundbesitzer weiterhin Anlagen gründeten, sie umgestalteten und ausdehnten. Prasat Ta Kham Thom, das auf den reichen Böden im oberen Tal des Flusses Plang nordwestlich von Angkor liegt, ist ein schönes Beispiel. Im Zentrum einer inneren Umfassungsmauer erhebt sich ein Sandsteinheiligtum, zu dem vier Straßen Zugang gewähren, die über einen breiten Wassergraben führen. Ein Wassergraben mit einer Seitenlänge von 100 Metern umgibt diese zentrale Gruppe. Die Einfriedung wird im Norden und im Süden von zwei Gopura und zwei türlosen Gebäuden unterbrochen. Dieses Gebiet zählte zum Familienbesitz des Verfassers der Inschrift seit der Zeit, als einer seiner Ahnen es von Jayavarman II. als Geschenk erhalten hatte. Der Text listet zunächst die Güter auf, die dieser im Tausch gegen die Parzelle erhielt, nämlich Silber, Kleidung, Reis, zwei Rinder und einen Pflug. Der Verfasser erklärt anschließend, dass er das Land seiner Ahnen verkauft hat, um für die Bedürfnisse seines Sohns und Enkelsohns zu sorgen.

Die Inschriften erhellen auch andere Aspekte des Provinzlebens. Sie beschreiben beispielsweise den Asketen Jñanapriya Aryamatrin, der Shiva verehrte und im Kloster Phum Da lebte, wo sich ein besonderes Linga befand. Der Asket und seine Schüler meditierten in Höhlen. Es ist anzunehmen, dass sie die Annehmlichkeiten, die das Bassin, der Park und der blühende Garten boten, zu schätzen wussten. Weiter südlich, in der so genannten Binsenebene, befreite ein königlicher Erlass die Bevölkerung Jitakshetras und anderer Dörfer von allen Steuern, mit Ausnahme der Steuern, die Honig und Wachs betrafen, Produkte, für die die Region noch heute berühmt ist.

Harshavarman III., der seinem Bruder im Jahr 1066 auf den Thron folgte, hatte ebenfalls mit sozialen Unruhen zu kämpfen. In seiner kurzen Regierungszeit ging die Dynastie der Sonnenkönige nieder.

Wiederentdeckung Angkors

Zeichnungen von Lucien Fournereau
Fournereau fertigte bei einer Expedition 1887/88 viele Zeichnungen von Angkor an. Dieser imaginäre Komplex wird von einem Löwen vom Phnom Bakheng, einem der Eingangspavillons zum Königspalast und einigen Atlanten der Elefantenterrasse gebildet.

Die Kambodschaner hatten Angkor nie vergessen und die Stätte auch niemals völlig aufgegeben. Seit ihrer Gründung haben einige Tempel stets Pilger angezogen. Vielleicht wurde die Stätte als seltsam, sogar als Unheil bringend angesehen, doch die verschwommene Erinnerung an eine glorreiche Vergangenheit, in der sich das Eingreifen der Götter oder Geister offenbarte, blieb an ihr haften.

Als die ersten Europäer Angkor im 16. Jh. besuchten, gerieten sie angesichts der Ruinen in großes Staunen. Sie fragten sich, welchem Volk diese Paläste aus Alabaster und Jaspis, diese mit Marmor gepflasterten Straßen wohl zuzuschreiben waren. Die ersten Berichte liefern die phantastischsten Antworten auf diese Frage.

Im 17. und 18. Jh. setzte sich zunehmend die Vernunft durch, und Angkor Vat wurde als großes religiöses Zentrum aufgefasst, dem die „Heiden" der benachbarten Königreiche zuströmten.

Im Zug der französischen Kolonialisierung Südostasiens machte sich die Wissenschaft mit Angkor und seinen Ruinen vertraut. Einer der Reisenden des 19. Jh. war der Forscher und Naturwissenschaftler Henri Mouhot (1826–61), der die Leser der Zeitschrift *Tour du Monde* in dieses ferne Land entführte. Sein Bericht kann auch als Endpunkt – der letzte romantische Bericht über Angkor – und zugleich als Neubeginn – der erste Versuch einer auf der Vernunft basierenden Sichtweise, die den kommenden wissenschaftlichen Expeditionen den Weg ebnete – betrachtet werden.

Im Jahr 1866 wurde ein ehrgeiziges Forschungsprojekt ins Leben gerufen, in dessen Verlauf die Schiffbarkeit des Mekong bewertet werden sollte. Unter der Leitung von Ernest Doudart de Lagrée unternahm die Mekongexpedition einen Abstecher nach Angkor, bevor sie ihrer eigentlichen Aufgabe, der Erforschung des Mekong, nachging. Zu den Teilnehmern der Expedition zählten Francis Garnier, der 1873 den Reisebericht veröffentlichte, und Louis Delaporte, der sich als Erster darum bemühte „Angkor Eingang in die Museen" zu verschaffen.

Andere Persönlichkeiten wie Étienne Aymonier (1844–1929), ein Feldforscher und Sprachwissenschaftler, trugen zu einer besseren Kenntnis über das alte Kambodscha bei, bevor die wissenschaftliche Forschung einsetzte, die seit mehr als einem Jahrhundert von der École française d'Extrême-Orient betrieben wird.

Die ersten Fotos
John Thomson und Émile Gsell waren 1866 die Ersten, die Fotoaufnahmen von Angkor machten. Gsell war sogar offizieller Fotograf der Mekongexpedition in Angkor. Die Aufnahmen haben große dokumentarische Bedeutung.

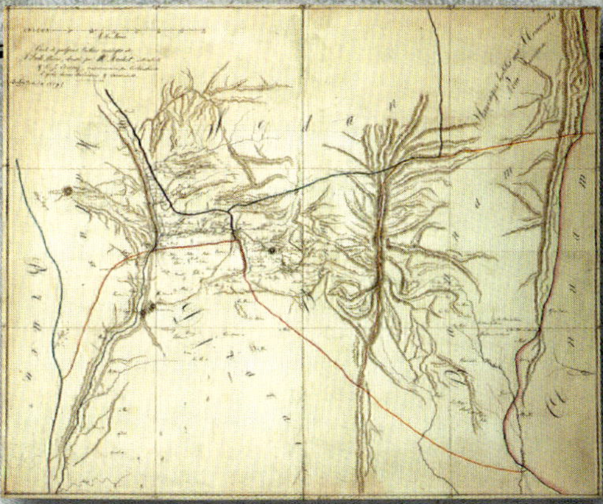

Die Anfänge der Kartographie
Auch wenn sich die von Henri Mouhot erstellten Karten im Detail als ungenau erwiesen, so zeugen sie doch von der Tiefe und dem Ernst der Dokumentationsarbeit, die er leistete. Seine Karte von Angkor ist zudem besser als die der Mekongexpedition.

Ein reisender Naturwissenschaftler
In seiner Jugend bereiste Henri Mouhot Russland und einen Teil Europas. Er lebte in England und erhielt bei seiner Expedition nach Südostasien Unterstützung von der Royal Geographic Society. 1861 starb er in Laos am Fieber.

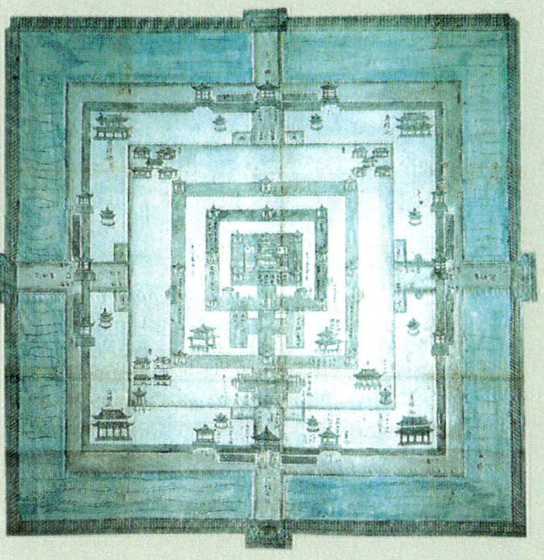

JAPANISCHER GRUNDRISS ANGKOR VATS

Dieser naturgetreue Grundriss Angkors ist der älteste uns zur Verfügung stehende und wurde 1715 auf der Grundlage der Zeichnung eines japanischen Pilgers des 17. Jh. angefertigt. Alle Einzelheiten des berühmtesten Tempels von Angkor werden dargestellt, so z. B. die Wassergräben, die Pyramide mit ihren drei Umfriedungsgalerien und vor allem die kreuzförmigen Galerien der ersten Etage, die in der Khmerarchitektur einzigartig sind. Diese Zeichnung zeigt auch, dass die Stätte in Asien nach ihrer Aufgabe durch den Hof im 15. Jh. lebendig geblieben ist. Nur der Zweck hatte sich geändert, denn der bei seiner Gründung im 12. Jh. Vishnu geweihte Tempel war inzwischen in ein buddhistisches Heiligtum umgewandelt worden und zog vermutlich bereits zahlreiche Besucher an.

Die Mekongexpedition
Bei ihrem Aufenthalt in Angkor 1866 fotografierte Émile Gsell die Expeditionsteilnehmer auf einer Freitreppe von Angkor Vat. Doudart de Lagrée befindet sich links, Francis Garnier rechts und neben ihm Louis Delaporte.

Der Bayon von Louis Delaporte
Die Veröffentlichung des Reiseberichts der Mekongexpedition 1873 wurde von einem Buch begleitet, das Zeichnungen von Louis Delaporte enthielt. Trotz fehlender Genauigkeit hält der Bericht die beeindruckende Atmosphäre der Stätte fest.

KAPITEL 6

Die Dynastie von Mahidharapura

Jayavarman VI., Dharanindravarman I. und Suryavarman II.

Gegen 1080 wurde Jayavarman VI. von Divakarapandita, einem herausragenden Palastbeamten gekrönt. Dieser ehrwürdige Höfling hatte eine bemerkenswerte Karriere hinter sich. In seiner Jugend hatte er im Baphuon an der Weihe des goldenen Linga Udayadityavarmans II. teilgenommen und anschließend den drei nachfolgenden angkorianischen Königen gedient. Divakarapandita hatte vom Herrscher prächtige Geschenke erhalten und leitete mehrere wichtige Bauvorhaben, die Jayavarmans VI. Ruhm begründen sollten. Im Namen Jayavarmans VI. schenkte er allen Tempeln Goldgefäße, männliche und weibliche Arbeiter, Elefanten und Pferde. Er erteilte den Befehl, Wasserreservoire zu graben, den Priestern kostbare Opfergaben zu machen und den Armen und Obdachlosen zu helfen. Er ordnete zudem Opfergaben zu Ehren der Götter und die Errichtung neuer Statuen an. Schließlich kümmerte sich Divakarapandita um alle notwendigen rituellen Opfer, als der König eine Pilgerreise zu Tempeln und anderen heiligen Orten unternahm.

ZUCKERHUT
Der im heutigen Thailand gelegene Phimai-Tempel (um 1106), von dem aus eine Straße unmittelbar nach Angkor führte, zählte zum angkorianischen Tempelnetz. Der Dachaufsatz seines Turmheiligtums ist ein Vorläufer der zuckerhutförmigen Dächer des Tempels Angkor Vat.

Es ist aufschlussreich, dass Jayavarman VI. nicht den Versuch unternahm, seine Ahnentafel mit der der vorherigen Herrscher Angkors zu verbinden. Dieser Nachfolger Harshavarmans III. stammte nicht aus der Ebene Angkors, sondern aus dem oberen Tal des Mun-Flusses, das jenseits der Dangrek-Kette in Thailand liegt, aus einer Region mit weiten Ebenen, die reich an Salz, Laterit und Reisfeldern waren und die seit der Eisenzeit dicht besiedelt war. Der Vater Jayavarmans VI., der königliche Titel trug, war wohl ein Machthaber aus dieser Grenzregion, die erst kurz zuvor an Angkor angegliedert worden war. Seine Familie stammte anscheinend aus Mahidharapura. Nach den vorliegenden Indizien scheint Suryavarman die Autorität des Throns in dieser Region durchgesetzt oder gestärkt zu haben. Mitglieder der lokalen Dynastie von Mahidharapura leisteten der zentralen Herrschaft offenbar Widerstand, zettelten eine Rebellion an und erlangten schließlich die Macht.

Im Jahr 1875 entdeckte Jules Harmand eine wundervolle Stele im Tempel von Ban That, einem Dorf, das in Laos am Ufer des Mekong liegt. Acht Jahre später war die Stele zwar von einem Elefanten beschädigt worden, ihre Inschrift aber immer noch lesbar. Ihr Text wirft ein bemerkenswertes Licht auf eine Adelsfamilie, aus der einer der wichtigsten Anhänger Jayavarmans VI. hervorging. Das Porträt einer großen Dame namens Tilaka, einem Mitglied dieser Familie, belegt, welch hohes Bildungsniveau und großes Ansehen einige Frauen erreichten: „Sie war ebenso fromm wie schön und fraglos von göttlicher Natur." Ihr Sohn Subhadra, der ebenfalls unter dem Namen Murdhashiva bekannt ist, hatte sich sehr früh in die heiligen Texte vertieft und es heißt von ihm, dass er „ebenso leuchtend wie ein frisch entfachtes Feuer ist". Er war ein herausragender Gelehrter seiner Zeit.

Nachdem er mehrfach von Jayavarman VI. geehrt worden war, wurde er zum Inspektor der Güter ernannt, die Tempeln und Klöstern unterstellt waren, und erhielt den Titel *bhupendrapandita*. Er war auch für das Heiligtum Phnom Wan zuständig.

Die drei wichtigsten angkorianischen Zentren der Region waren Phimai, Phnom Rung und Phnom Wan; sie wurden am Standort älterer Ziegelsteinheiligtümer errichtet. Eine Inschrift aus dem Jahr 921, die in Prasat Kravan entdeckt wurde, nennt Schenkungen von Sklaven, die von Sri Mahidharavarman getätigt wurden, dessen Name offenbart, dass er ursprünglich aus dem Norden des Königreichs stammte. Eine jüngere Inschrift aus Phnom Rung legt das Fundament zur Ahnentafel der neuen Dynastie. Sie präsentiert Hiranyavarman und Hiranyalakshmi als die Eltern Jayavarmans VI., Dharanindravarman I. als seinen ältesten Bruder und Nachfolger und erwähnt einen weiteren Prinzen, ohne dessen Namen zu nennen. Die erste Inschrift, die auf Jayavarman zurückgeht, stammt aus dem Jahr 1082, wurde in Phnom Wan entdeckt und zeugt vom Interesse des Königs an diesem von ihm gegründeten Kloster, denn er befiehlt Lakshmindravarman, Bhupendravarman und anderen Beamten, darunter einem General, der die königliche Armee in der Hauptstadt befehligte, sich um dieses Kloster zu kümmern.

Jayavarman VI. starb gegen 1108 und – wie eine spätere Inschrift erzählt, die in Preah Vihear entdeckt wurde – Divakarapandita nahm an der Krönung des ältesten Bruders des verstorbenen Königs, Dharanindravarman I., teil. Divakarapandita hatte erneut die Weihe organisiert und befohlen, dass neue Opfer in den Staatstempeln dargebracht werden sollten. Er ordnete außerdem an, Wasserbecken zu graben und Almosen zu verteilen.

Die Regierungszeit Dharanindravarmans umfasste lediglich sechs Jahre. Dieser König hat kein bekanntes Monument hinterlassen. Doch die Inschriften bezeugen zumindest, dass er der Tradition folgte, den Adelsfamilien königliche Gunstbezeugungen zu erweisen. Außerdem lassen die Inschriften erkennen, dass die Adelsfamilien weiterhin ihre Macht ausdehnten und ihre Stellung stärkten. Die Inschriften stammen von verschiedenen Orten, die über das gesamte Königreich verteilt liegen. Dadurch lässt sich dessen Ausdehnung erahnen, von Phimai im Norden bis Phnom Bayang im Süden sowie bis nach Lop Buri im

ZEHNARMIGER GOTT
Der regelmäßig wiederkehrende Tanz Shivas, Symbol für die Zerstörung und Neuerschaffung der Welten, ist ein wichtiges Thema der hinduistischen Ikonographie. Die Pose des Gottes – hier mit zehn Armen im Giebel des Phnom-Rung-Tempels (12. Jh.) zu sehen – erinnert an bestimmte Haltungen des klassischen Khmertanzes.

Zentrum Thailands, wo sich ein sehr knapper Text auf einer Buddhastatue findet. Die kurze Inschrift am Heiligtum von Phimai erwähnt Shri Virendradhipativarman, der ursprünglich aus dem Land Chok Vakula stammte. Dieser General ist später auf den Flachreliefs Angkor Vats zu sehen. In diesem Text befiehlt der König, im Heiligtum von Bhadresvarasrama in Phnom Bayang am Westufer des Bassac eine Statue aufzustellen, die einer Gottheit geweiht war.

Zwei der interessantesten Inschriften betreffen den Grundbesitz und die Gründungen, die zwei Familien von königlichem Blut unternommen hatten. Die erste stammt aus dem Ort Samrong, knapp fünf Kilometer nordöstlich von Angkor, und datiert um 1093 /1094. Sie ist dem angeheirateten Neffen der Tochter Suryavarmans I. zu verdanken. Der Text listet verschiedene Ländereien auf, die Yogisvarapandita erworben hatte und anschließend Klöstern schenkte. Er musste über einen unerhörten Reichtum verfügt haben, denn die Liste der Ländereien ist lang. Die Ländereien wurden gegen Rinder, Silber-, Bronze- und Zinngeschirr, Goldringe, Stoff, Elefanten, Salz, Reis und Ziegen eingetauscht. Der Spender schenkte dem Tempel ebenfalls Arbeitskräfte und ließ ein *baray* ausheben und Gärten anlegen, die mit sauberem Wasser bewässert wurden. Unter den Einzelheiten, die die Verwaltung betreffen, wird die Bereitstellung von Ländereien und Arbeitskräften erwähnt, die für das Kloster tätig sein sollten.

Ein weiteres Mitglied der königlichen Familie, das vom König zahlreiche Ländereien erhielt, war Nrpendradhipativarman, ein Schwager Jayavarmans VI. und Dharanindravarmans I. und General der Armee. In einer Inschrift, die auf dem kleinen Hügel Phnom Sandak, zirka 75 Kilometer nordöstlich von Angkor, entdeckt wurde, spricht dieser von der Dotation einer Einsiedelei in Nrpendrasrama und einer goldenen Statue des heiligen Stiers Nandi. Auf dem Gipfel dieser Anhöhe erhebt sich ein Heiligtum, das ehemals Shivapura hieß. Ein Gopura gewährt hier Zutritt zu einem im Osten gelegenen Hof. Im Innern erheben sich fünf große sowie drei kleine Türme und zwei Galerien. Die ältesten dortigen Inschriften stammen aus der Regierungszeit Yasovarmans I. und die jüngsten aus der Zeit Suryavarmans II., was die lange Geschichte dieses Klosters verdeutlicht.

VON GARUDAS UND NAGAS

Eine der beliebtesten, von den Verfassern der Inschriften verwendeten Metaphern, aber auch eines der Lieblingsthemen der Khmerkünstler war das Bild von Garuda, der die Naga bezwingt. Mit diesen beiden Fabelwesen verbinden sich zahlreiche Legenden, in denen die Naga, die mehrköpfigen Kobras, stets als die Erzfeinde der Garuda auftreten. Diese sind Mischwesen, halb Mensch, halb Greifvogel. Die Naga, die Wächter der unterirdischen Reichtümer, verkörperten die Wasserwelt. Die Garuda dagegen repräsentierten die königliche Macht, denn ihr berühmtester Vertreter war das Reittier des Gottes Vishnu.

Vor dem Hintergrund, dass die Könige in den Inschriften häufig mit dieser Gottheit verglichen wurden, wird verständlich, warum die bildlichen Darstellungen der Khmer gern das Thema des Garuda aufgriffen, der die Naga bezwingt – ein Ausdruck für die Fähigkeit des Königtums, das Wasser und damit den Wohlstand des Königreichs zu beherrschen und zu verteilen. So ist wohl das Bildmaterial des zentralen Abschnitts der Elefantenterrasse zu interpretieren, die sich unmittelbar östlich des Königspalasts in Angkor Thom befindet und wo das Thema wiederholt in besonders majestätischen Proportionen entfaltet wird.

Im östlich des Flusses Tonle Sap gelegenen Tiefland wurde der Tempel Yay Hom errichtet, wo sich Informationen über eine andere, mit dem Königsgeschlecht verwandte Familie fanden. Das Heiligtum Yay Hom wird von einer zweifachen Mauer umgeben. Im Zentrum erhebt sich ein Tempel aus Sandstein, der mit einem breiten *baray* verbunden ist. Verfasser des Sanskrit-Textes war eine gewisse Hiranyalakshmi, eine Großnichte Jayavarmans VI. Sie stellt sich als asketischen Menschen dar, der den Buddhismus praktiziert, was davon kündet, dass die herrschende Dynastie diese Religion angenommen hatte.

Suryavarman II.

Die Regierungszeit Dharanindravarmans I. endete in gewalttätigen Auseinandersetzungen. Sein Großneffe Suryavarman II. hatte sich in seiner Jugend eines rivalisierenden Thronanwärters entledigt, von dem lediglich bekannt ist, dass er möglicherweise von Harshavarman III. abstammte. Suryavarman II. wandte sich anschließend gegen seinen Großonkel Dharanindravarman. Die Inschrift aus Ban That berichtet davon, dass er der königlichen Armee eine blutige Schlacht lieferte, in deren Verlauf er auf den Elefanten des Königs sprang und diesen tötete, so wie der Adler Garuda mit seinen Fängen auf eine Schlange hinabstößt. Dann schickte sich der neue Monarch an, das Königreich wieder zu einen, das unter der allzu nachgiebigen Herrschaft seines Vorgängers auseinander gebrochen war. Vasallenkönige leisteten ihm Tribut. Er ließ drei steinerne Türme errichten, die die Gipfel des Berges Meru darstellen sollten, mit Umfassungsmauern, einer Reihe von Heiligtümern und großen *baray*, die von blühenden, von himmlischen Wesen bevölkerten Wäldchen umgeben wurden. Dieser Ort war als Abbild von Indras Paradies konzipiert worden.

Im Jahr 1113 salbte der ehrwürdige Divakarapandita König Suryavarman II. Eine Inschrift aus Preah Vihear beschreibt etwa den Eifer des Königs, der sich in das Studium der heiligen Riten stürzte, alle religiösen Feste feierte und Divakarapandita mit Geschenken überhäufte, der die Opferungen zu Ehren der Geister der Ahnen leitete. Unter diesen Geschenken fanden sich Arbeiter, zwei Fächer aus Pfauenfedern mit goldenem Griff, vier weiße Sonnenschirme, Ohrringe, Fingerringe, Armbänder, Brustschmuck, goldene Trinkpokale, Elefanten und heilige Rinder von brauner Farbe. Der erhabene Priester begab sich anschließend auf eine Pilgerfahrt, um an den heiligen Orten Opfergaben darzubringen. Sein erstes Reiseziel war Vat Phu am Ufer des Mekong. Der König hatte ihm einen Text übergeben, den er auf all seine Opfergaben an die Tempel gravieren sollte. Divakarapandita schenkte Wertgegenstände, ließ Wasserbecken graben, denen er seinen Namen gab, stattete Dörfer mit Gütern und Arbeitskräften aus und gründete Einsiedeleien. Das immense Ausmaß seiner Handlungen lässt sich aus der Liste seiner täglichen Opfergaben an diese Stiftung ablesen, die Reis, Öl, heilige Stoffe, Kerzen, Weihrauch, Tänzerinnen, Sänger, Musikanten und Blumenvasen umfasste. Dazu ließ der Priester in Preah Vihear eine goldene Statue des tanzenden Shivas errichten. Die den Tempeln geschenkten Dörfer verfügten über Wasserbecken und die notwendige Ausrüstung zur Ausübung der täglichen Rituale. Divakarapandita bedeckte den Boden der Türme mit einer Bronzeverkleidung, schenkte Standarten, Sonnenschirme und feine Stoffe, mit denen die Türme, Höfe sowie die Straße eingehüllt wurden, die zur Opferstätte führte, an der

HALB MENSCH, HALB VOGEL
Garuda wird in Kambodscha häufig sehr dynamisch dargestellt. Mit ausgebreiteten Schwingen erhebt er sich hier – vielleicht mit Vishnu auf den Schultern – in die Lüfte. Leider ist die reitende Person nur schwer zu erkennen, da nur noch wenige Elemente von ihr erhalten sind.

die rituelle Reisverbrennung abgehalten wurde. Er leistete jährliche Schenkungen an die Priester, an den Befehlshaber der Provinz und das gesamte Hauspersonal. Die Heiligtümer Phnom Sandak und Vat Kok Po erhielten ähnlich großzügige Geschenke.

Historische Parade I
Auf dieser Darstellung in Angkor Vat (erste Hälfte des 12. Jh.) weist eine kurze Inschrift darauf hin, dass hier Suryavarman II. vom Berg Shivapada aus dem Abmarsch seiner Truppen beiwohnt. Das untere Register zeigt eine der Ehefrauen des Herrschers in einem Tragsessel.

Anschließend richtete Divakarapandita seine Aufmerksamkeit auf den Tempel Banteay Srei, den der König ihm geschenkt hatte. Er führte hier den Shiva-Kult wieder ein, für den das Gebäude ursprünglich bestimmt war. Welch großes Heer von Arbeitskräften dem Thron zur Verfügung stand, lässt sich anhand einer Textstelle abschätzen, die davon spricht, dass der Herrscher den königlichen Handwerkern der ersten, zweiten, dritten und vierten Kategorie, sowie der Bevölkerung des Sadya-Bezirks befahl, für Divakarapandita und dessen Nachfahren einen Turm, ein *baray* und eine Umfassungsmauer zu bauen.

Die nördlich der Dangrek-Kette gelegene Tempelanlage Phnom Rung ist eines der schönsten in der Provinz errichteten religiösen Monumente aus der Zeit Angkors. Die lange Prozessionsstraße und die eleganten Proportionen des zentralen Heiligtums kommen durch ihre Lage auf dem Gipfel eines Hügels perfekt zur Geltung. Richtet man seinen Blick vom Heiligtum aus nach Süden, so sind der benachbarte Tempel Muang Tam und dessen *baray* sowie die in der Ferne liegenden Kämme der Dangrek-Kette auszumachen. An diesem Ort wurde eine Inschrift entdeckt, die die Ahnenfolge Suryavarmans enthält, die auf einen König namens Hiranyavarman, den Vater Jayavarmans VI. und Dharanindravarmans I., zurückgeht. König Kshitindraditya, der Enkel Hiranyavarmans, war der Vater Suryavarmans. Narendraditya, ein Vetter des Königs, wurde mit dem Monument Phnom Rung betraut. Sein Sohn Hiranya errichtete ihm vor Ort eine goldene Statue.

Suryavarman zählt zu den großen Königen der Zivilisation von Angkor und sein Auftreten zeigt, welche Bedeutung den Riten und dem Bestreben, sich mit Bauten und Schenkungen verdient zu machen, zukam. Sein Staatstempel Angkor Vat wird häufig als das größte und schönste religiöse Monument bezeichnet, das jemals erbaut wurde. Es war sein Meisterwerk, wenngleich noch zahlreiche andere wundervolle Bauten aus seiner Regierungszeit stammen. Er nahm zwar die diplomatischen Beziehungen zu China wieder auf, unternahm jedoch auch eine Reihe wenig ruhmreicher Feldzüge gegen die traditionellen Feinde des Königreichs östlich des Gebirgszugs Truong Son, die Cham. In den Flachreliefs zeigt sich erstmals das Bild eines angkorianischen Königs und seines Hofes.

Angkor Vat kennzeichnet unbestreitbar den Höhepunkt der Zivilisation von Angkor, doch der ursprüngliche Name dieser Anlage ist unbekannt, da keine Inschrift direkten Bezug auf sie nimmt. Auch ihre Funktion und symbolische Bedeutung sind umstritten. Die ersten portugiesischen Reisenden erwähnten eine umfangreiche Inschrift, bei der es sich vermutlich um die Gründungsstele handelte, die jedoch heute verschwunden ist. Bekannt ist immerhin, dass dieser Tempel Vishnu geweiht war (er öffnet sich übrigens auch nach Westen, der Himmelsrichtung dieses Gottes). Im Eingangspavillon findet sich noch immer eine vier Meter hohe Vishnu-Statue. Noch heute ist diese Statue Gegenstand eines Kultes. Angkor Vat ist gegenwärtig nur noch ein Schatten dessen, was es einmal war. Auf dem zentralen Turm sind allerdings nach wie vor Spuren einer Goldverzierung zu sehen. Ein japanischer Besucher beschrieb hier zu Beginn des 17. Jh. noch die Goldverzierungen. Angkor Vat ist ein Monument des goldenen Zeitalters der Zivilisation von Angkor. Zu seiner Glanzzeit vermittelte es den Eindruck, als sei es vollständig aus Edelmetall errichtet.

Bemerkenswert ist die Größe des Wassergrabens, der die Anlage umgibt. Er ist 200 Meter breit und wird von Wänden aus Laterit und Sandstein gestützt, und zwar auf einer Länge von einem Dutzend Kilometer. Jeder der individuell geschnittenen Sandsteinblöcke fügt sich perfekt in das Mauerwerk ein. Der Innenrand des Wassergrabens bildet eine ebene Fläche, jenseits derer sich eine 4,5 Meter hohe Umfassungsmauer erhebt. Sie wird von vier Eingängen durchbrochen, deren beeindruckendster der Westeingang ist. Eine erhöhte, von Balustraden flankierte Straße verbindet die Brücke, die den Wassergraben überspannt, über diesen Eingang mit dem Tempel. Die Straße führt zu einer kreuzförmigen Plattform und anschließend zu drei Galerien und von dort aus zum zentralen Turm, dem Herzstück der Anlage.

VISHNU, DER HINDUGOTT
Angesichts der Ästhetik dieser kleinen Bronze des 12. Jh. (Phnom Penh, Nationalmuseum) ist es überaus bedauernswert, dass die meisten der unzähligen, im Verlauf der Jahrhunderte von Khmerkünstlern geschaffenen Werke aus Metall heute nicht mehr existieren.

Die Flachreliefs, die die Mauern der äußeren Galerie zieren, zeigen erstmals in der Geschichte Kambodschas den König und seinen Hof. Selbst acht Jahrhunderte nach ihrer Entstehung gelten diese Flachreliefs als außerordentliche Meisterwerke und dürften zu ihrer Glanzzeit, als alle oder fast alle der dargestellten Personen mit Blattgold verziert waren, eine noch eindrucksvollere Wirkung erzielt haben. Für Historiker, die die Gesellschaft der damaligen Zeit erforschen, ist etwa die Darstellung einer königlichen Audienz von unschätzbarem Wert. Suryavarman sitzt überlebensgroß auf einem Holzthron. Er trägt eine erlesene Krone und einen edlen Brustschmuck, schwere Ohrgehänge, Reifen an Armen, Handgelenken und Knöcheln. Während er seine Minister empfängt, wird er von einem Wald aus 14 Sonnenschirmen, fünf großen Fächern und vier Fliegenwedeln umgeben. Inschriften weisen die Namen der Personen aus. Ein Minister überreicht ihm eine Rolle. Vardhana und Dhananjaya haben zum Zeichen ihrer Loyalität und Ehrerbietung eine Hand auf ihr Herz gelegt. Die vierte Person ist ein Aufseher.

Das folgende Flachrelief stellt eine Prozession dar, die eine Bergflanke herabschreitet. Der Herrscher, der auf dem Rücken eines Elefanten reitet, wird vom königlichen Priester begleitet. Die großen Generäle dieser Militärparade reiten ebenfalls auf Elefanten. Virendradhipativarman, der im Jahr 1108 die Statue des Trailokyavijaya im Phimai-Heiligtum aufstellen ließ, ist hier auszumachen und wird von neun Sonnenschirmen umgeben. Vor ihm befindet sich Jayayuddhavarman mit acht Sonnenschirmen. Seine Soldaten tragen charakteristische Helme, die einen Hirschkopf darstellen. Rajasinghavarman ist mit 13 Sonnenschirmen und zwei Bannern ausgestattet, doch der Ehrenplatz kommt dem *vrah pada kamraten an Paramavishnuloka* („dem Heiligen Fuß des Herrn, der in die himmlische Welt Vishnus eingetreten ist"), also dem König zu. Er wird von 15 Sonnenschirmen, fünf Fächern, sechs Fliegenwedeln und vier Standarten umgeben und vor seinem Elefanten entfaltet sich eine Standarte, die Vishnu zeigt, der auf Garuda reitet. Der Elefant des Königs trägt eine prächtige, mit Edelsteinen gefasste Haube. Der König wird durch das heilige Feuer angekündigt, das hoch vor ihm getragen wird, und von einem Orchester aus Trompeten, Muschelhörnern, Trommeln und einem Gong. Die Frauen des Hofes sind zu sehen, Prinzessinnen, die bei der Durchquerung eines Waldes in zauberhaften Sänften getragen werden. Eine richtet ihre Frisur, die andere ihre Schminke. Es sind ebenfalls Fußsoldaten in dichten Reihen zu erkennen, die Reiterei, die kompakten Reihen der Khmertruppen und die etwas lockereren Reihen der Soldaten mit langen Haaren.

HISTORISCHE PARADE II
An der Spitze des vor Suryavarman II. vorbeiziehenden Zuges befinden sich die Brahmanen, die an ihrem Asketenknoten und dem einfachen Schurz zu erkennen sind.

Zahlreiche angkorianische Inschriften enden damit, dass sie all jenen Strafen androhen, die dem Kloster Schaden zufügen, und den treuen Anhängern des Königs Belohnungen versprechen. In Angkor Vat wird das dunkle Schicksal der ersten und die himm-

BEKANNTES EPOS: DAS *RAMAYANA*

Die indische Überlieferung schreibt die Abfassung des *Ramayana* dem Weisen Valmiki zu. Das zwischen dem 2. Jh. v. Chr. und dem 2. Jh. n. Chr. zusammengestellte Werk ist in Indien und Südostasien, wo es weit verbreitet war, in mehreren Fassungen bekannt. Die Hauptfigur dieses Heldengedichts ist Rama, eine Verkörperung des Gottes Vishnu, der hier als menschlicher Fürst auftritt – ein Held, dem es bestimmt ist, ruhmreich in Glückseligkeit zu herrschen. Infolge einer traurigen Fügung durchlebt Rama, ein edler Mensch und König, ein tadelloser Sohn, Bruder und Ehemann, die schlimmsten Qualen, bevor seine Leiden Linderung erfahren.

Durch eine Intrige aus dem Königreich seines Vaters verbannt, findet der Held mit seinem Bruder Lakshmana und seiner Gattin Sita Zuflucht im Wald Dandaka, wo Dämonen hausen. Hier lockt Ravana, der Fürst der Dämonen, die beiden Brüder mit einer List fort und entführt die schöne Sita. Mit der Hilfe des Affenvolks, das von seinem König Sugriva und dem großen weißen Affen Hanuman angeführt wird, macht sich Rama auf die Suche nach Sita, die er nach einer schrecklichen Schlacht zwischen den Affen und den Dämonen wiederfindet. Rama selbst tötet Ravana. Danach herrscht er noch eine Zeitlang in seinem Königreich, bevor er in den Himmel zurückkehrt und wieder die Form von Vishnu annimmt.

Das äußerst populäre *Ramayana* eignet sich wesentlich besser zur bildlichen Darstellung als das andere große Epos, das *Mahabharata,* und die Khmerbildhauer haben ausgiebig Gebrauch davon gemacht. Wie man an den kleinen, erzählenden Tafeln des Baphuon (11. Jh.) oder an den beeindruckenden Wandmalereien des 20. Jh. in der Silbernen Pagode in Phnom Penh sehen kann, hat das Thema nie an Beliebtheit verloren.

lische Heimstatt der zweiten durch sehr unmissverständliche Bilder veranschaulicht. Kleine Inschriften auf den Mauern beschreiben die Strafen, mit denen die verschiedenen Verbrechen bestraft wurden. Das Schicksal jedes Einzelnen wird vom Todesgott Yama festgelegt, der sein Urteil auf einem Wasserbüffel sitzend verkündet. Neben anderen Verbrechen werden der Diebstahl von Ländereien, Häusern, Vieh, Reis, alkoholischen Getränken, Schuhen und Sonnenschirmen genannt. Auch Brandstiftern drohten grausame Strafen. Denn die Bestrafungen beschränkten sich nicht auf einfache Zurechtweisungen. Die Schuldigen wurden vielmehr unter schweren Rollen zerquetscht oder man hängte sie mit dem Kopf nach unten an einen Baum, um sie zu prügeln. Dagegen wurden jene, die ein untadeliges Leben auf Erden führten, mit einem Leben in den Himmelspalästen belohnt.

Andere Wände der Galerie werden von Szenen hinduistischer Heldenepen bedeckt. Die spektakulärste ist zweifellos die Darstellung der Butterung des Milchozeans, um das Elixier der Unsterblichkeit herzustellen. Der Kampf um Lanka und die Schlacht von Kurukshetra offenbaren ihrerseits die Militärtechniken der Epoche, die scheinbar hauptsächlich auf blutigen Kämpfen Mann gegen Mann beruhten.

Der Umlauf der Flachreliefs endet dort, wo er begonnen hat, und man gelangt anschließend, vorbei an einem umfangreichen Gebäude mit Säulen, das vier Wasserbecken und Götterstatuen barg, zum zentralen Turm. Einige wenige Stufen führen zu einer zweiten Galerie und zum Herzstück des Monuments, wo sich der zentrale Turm wie ein Lotos erhebt. Hier legte der französische Archäologe Georges Trouvé im Jahr 1935 einen 27 Meter tiefen Schacht frei, der früher mit Wasser gefüllt war und auf dessen Grund der heilige Schatz lag – zwei weiße Saphire und zwei Blätter aus Gold.

HIMMEL ODER HÖLLE
Yama, der Richter der Toten, bestimmt über den Zustand, in dem die Seelen der Verstorbenen wiedergeboren werden. Das Furcht erregende Aussehen des Gottes, der auf seinem Reittier, einem Büffel sitzt, wird durch seine 18 Arme noch unterstrichen, von denen jeder einen Stab der Gerechtigkeit hält (Angkor Vat, erste Hälfte des 12. Jh.).

Zur Errichtung dieses Monuments wurde vermutlich eine gigantische Anzahl an Arbeitskräften benötigt. Schon das Volumen der Steine war außergewöhnlich. Zudem trägt fast jede Oberfläche sehr hochwertige, dekorative Skulpturen. Die Darstellung der Himmelstänzerinnen beispielsweise versetzt den Betrachter in Erstaunen.

Welche Funktion und welche symbolische Bedeutung hatte dieses Monument? Die meisten Experten stimmen darin überein, dass die fünf zentralen Türme die Gipfel des Berges Meru darstellen, des Sitzes der Götter, während das Wasserbecken ein Symbol für den Ozean ist, der ihn umgibt. Eleanor Mannikka machte sich auf die Suche nach einer tiefer gehenden Symbolik, die möglicherweise mit den Ausmaßen des Monuments und dem jährlichen Lauf von Sonne und Mond in Verbindung stehen, doch ihr Vorstoß traf auf allgemeine Skepsis. Zudem wird die eigentliche Bestimmung Angkor Vats diskutiert. Sollte die Außenmauer wirklich die Wohnviertel und den Palast des Königs beschützen? War Angkor Vat für den Vishnu-Kult bestimmt oder sollte es als Tempel und Mausoleum Suryavarmans dienen? Es findet sich kein spezieller Hinweis auf den Tod des Herrschers, doch vermutlich wurde Angkor Vat erst nach seinem Tod vollendet. Dafür spricht die Tatsache, dass er in den Abbildungen, die ihn am Hof oder auf Reisen zeigen, mit seinem posthumen Namen Paramavishnuloka, „jener, der in die himmlische Welt Vishnus eingetreten ist", bezeichnet wird.

GEHEIMNISVOLLE SCHÖNHEIT
Die Umstände, die zur Gründung des etwas abseits der Stadt Angkor gelegenen buddhistischen Tempels Banteay Samre (12. Jh.) führten, sind unbekannt. Die Schönheit der Skulpturen und die bauliche Qualität deuten jedoch darauf hin, dass es sich um einen wichtigen Tempel gehandelt haben muss.

Ein anderer Experte äußerte die Vermutung, dass Angkor Vat ein Monument mit Bestattungscharakter war, und dass nach dem Tod des Königs dessen Leichnam in den zentralen Turm Angkors gebracht wurde. Hier wurde ein Gegenstand entdeckt, der ein steinerner, 1,4 Meter langer, 80 Zentimeter breiter und 72 Zentimter hoher Sarkophag zu sein scheint. Ein anderes, ganz ähnliches, mit einem Deckel ausgestattetes Objekt wurde auch

NYMPHEN UND HOFDAMEN

Der Begriff *apsara*, „die über das Wasser gleiten", bezeichnet in der Hindumythologie eine Gruppe untergeordneter weiblicher Gottheiten. Es sind Nymphen, die bei der Butterung des Milchozeans geboren wurden. In Angkor Vat sind sie im oberen Teil des berühmten Flachreliefs, das die Butterung des Milchozeans zeigt, als Scharen der Lüfte zu sehen.

Aufgrund ihrer Schönheit, aber auch ihrer gewollt verführerischen Erscheinung wurden die unzähligen, reich gekleideten und mit Schmuck behangenen weiblichen Göttinnen Angkor Vats als *apsara* eingestuft. Es ist jedoch fraglich, ob dies auch auf alle zutrifft. Sie sind wohl eher als anonyme *devata* zu betrachten, als lebendige Porträts der Hofdamen des 12. Jh., worauf die ausgesprochen individuellen Züge einiger Gesichter schließen lassen. Warum all diese Hofdamen im Tempel dargestellt wurden, ist nicht bekannt. Unterschiede, die sich in Bezug auf Kleidung, Schmuck und Gesichtsausdruck feststellen lassen, scheinen nicht zufällig zu sein. Auch dass eine Hierarchie unter den Frauenfiguren festzustellen ist, stimmt nachdenklich. Doch ob es sich bei diesen Göttinnen nun um *apsara* handelt oder nicht, fest steht jedenfalls, dass sie das grazilste und bewegendste Zeichen für das feine Gespür der Khmerkünstler sind.

in Banteay Samre entdeckt. In keiner angkorianischen Fundstätte befanden sich diese Gegenstände in ihrer ursprünglichen Position, noch war ihr Inhalt unversehrt, doch ihr Standort sowie das Vorhandensein eines Lochs an der Basis scheint auf eine Bestattungsfunktion hinzudeuten. Durch die Öffnung konnte die Flüssigkeit, die sich bei der Verwesung des Leichnams bildete, abfließen. Die Sitte, den Leichnam vor der Feuerbestattung in einen solchen Sarkophag zu legen, ist nach wie vor Teil der königlichen Bestattungsriten Südostasiens.

Der dem verstorbenen Herrscher gewidmete Kult setzte ein, sobald seine Seele in eine steinerne Statue zurückgekehrt war, wodurch der Kontakt zu den Ahnen der Dynastie aufrecht erhalten werden konnte. Im Rahmen dieser Bestattungstradition muss Angkor Vat als ein Ort angesehen werden, wo der unsterbliche Herrscher, der in einem Paradies mit Vishnu verschmolzen ist, geschützt wird.

Doch auch außerhalb der Hauptstadt wurde rege gebaut, beispielsweise in Beng Mealea, einer umfangreichen, 40 Kilometer östlich der Hauptstadt gelegenen Anlage. Dieses geheimnisvolle Heiligtum besitzt weder bedeutende Inschriften noch Flachreliefs, doch die Art, in der es die Szenen der hinduistischen Heldengeschichten behandelt, sind typisch für die Angkor-Vat-Zeit. Es besteht aus einem breiten *baray,* in dessen Zentrum sich ein Tempel befindet, sowie einem Kanal, der die Stätte mit dem Großen See verbindet. Wissenschaftler vermuten, dass dieser Wasserweg möglicherweise dazu diente, Sandstein aus den lokalen Steinbrüchen bis nach Angkor zu transportieren. Das zehn Kilometer nordöstlich von Angkor Vat gelegene bedeutende Heiligtum Banteay Samre besitzt zwei Umfassungsmauern und ein großes Wasserbecken im Osten. Vermutlich wurden einige Teile des Preah Khan von Kompong Svay, des Preah Vihear und des Vat Phu ebenfalls während dieser Regierungszeit erbaut.

Angkor Vat hat die Aufmerksamkeit der Forscher in Beschlag genommen, doch auch in den Provinzen entstanden zahlreiche Anlagen. Der König belohnte seine treuen Diener nach wie vor mit Ländereien. Vagindrapandita erhielt auf diese Weise Ländereien im Umland von Vat Sla Ku, entlang des Tonle Sap. Der unbewohnte und von Unkraut überwucherte Ort wurde in Kulturland umgewandelt. Der neue Eigentümer machte sein Land urbar und schuf eine Einsiedelei für Asketen. Es wurden Häuser gebaut, ein Bassin angelegt und die Grenzen der Reisfelder markiert.

DIE KRÖNUNG
Die klassischen Linien des Tempels Angkor Vat (12. Jh.) machen dieses großartige Gebäude zu einem perfekten Werk der Khmerarchitektur. Das Monument ist eine idealisierte Darstellung der himmlischen Heimstatt des Gottes Vishnu, dem es geweiht war.

Trapan Don On befindet sich nordwestlich von Angkor; seine lange Inschrift berichtet von der wunderbaren Laufbahn Namashivayas, eines Notabeln des Palasts, der seine Macht und seinen Reichtum, wie Divakarapandita, im Verlauf einer unendlich langen Karriere unter vier aufeinander folgenden Königen mehren konnte. Er trat im Alter von 18 Jahren in den Dienst Udayadityavarmans II. ein und zwar als Aufseher über die Herden und war für das heilige Vieh verantwortlich. Anschließend diente er unter Harshavarman III. und Jayavarman VI., der ihn zum Chef der Aufseher der königlichen Herden machte. Dieses Amt hatte er auch unter Dharanindravarman I. und unter Suryavarman II. inne. Als Belohnung erhielt er Ländereien und kam zu großem Reichtum. Er erwarb weitere Ländereien, ließ ein Wasserreservoir, einen Wassergraben, Brücken, Einfriedungen und Mauern errichten und sprach schließlich die Verdienste für dieses fromme Werk seinem König zu. Aber der Text spricht nicht nur von den Taten Namasivayas, sondern liefert darüber hinaus wertvolle Informationen darüber, wie Land vergeben und bearbeitet wurde. Er unterscheidet vier Kategorien von Ländereien, solche, die dem Unterhalt des Tempels, dem der Priester des Tempels und dem Chef der Beamten dienten. An letzter Stelle werden die kommunalen Ländereien genannt, die für die Landarbeiter bestimmt waren. Eine erste Gruppe Arbeiter bestellte die Felder des Tempels während der hellen Monatshälfte und eine zweite während der dunklen Monatshälfte, wenn der Mond abnahm. Wenn sie ihren Frondienst für den Tempel geleistet hatten, durften diese Bauern auf den Feldern arbeiten, die den eigenen Lebensunterhalt sicherten.

GEWALTIGE WASSER
Der Tempel ist von etwa 200 m breiten Wassergräben eingefasst. Auf seiner nach Westen gerichteten Hauptseite findet sich ein großer Portikus, der aus zwei Galerien besteht, die durch ein zentrales, mit drei Türmen versehenes Gebäude miteinander verbunden sind. Im Hintergrund erhebt sich im Zentrum der großen äußeren Einfriedung die dreistufige Pyramide.

In den chinesischen dynastischen Annalen ist zu lesen, dass Suryavarman Botschafter nach China sandte und die Feindseligkeiten mit seinen Nachbarn, den Cham, fortsetzte. Diese Auseinandersetzungen hatten schwerwiegende Folgen. Der Zeitabschnitt vom Tod Suryavarmans II. im Jahr 1150 bis zur Thronbesteigung Jayavarmans VII. im Jahr 1181 wurde offensichtlich von inneren Kämpfen überschattet, die dazu führten, dass den Khmer von den Cham eine schmähliche Niederlage beigebracht wurde.

Spätere Inschriften berichten davon, wie Dharanindravarman II. seinem Vetter Suryavarman auf den Thron folgte. Die Regierungszeit des neuen Königs dauerte kaum zehn Jahre, dann folgte ihm einer seiner Verwandten namens Yasovarman II. auf den Thron. In einem Kampf um die Macht sah sich der Herrscher einem Usurpator ohne königliche Ahnen namens Tribhuvanadityavarman – „der von der Sonne der drei Welten Geschützte" – gegenüber. Dieser Emporkömmling ermordete Yasovarman II. und musste sich dann im Jahr 1177 einem Angriff des Chamkönigs Jaya Indravarman stellen. Gemäß den vorhandenen Quellen erfolgte die Invasion über den Mekong, den Tonle Sap und schließlich über den Tonle-Sap-See. Angkor wurde geplündert und König Tribhuvanadityavarman getötet. Laut der großen Inschrift des Phimeanakas befand sich der künftige Jayavarman VII. in Champa, als er die Neuigkeit erfuhr. Er kehrte daraufhin sofort nach Kambodscha zurück, spielte nicht länger eine Nebenrolle, sondern trat ins Rampenlicht der Geschichte, schlug die Cham auf dem Großen See und in Angkor mehrfach und ließ sich anschließend im Jahr 1181 krönen.

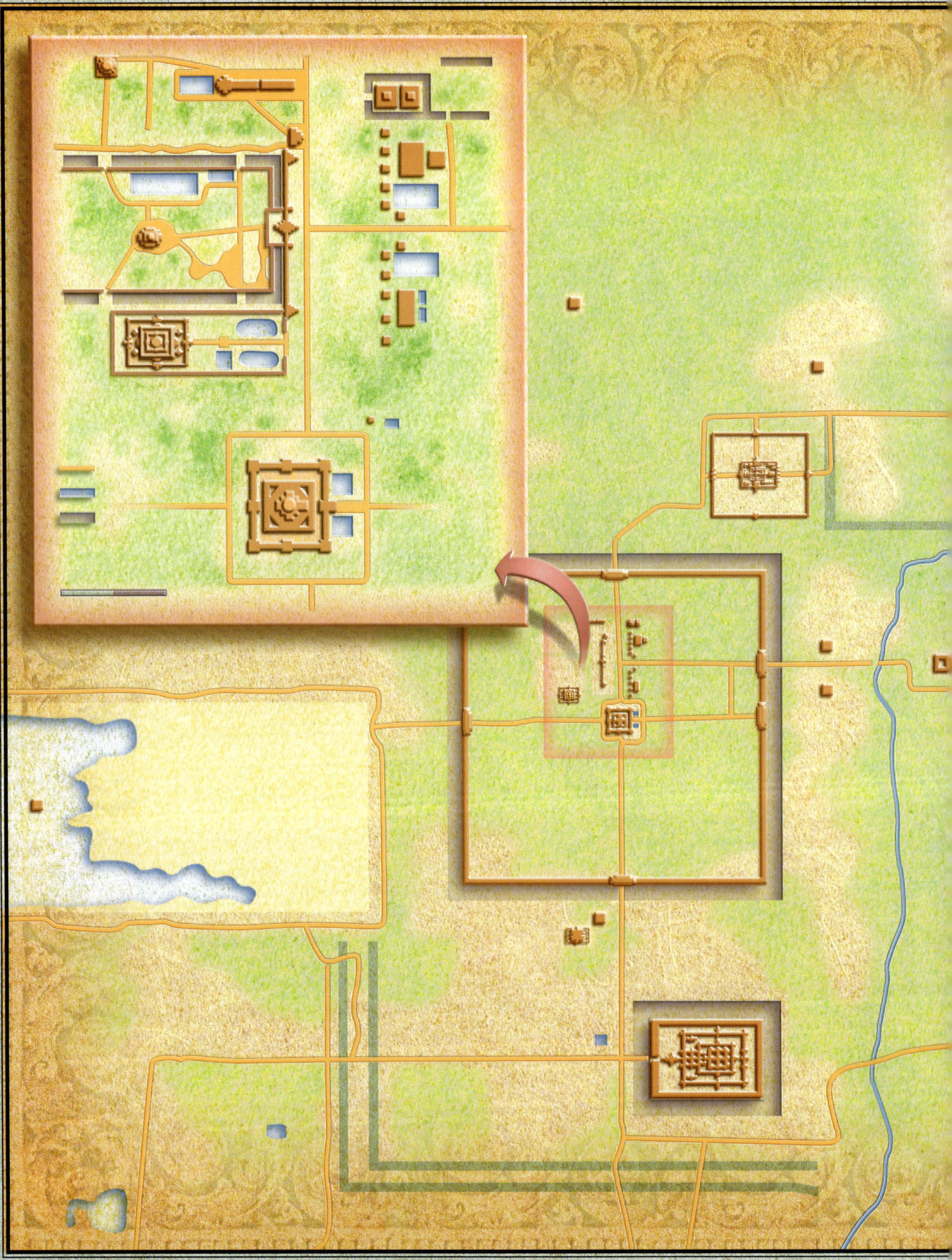

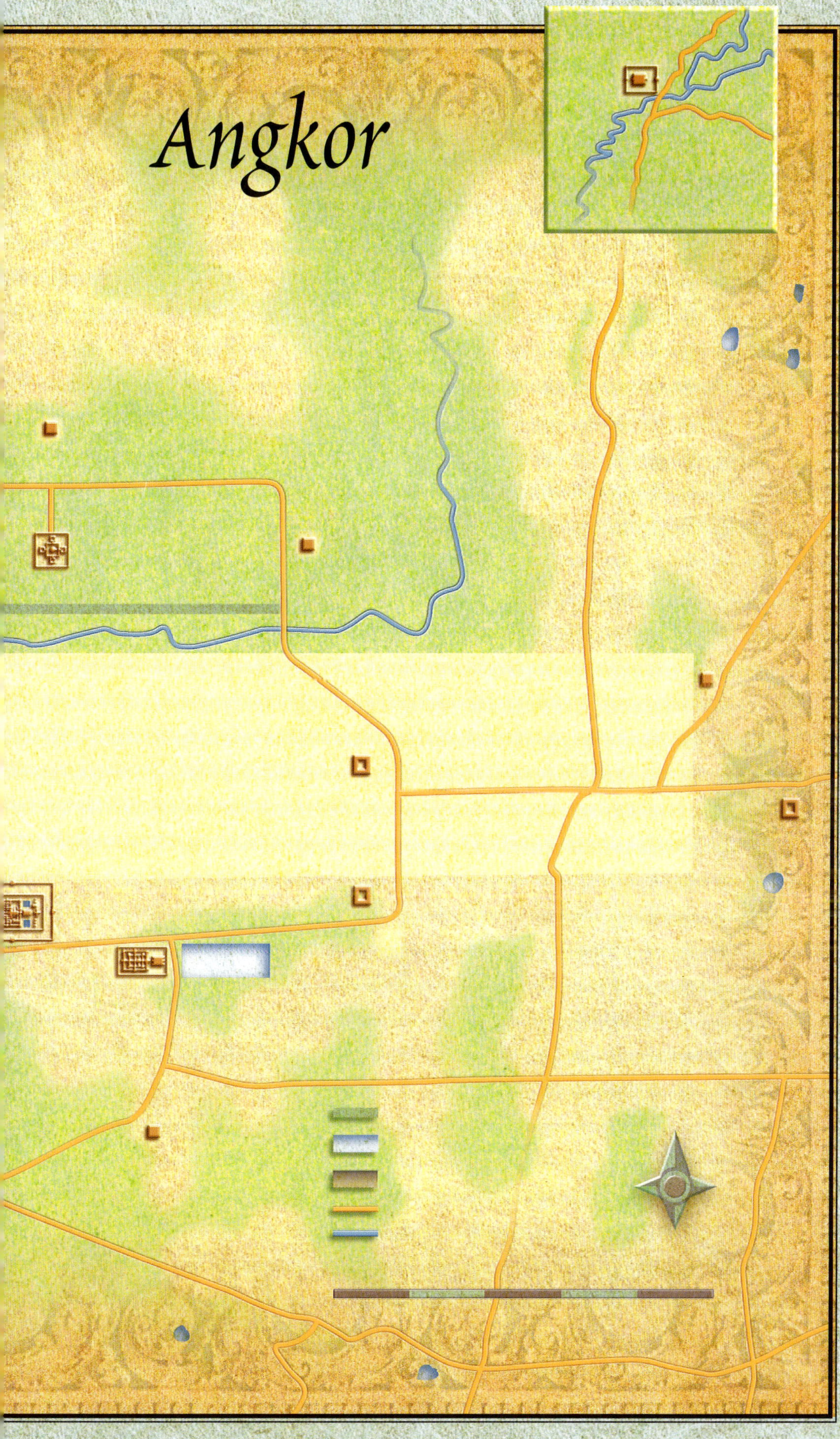

In der Region von Angkor, die seit vorgeschichtlicher Zeit besiedelt war, gab es in vorangkorianischer Zeit (7.–8. Jh.) eine große Stadt. Von dieser im Westen des westlichen baray *gelegenen Stadt existiert heute fast nichts mehr. Im 9. Jh. hatte sich der Hof der Khmerkönige in Hariharalaya (dem heutigen Roluos, etwa 15 km östlich der heutigen kleinen Stadt Siem Reap, von der aus man die Tempel besucht) niedergelassen. Mit der Thronbesteigung Yasovarmans im Jahr 889 wurde die Hauptstadt nach Angkor verlegt, zunächst rund um den Phnom Bakheng, der das Zentrum des ersten Angkor bildete, dann um die Mitte des 10. Jh. rund um den Pre-Rup-Tempel. Am Ende des 10. Jh. scheint sich das Zentrum der Hauptstadt für kurze Zeit erneut verlagert zu haben, diesmal rund um den Tempel Ta Keo. Seit dem 11. Jh. fand die Stadt ihre ursprüngliche Lage rund um den Baphuon (11. Jh.) wieder. Unter Jayavarman VII. (1181–1218?) nahm die Stadt ihr heutiges Aussehen an, mit dem Bayon, dem majestätischen, mit riesigen Gesichtern verzierten Tempel im Herzen Angkor Thoms, dessen Stadtmauern in der gleichen Epoche errichtet wurden.*

Jayavarman VII. und der Bayon

Die Regierungszeit Jayavarmans VII. markiert zugleich den Höhepunkt der Geschichte Angkors und den Beginn des Niedergangs. Die Anordnung der Gebäude im heutigen Angkor Thom ist das Ergebnis eines intensiven Bauprogramms aus dieser Zeit. Eine Gedenkstele, die in einem der Ecktempel entdeckt wurde, beschreibt auf bildhafte Weise den König als den Gemahl mit der Stadt als seine Gemahlin. Die Stadt umfasste ältere Gründungen wie Baphuon und Phimeanakas. Sie ist durch einen Wassergraben begrenzt, den fünf Brücken überspannen. In der Ostmauer befindet sich ein zusätzlicher Eingang. Die jenseits des Grabens gelegenen Mauern sind jeweils drei Kilometer lang. Die 23 Meter hohen Eingangspforten öffnen sich am Ende von zwei aus Göttern und Dämonen gebildeten Reihen und sind auf eine *naga* gestützt. Kolossale, in die jeweilige Himmelsrichtung blickende Sandsteinköpfe beherrschen die Portale. Im Zentrum der Stadt erhebt sich der Buddha geweihte Bayon-Tempel. Auch seine Türme sind von riesigen Köpfen geschmückt.

PFEIL UND BOGEN AUS BRONZE
Diese Objekte sind einzigartig. Als Waffe waren sie nicht geeignet – das Material (Eisen und Bronze) ist zu spröde. Vielmehr handelt es sich um eine Votivgabe, die einer Gottheit dargebracht wurde.

Die weitläufige Anlage wurde mindestens dreimal erweitert und verändert. Die äußere Stadtmauer, eigentlich eine Galerie, ist mit Flachreliefs geschmückt. Auf der dritten Ebene ist eine Vielzahl von Türmen zu sehen und zahlreiche riesige, in die Ferne blickende Köpfe. Das zentrale Heiligtum ist rund und war ursprünglich wohl vergoldet. Unter dem Turm entdeckte man in einem tiefen Schacht Bruchstücke einer großen Buddha-Statue. Nach dem Tod des Königs kam es zu gewaltsamen Aktionen gegen den Buddhismus. Die äußeren Mauern des Bayon sind mit diversen Flachreliefs verziert, die Einblick in das Leben der Kambodschaner unter der Herrschaft Jayavarmans VII. geben. Sie zeigen Szenen von See- und Landschlachten, Feste, die Wohnstätte einer reichen Person, Jagd, Gesellschaftsspiele, Markthandel, die Zubereitung einer Mahlzeit und die Montage von Holzelementen beim Palastbau.

EIN LETZTER HÖHEPUNKT VOR DEM NIEDERGANG

Mit der Schaffung des Bayon im Zentrum Angkor Thoms schloss Jayavarman VII. das letzte große Kapitel architektonischer Monumente in Kambodscha. Bei allen späteren Bauten wurden lediglich Ideen aus dieser Zeit aufgegriffen.

Ebenso wie bei anderen großen Tempelgründungen des ausgehenden 12. und beginnenden 13. Jh. verlief die Errichtung des Bayon in mehreren Baustufen. Unzählige kurze Inschriften, die man in der Nähe der Türen, die zu den Kulträumen führen, fand, weisen ihn als echtes Pantheon aus. Im zentralen Kultraum, der einen für Angkor ungewöhnlichen runden Grundriss hat, thronte die Statue Buddhas. Daneben gab es zahlreiche Darstellungen spiritueller Themen des Buddhismus, z. B. den Großen Wagen. Neben den lokalen Gottheiten, die in Kambodscha stets von großer Bedeutung waren, gab es auch Darstellungen einiger wichtiger Hindugötter.

Auf der ersten und zweiten Stufe bergen zwei Umfriedungsgalerien außergewöhnliche Flachreliefs, auf denen das Alltagsleben der Khmer eine herausragende Rolle spielt. Die dritte, kreuzförmige Stufe trägt das Hauptheiligtum, an dem mehrere Vorbauten angebracht sind.

Aus allen Bereichen des Tempels blicken lächelnde Gottheiten, deren Identität unter Experten umstritten ist, in eine Welt, die nach buddhistischem Glauben nur aus trügerischen Erscheinungen besteht. Das Paradoxe ist, dass die Ethik des Buddhismus, selbst die eines so weltlichen Buddhismus wie dem Jayavarmans VII., den Verzicht auf alles Festhalten am Irdischen predigt. Dennoch errichtete der Herrscher für sein Volk und sogar für die Ewigkeit ein atemberaubendes Manifest seines Glaubens, womit er wohl eher politische als religiöse Absichten verfolgte.

Thema zahlreicher Flachreliefs sind die Siege Jayavarmans. Man entdeckt eine marschierende Armee, auf Elefanten reitende Generale, Infanteristen und eine Standarten schwingende Gruppe. Soldaten schieben einen Wagen, auf dem sich ein Katapult befindet, mit dem große Geschosse abgefeuert werden konnten. Ähnliche Waffen, die aber nicht auf den Flachreliefs Angkor Vats zu finden sind, wurden auf dem Rücken von Elefanten transportiert. Die Khmerinfanteristen haben kurze oder zu einem Pferdeschwanz gebundene Haare. Sie tragen Ohrschmuck. In der einen Hand halten sie einen runden Schild, in der anderen eine Lanze. Eine Gruppe trägt einen Gegenstand, der wie ein großer Gong oder eine Trommel aussieht. Die *Cham* dagegen haben merkwürdige sichelförmige Schilde und aufwendige Frisuren. Ihre üppig verzierten Kriegsschiffe werden von Ruderern bewegt.

Entscheidende Waffe
Bogen spielten im Kampf eine wichtige Rolle. Diese Kriegsszene vom Bayon zeigt Chamkrieger, die Bogen verwenden, deren Proportionen und Konturen an den Votivbogen aus dem Museum Guimet erinnern.

Die Darstellung eines Festmahls im Wald zeigt das Leben der Aristokraten und ihrer Diener. Im unteren Bereich sind Köche bei der Arbeit zu sehen. Einer grillt Fisch, ein anderer füllt Reis in ein Gefäß. Platten werden gefüllt, die die Diener auf dem Kopf tragen. Ein Schwein wird zum Braten vorbereitet, während ein Küchenjunge die Flammen anfacht. Im oberen Bereich wird den plaudernden Adligen das Mahl serviert, das sie auf dem Boden sitzend einnehmen. In den Bäumen tummeln sich Vögel und Affen. Eine andere Festmahlszene spielt im Haus eines reichen chinesischen Händlers. Auch hier wird Personal gezeigt, wie es die Mahlzeiten in unterschiedlichen Gefäßen zubereitet. Die Töpfe stehen auf einem Herd, der an einen modernen Holzkohleofen erinnert. Darüber sitzen der Hausherr und seine Gäste auf erhöhten Sitzen und halten Trinkschalen in den Händen. Die Diener reichen ihnen Speisen. Das verzierte, auf Säulen ruhende Dach ist zu erkennen. Von der Decke hängen Sonnenschirme und Gefäße herab, die Wein enthalten.

Die Flachreliefs bieten dem faszinierten Betrachter zudem die Möglichkeit, andere angkorianische Lebensbereiche zu erkunden. Hebammen leisten in einem Pavillon einer Gebärenden Beistand. An einer anderen Stelle sitzen sich zwei Männer bei einer Partie Schach gegenüber. Steinschneider bearbeiten Quader und bewegen sie mithilfe eines Hebels. Fischer werfen Netze aus und ziehen den Fang an Land, der dann von den Frauen auf dem Markt verkauft wird. Ein Mann trägt Körbe, die mit Reis gefüllt sind, ein anderer führt einen Pflug, dessen hoher technischer Entwicklungsstand überrascht. Viele Zuschauer verfolgen einen Hahnenkampf, während ganz in der Nähe ein Wildschweinkampf vorbereitet wird. Schließlich zeigt eine Szene die Ankunft einer chinesischen Handelsdschunke. Nach der Beschäftigung mit den schwer zu deutenden Inschriften, die eher trockene Themen wie Schenkungen und den Grenzverlauf von Ländereien behandeln, wirkt die Betrachtung dieser lebendigen Alltagsszenen, die wie ein historischer Comicstrip anmuten, geradezu erholsam.

EWIG JUNGE GÖTTER
Von der breiten, dem Tempelberg Jayavarmans VII. im Osten vorgelagerten Terrasse des Bayon aus ist eine große Zahl lächelnder Gesichter zu sehen, die die hinduistischen Götter darstellen. Sie befinden sich auf den Dachaufsätzen der Türme der zweiten und dritten Stufe.

Jayatataka, Ta Prohm, Preah Khan und Banteay Chmar

Der Königspalast lag nördlich des Bayon, wo sich heute eine von einer Mauer eingefriedete große Fläche befindet, die vom Phimeanakas-Tempel beherrscht wird. Zwischen diesem Tempel und der nördlichen Umfassungsmauer liegen beschauliche Wasserbecken. Der freie Platz mündet im Osten in die Elefantenterrasse, eine 300 Meter lange, erhöhte Plattform, auf der einst wohl goldene Pavillons standen. Die Mauer, die sich nach Norden und nach Süden erstreckt, wird von fast lebensgroßen Elefanten flankiert. Es handelt sich möglicherweise um ein Podium, auf dem der Hof Prozessionen und anderen bedeutenden Ereignissen beiwohnte. Eine zweite Plattform, die Terrasse des Leprakönigs, erstreckt sich nach Norden. Sie verdankt ihren Namen der Statue Yamas, des Todesgottes, der einst Lichen, eine spezielle Form von Hautausschlag, hatte. Georges Cœdès vermutet, dass dieser Ort der Feuerbestattung des Königs vorbehalten war. Die Außenmauer ist mit zahlreichen untergeordneten Gottheiten verziert und bedeckt eine zweite, ältere Mauer, die vergleichbare Darstellungen trägt.

Nördlich der neuen Stadt ordnete der König den Bau eines Baray mit Namen Jayatataka an, das 3,7 mal 9 Kilometer maß. Die Insel, die sich in seiner Mitte befindet, trägt Neak Pean, einen der schönsten angkorianischen Tempel. Der zentrale Turm wird von zwei *naga* mit ineinander verschlungenen Schwänzen umfasst. Das Wasser des Beckens, das ihn umgibt, fließt durch vier Statuen in weitere Bassins und sprudelt dabei aus dem Maul eines Elefanten, eines Pferds, eines Löwen und dem Mund eines Menschen. Zeitgenössische Inschriften berichten davon, dass diese Anlage nach dem Vorbild des heiligen Sees Anavatapta im Himalaja angelegt wurde. Er sei mit wunderbaren Kräften ausgestattet und könne die Menschen von ihren Sünden reinwaschen. Um an diesem heiligen Ort zu beten, mussten die Pilger regelmäßig den Jayatataka durchqueren.

Das alte Baray Srah Srang wurde während der Regierungszeit Jayavarmas VII. etwas verkleinert und mit steinernen Rängen versehen. Ausgrabungen förderten an der Nordwestecke eine Werkstatt zutage. Hier fand man Steine, Steinsplitter, Äxte, Messer, Wetzsteine und verschiedene Polierwerkzeuge. Möglicherweise bestand ein Zusammenhang zwischen dieser Werkstatt und den Bauarbeiten, die am Srah Srang oder im benachbarten Tempel Banteay Kdei ausgeführt wurden.

Jayavarman VII. schuf, jeweils zu Ehren seiner Mutter und seines Vaters, zwei gigantische Tempelanlagen außerhalb der Mauern Angkor Thoms, Ta Prohm und Preah Khan. Die erste Anlage vermittelt dem Besucher eine Vorstellung davon, wie die übrigen Tempel ursprünglich einmal aussahen, bevor sie wieder aufgebaut wurden. Im Innern einer großflächigen rechteckigen Einfriedung von 600 mal 1000 Meter erstrecken sich zwei von Galerien umschlossene Höfe, von denen jeder mehrere kleinere Tempel und ein gemeinsames Heiligtum birgt. Auf einer Stele von 1186, die an die Gründung dieser Tempelanlage erinnert, befindet sich ein Text von Sri Suryakumara, einem Sohn des Königs. Er konzentriert sich auf die mütterliche Ahnenfolge Jayavarmans VII. und lässt dessen väterliche Abstammung fast unerwähnt. Zur väterlichen Ahnenreihe wird lediglich gesagt, dass Jayavarman VII. ein Spross der Dynastie von Mahidharapura war. Der Grund für diese Lücke ist, dass lediglich die Mutter des Königs, Sri Jayarajacudamani, aus einem alten Königsgeschlecht stammte. Die Inschrift nimmt auch auf sagenhafte Ahnen wie Srutavarman und Sresthavarman Bezug.

GÖTTERTRIADE
Der von einer naga *geschützte Buddha wird mit den Gottheiten Avalokiteshvara (links) und Prajnaparamita (rechts) dargestellt. Die bildhauerische Ausarbeitung der Gesichter ist typisch für die Kunst des Bayon.*

Heute wandert der Besucher in Ruinen umher, die der Wald überwuchert hat. Bäume umfassen die Tempel, und Baumwurzeln spalten die Mauern. Doch die Inschrift vermittelt eine Vorstellung von der Glanzzeit des Tempels. Sie offenbart, in welch hohem Maß er ein Symbol für die königliche bzw. dynastische Macht war und wie sich religiöse und wirtschaftliche Aktivitäten miteinander verbanden.

Rund um den Tempel gruppierte sich eine Miniaturgesellschaft. Im Tempel lebten und arbeiteten 18 Hohepriester und 2740 Beamte. Sie wurden von 2202 weiteren Personen, darunter 615 Tänzerinnen, unterstützt. Insgesamt hatten 12 640 Menschen das Recht, im Innern der Tempelanlage zu wohnen. Um die zahlreichen Bewohner ernähren zu können, wurden große Mengen an Reis, Honig, Melasse, Öl, Obst und Gemüse, Sesam, Hirse, Butter, Milch und Salz benötigt. Der Verbrauch wurde sorgfältig registriert, bevor die Mengen den Verwaltern der königlichen Lager mitgeteilt wurden, die den Tempel mit Lebensmitteln zu versorgen hatten. Darüber hinaus wurde selbstverständlich Kleidung gebraucht; sogar die Zahl der Moskitonetze wird in der Inschrift genannt. Zur Versorgung der Tempelanlage waren insgesamt 66 265 einheimische Männer und Frauen abgestellt. Rechnet man Birmanen und Cham hinzu, steigt die Zahl auf 79 365.

Nach diesen Angaben listet die Inschrift die zum Tempel gehörende Ausstattung auf: Gold- und Silbergeschirr, 35 Diamanten, 40 620 Perlen, 4540 Edelsteine (beispielsweise Berylle), Becher aus Kupfer, Zinn und Blei, 512 Seidenbetten, 876 Vorhänge aus China, Kissen und 523 Sonnenschirme. Hinzu kamen Musikinstrumente, um den „Geist zu verzaubern", und 165 744 Wachsfackeln.

Das Gesundheitssystem war gut organisiert. Der Tempel verwaltete 102 Hospitäler, die an strategischen Punkten des Königreichs lagen. Sie wurden aufgrund ihrer Inschriften identifiziert. Die Einweihungsstelen sind identisch, das Gleiche gilt auch für den Grundriss der Anlagen, die jeweils ein Heiligtum mit der Statue des heilenden Buddha und ein Wasserbecken umfassten. Der Bedarf an Gütern, insbesondere Nahrungsmitteln, war hoch. In 838 Dörfern waren 81 640 Männer und Frauen dazu abgestellt, Reis, Honig, Wachs, Obst und Stoffe zu produzieren, die für die Krankenhäuser bestimmt waren. Als Medikamente standen den Ärzten unter anderem zwei Arten von Kampfer, Koriander, Pfeffer, Senf, Kardamom, Melasse, Kümmel, Kiefernharz, Ingwer, Zwiebeln und

DIE FRÜHE KAMBODSCHANISCHE BILDHAUERKUNST

Nach den ersten, in den 1920er-Jahren unternommenen Studien der Franzosen Paul Bellugue, Georges Groslier und Henri Parmentier gilt Philippe Stern als Hauptbegründer der Stilanalyse der Khmerbildhauerei. In der Folgezeit sind die Franzosen Pierre Dupont, Gilberte de Coral Rémusat und insbesondere Jean Boisselier die Kenntnisse zu verdanken, auf die sich die Kunsthistoriker heute stützen, um ein Werk zu beschreiben und seine Echtheit zu prüfen.

Die von religiösem Geist durchdrungene Khmerkunst ist im Allgemeinen stilisiert und je nach ihrer Entwicklungsstufe etwas stereotyp. Bezüglich der Bildhauerkunst konnten mithilfe bestimmter Merkmale verschiedene Gruppen von Werken unterschieden werden. Das sind z. B. Übereinstimmungen anhand der Kleidung, des Schmucks und der Proportionen. Für die kunsthistorische Einordnung einer Skulptur wird jedes einzelne dieser Elemente zunächst unabhängig von anderen betrachtet. Anschließend stellt man sie einander gegenüber, sodass eine nahezu „medizinische Diagnose" möglich wird und das Werk der einen oder anderen Stilrichtung zugeordnet werden kann.

Die Anwendung solcher Verfahren in der Kunstgeschichte ist vielleicht ungewöhnlich, aber in Bezug auf die Bildhauerei der Khmer ausgesprochen erfolgreich. Ihrem indischen Vorbild folgend ist auch die Bildhauerkunst der Khmer durch eine Reihe strikter ikonographischer Merkmale bestimmt. Im alten Kambodscha hat sich die Bildhauerei der Khmer in einem unregelmäßigen Rhythmus entwickelt, wobei einige Stilepochen nur ein oder zwei Jahrzehnte umfassten und andere fast ein Jahrhundert lang Bestand hatten.

eine Salbe gegen Fieber zur Verfügung, die aus zehn verschiedenen Pflanzen hergestellt wurde. Zum Personal jedes Hospitals gehörten zwei Ärzte, deren Assistenten, zwei Krankenpfleger für die Ambulanz, zwei Köche, Fachkräfte für die Zubereitung der Heilmittel und verschiedene andere Assistenten, zu denen auch die Tempeldiener zählten, die die Opfergaben vorbereiteten.

Die letzten Absätze der Inschrift machen klar, welche Absicht der König mit der Errichtung der Anlage verfolgte. Die Hauptstatue stellt seine Mutter als Prajnaparamita (die Weisheit, Mutter aller Buddhas) dar. Der Tempel wurde gegründet, um Verdienste zu übertragen und dadurch Prajnaparamitas Seele zu retten. Alle künftigen Könige wurden ermahnt, das zu respektieren und die Stätte vor Dieben und Lästerern zu schützen.

Nagara Jayasri, die heilige Stätte des Sieges, ist eine weitere Tempelanlage, die auf Befehl des Herrschers erbaut wurde. Sie ist heute unter dem Namen Preah Khan (Heiliges Schwert des Königs) bekannt und befindet sich genau außerhalb der nordöstlichen Ecke Angkor Thoms. Sie weist die gleiche Ausrichtung wie das Jayatataka auf. Eine Landungsbrücke verbindet das Baray mit dem Osteingang des Tempels. Der ursprüngliche Grundriss greift nicht die traditionelle gestufte Architektur der Tempelberge auf. Alle Gebäude Preah Khans befinden sich auf gleicher Ebene und werden von einem Wassergraben und einer 800 mal 700 Meter langen rechteckigen Mauer eingefasst. Zugang hat man über vier von Göttern und Riesen flankierte Straßen, die *naga* tragen. Das Innere birgt zwei Einfriedungen, die zahlreiche Heiligtümer und Zwischenhöfe umfassen. Kurze

TEMPEL FÜR DIE KÖNIGSMUTTER
Der von Jayavarman VII. errichtete und der Göttin Prajnaparamita für das Seelenheil seiner verstorbenen Mutter geweihte Tempel Ta Prohm (1186) ist eine der größten Anlagen in Angkor. Die äußere Einfriedung barg eine Reihe von hölzernen Bauten, die heute nicht mehr vorhanden sind. Ab der vierten Einfriedung, von der das Foto den östlichen Eingangspavillon zeigt, waren die Gebäude aus Stein.

Inschriften, die auf jedes Heiligtum graviert wurden, nennen die Namen der Statuen, die sich im Innern finden und die der Gönner. Es gibt viele Beispiele von Personen, die Statuen zugunsten ihrer Ahnen aufstellten.

Die Gedenkstele wurde von Virakumara unterzeichnet, einem weiteren Sohn Jayavarmans. Sie besagt, dass dieser Tempel genau an dem Ort errichtet wurde, an dem Jayavarman die Cham geschlagen hatte. Zweck dieses Baus war die Anhäufung von Verdiensten zugunsten des Vaters des Königs. Seine Statue in Form des Bodhisattva Lokesvara wurde 1191 geweiht und befand sich zusammen mit 283 weiteren im zentralen Heiligtum.

Die Inschrift ist ähnlich aufgebaut wie die von Ta Prohm. Sie enthält eine Lobrede auf den König und einen Blick auf seine Ahnentafel. Anzahl und Verteilung der Götterstatuen werden aufgeführt. Es gibt eine im Reislager, vier im Gebäude, das die Pilger beherbergt, drei im Hospital und 24 weitere an den vier Eingängen des Tempels. 14 Statuen wurden außerhalb der Einfriedung Preah Khans aufgestellt, auf einer im Jayatataka gelegenen Insel, wo der Tempel Neak Pean errichtet wurde. Zusammen mit den übrigen Statuen, die in den Heiligtümern am künstlichen See aufgestellt wurden, beläuft sich die Gesamtzahl der Skulpturen auf 515.

Anschließend zählt der Text die Lebensmittel auf, die die Götter benötigten: Reis, Sesam, Erbsen, Butter, frische Milch, Honig und Melasse. Es folgt eine Aufstellung von 645 weißen und roten Stoffbahnen, die dazu bestimmt waren, die Götter einzukleiden und Bettzeug und Sitzgelegenheiten zu schneidern. Zudem waren Moskitonetze nötig, um die Gottheiten zu beschützen. Der Speiseplan der Tempelbeamten wird ebenfalls spezifiziert, insbesondere für Gelegenheiten wie den Neujahrstag oder andere Feiertage. Die Liste umfasst auch Öl, das nach der rituellen Waschung wohl als Schönheitsmittel aufgetragen wurde.

Tempel für den Königsvater

Preah Khan (1191), ein Tempel, den Jayavarman VII. für das Seelenheil seines Vaters errichten ließ, kann als architektonische Dublette des Ta-Prohm-Tempels angesehen werden. Laut einiger Inschriften soll dieses Monument an der Stelle erbaut worden sein, wo die Schlacht stattfand, in deren Verlauf der künftige König die Cham besiegte.

Zu den Opfergaben gehörten Kiefernharz, vermutlich zur Herstellung von Kerzen, 423 Ziegen, 360 Tauben und Pfauen. Der König stellte 5324 Dörfer, in denen 97 840 Menschen lebten, in den Dienst des Tempels, darunter zahlreiche Köche und 1000 Tänzerinnen. Wie in Ta Prohm listet die Inschrift den Bestand der Güter im Tempel auf, zu denen riesige Mengen an Gold- und Silbergeschirr, Edelsteine, 11 300 Perlen und eine braune Kuh zählten, deren Hörner und Hufe mit Blattgold versehen waren.

Anschließend werden 23 Orte aufgelistet, die eine Statue Jayabuddhamahanathas bekamen. Sie stellt laut Georges Cœdès den König als Buddha dar. Einige der Stätten konnten identifiziert werden. So entspricht Lavodayapura Lop Buri, Svarnapura Suphanburi, Jayarajapuri Ratburi und Jayasimhapuri möglicherweise Muang Singh. Letztere Stätte befindet sich im Westen Thailands. Es handelt sich um eine befestigte Stadt, die rund um ein zentrales Heiligtum aus Laterit erbaut wurde. Die Region spielte eine strategisch wichtige Rolle für die Kontrolle des Handels, der über den Drei-Pagoden-Pass verlief und das Zentrum Thailands mit Birma verband. Vor Ort wurde allerdings keine Inschrift gefunden. Es ist unbekannt, wann die Stadt

gegründet wurde und wer sie beherrschte. Möglicherweise hat die Hauptstadt in verschiedenen Epochen auf einige entfernt gelegene Provinzen Macht ausgeübt. Vat Mahathat in Lop Buri ist eine weitere Gründung, die vermutlich die politische Herrschaft Angkors über das Zentrum Thailands widerspiegelt.

Dann fährt Virakumara mit den Ausführungen über das Werk seines Vaters fort. Er beschreibt den Bau von 121 Unterkünften für Reisende auf Pilgermärschen, etwa zum Neak Pean. Diese berühmten kostenlosen Herbergen, die traditionell allen Reisenden offen standen, finden sich noch heute entlang der großen Verkehrsachsen Südindiens. Es handelt sich um schöne, solide, nicht sehr große Bauten, die aber seit langem kein flächendeckendes Netz mehr bilden. Viele sind heute zweckentfremdet als Stall oder Scheune für Reisstroh. Andere werden als Wohnhäuser genutzt, doch die meisten wurden abgerissen oder in neuere Bauten integriert. Alle hatten eine hervorragende Lage. An der Straße von der Hauptstadt nach Champa gab es 57 solcher Herbergen. Entlang der Straße zum Phimai fanden sich 17. Die Auswahl an Pilgerzielen dürfte groß gewesen sein, denn die Inschrift zählt 20 400 goldene, silberne, bronzene und steinerne Götterstatuen auf, die über das gesamte Königreich verteilt waren und den Dienst von 208 532 Männern und Frauen erforderten, die in 8176 Dörfern lebten. Unter diesen Arbeitern befanden

SYMBOL EINES MYTHOS
Der kleine buddhistische Tempel Neak Pean (Ende 12./Anfang 13. Jh.) wurde in einem Komplex von verbundenen Wasserbecken errichtet, die den mythischen See Anavatapta im Himalaja symbolisieren sollten.

KULTMUSCHEL AUS BRONZE
Trotz der zweifellos großen Verluste sind zahlreiche Bronzen – kleine Statuen und Kultgegenstände – aus dem 12. und 13. Jh. bis heute erhalten geblieben. Muscheln wie diese aus dem Nationalmuseum in Phnom Penh waren Kultobjekte, die zum einen während religiöser Zeremonien das reinigende Wasser enthielten oder wie hier als Musikinstrumente dienten.

sich 923 Vorarbeiter, 6465 Handlanger und 1622 Tänzerinnen, doch die meisten Arbeitskräfte dürften dazu eingesetzt worden sein, die notwendigen riesigen Mengen Reis und Stoff zu liefern.

Der liturgische Kalender des Tempels wird durch Darstellungen von Gottheiten illustriert, vermutlich kleine Repliken der Statuen aus Preah Khan. Die Liste der Götter beinhaltet beispielsweise Jayarajacudamani (auch als Srijayarajacudamani bezeichnet), die zur Göttin erhobene Mutter des Königs in Preah Khan, die weiter oben genannten Statuen Jayabuddhamahanathas, Statuen des Gottes Campesvara in Phimai und viele andere. Insgesamt sind es 122 Götter. Wiederum findet sich eine Lieferliste von Waren. Erwähnt werden Gold, Silber, Zinn, Reis, Honig, Bienenwachs, Milch, Kiefernharz, 459 Tuniken für die Götter und 143 Parfümbehälter.

Die Inschrift besagt, dass der König das Jayatataka, das große Baray, das an den Preah Khan-Tempel angrenzt, gebaut habe. Vom Anlegeplatz aus konnte man mit dem Boot zur Insel des Tempels Neak Pean gelangen. Das Wasser soll hier die Kraft besessen haben, jeden, der es berührte, von Sünden reinzuwaschen und ihn auf die „Überquerung des Ozeans der Existenzen" vorzubereiten. Heute sieht man hier nur Reisfelder und vielleicht eine Herde Rinder, die sich dem Eingang des Tempels nähert. Um sich den himmlischen Anblick vor Augen führen zu können, den dieser vergoldete Tempel einst geboten hat, muss man sich den Satz des Prinzen in Erinnerung rufen. „Dieser Tempel gewährte Zugang zum heiligen See, auf dessen heiliger Insel die Vergebung der Sünden erlangt werden konnte."

Die Verdienste, die durch Schenkungen an diesen großen Tempelkomplex erlangt wurden, waren speziell dem Vater des Königs gewidmet. Viele Menschen mühten sich, mithilfe von Schenkungen an den Tempel Verdienste zu erwerben. Die große Stele im Phimeanakas-Tempel trägt eine Lobrede auf die Königin Jayarajadevi, die Schwester Indradevis, des Verfassers der Inschrift. Genannt werden sowohl Ta Prohm als auch

Preah Khan, denen Jayarajadevi Kultgegenstände schenkte und ihre Reichtümer den Göttern und Armen zur Verfügung stellte. Jayarajacudamani schenkte sie zwei goldene Statuen *nandis* (des heiligen Stiers), vier goldene Adler und eine ewige Lampe. Dem Tempel Neak Pean stiftete sie ein Paar goldene Statuen *nandis*, Löwen, einen Spiegel, einen prächtigen Fliegenwedel aus Gold, einen goldenen Schemel „von unfasslicher Schönheit", eine goldene Schatulle, eine Goldkrone und zwei Dörfer. Dem Gott des Madhyadri (d.h. des Bayon) schenkte sie 100 Banner aus chinesischem Stoff und finanzierte die Arbeiten, um den Tempel Vasudhatilaka wieder zu vergolden. Andere, weiter entfernt gelegene Heiligtümer profitierten ebenfalls von ihrer Großzügigkeit. Im Phimai-Tempel erhielt der Gott Campesvara von ihr eine vergoldete Silbertrommel, der Tempel Jayaksetrasiva (in der Nähe von Battambang) eine Statue des Gottes Jayarajamahesvara. Schließlich erwarb sich die Königin Verdienste, indem sie ein Heim für 100 Waisenmädchen schuf.

Auch außerhalb Angkors gründete Jayavarman Tempel. In einer entlegenen Region im Nordwesten Kambodschas stiftete er den Tempel Banteay Chmar. Der französische Wissenschaftler Étienne Aymonier hatte das Glück, diese Stätte zu besuchen, bevor sie durch zunehmenden Verfall und das Werk von Plünderern großen Schaden nahm. Was die Größe und den Reichtum an Verzierungen anbelangte, reihte er sie insbesondere aufgrund ihrer immensen Flachreliefs unmittelbar hinter Angkor Vat und dem Bayon ein. Diese Stätte besitzt eine klassische Aufteilung. Das Heiligtum wird von einem Wassergraben und einer rechteckigen, 2,4 mal 2,2 Kilometer langen Mauer umfasst. Die Ostmauer wird von einem 1,7 mal 1 Kilometer langen Wasserbecken durchbrochen. Dieses Baray wird von einem Bach in der nordöstlichen Ecke gespeist und das überschüssige Wasser über einen Graben im Südwesten abgeleitet. Aymonier bemerkte an diesem Ort die Existenz eines Überlaufs aus Quaderstein, der den Wasserstand regulierte. Der künstliche See ragt etwa 200 Meter in das Ostviertel der Stadt hinein, in deren Zentrum sich die eigentliche Tempelanlage befindet. Der Raum, der sich zwischen der äußeren Mauer und dem Wasserkanal einerseits und den Mauern des inneren Tempels andererseits befindet, misst 448 Hektar. Hier finden sich heute acht bescheidene Heiligtümer.

Auf den Flachreliefs der Umfassungsmauern sind Kampfszenen zwischen den Khmer und den Cham dargestellt. Zu sehen ist eine Seeschlacht und in einiger Entfernung eine marschierende Armee, deren Anführer auf Elefanten reiten. An einer Stelle halten die Truppen vor einem großen Wald an, in dem sich Affen tummeln. Ein Tross mit Elefan-

BANTEAY CHMAR
Die meisten Flachreliefs des großen Tempels Banteay Chmar, (Ende 12./Anfang 13. Jh.) im Nordwesten Kambodschas beziehen sich auf Ereignisse der Regierungszeit Jayavarmans VII. Dieses zeigt den Bodhisattva Avalokiteshvara, der mit zahlreichen Köpfen und Armen ausgestattet ist.

ten und militärischem Nachschub ist zu sehen. Die Flachreliefs zeigen ebenfalls eine außergewöhnliche Gruppe von Göttern, von denen jeder mit mehreren Köpfen und zahlreichen Armen ausgestattet ist.

Den zentralen Tempel umgibt ein Irrgarten aus Heiligtümern und Galerien. Einer Inschrift ist zu entnehmen, dass dieser Tempel eine Statue Srindrakumaraputras, des Erbprinzen, enthielt, der einen glorreichen Feldzug gegen das Champa-Reich geführt hatte. Er starb vor seinem Vater und wurde an diesem Ort als Lokesvara unter dem Namen Srindradeva dargestellt. Es ist möglich, dass dieser Tempel auch seine letzte Ruhestätte ist. Vier seiner Freunde werden ebenfalls geehrt, jeder in einer Ecke des Heiligtums. An der Südostecke Arjunadeva, an der Nordostecke Dharadevapuradeva, an der Südwestecke Devadeva und an der Nordwestecke Varddhanadeva. Dem Text zufolge musste König Yasovarman II. in der Epoche, die auf den Angriff Champas gegen Angkor im Jahr 1177 folgte, wohl einen Bauernaufstand niederwerfen. Arjunadeva und Dharadevapuradeva, die für den König kämpften, starben auf dem Schlachtfeld. Sie hatten Anspruch auf einen eigenen Tempel in der Anlage Banteay Chmar sowie auf posthume Titel. Ihre Familien wurden mit Geschenken entschädigt. Die beiden anderen Krieger verloren ihr Leben bei der Verteidigung des Königs während der Schlacht gegen die Cham. Sie bekamen Heldenbestattungen und angesehene posthume Titel.

HEFTIGE SCHLACHTEN
Die Seeschlachten zwischen den Khmer und den Cham werden sowohl auf dem Banteay Chmar als auch auf dem Bayon dargestellt. Der schmerzvolle Anblick der Toten, die zwischen den Fischen treiben, stellt die Heftigkeit der Kämpfe dar und offenbart zugleich, dass gemäß den buddhistischen Glaubensvorstellungen nichts von Dauer ist.

Das Angkor, das Jayavarman VII. hinterließ, als er um 1218 starb, würden seine Zeitgenossen wohl noch heute wieder erkennen. Der Jayatataka hat kein Wasser mehr, doch der Tempel Neak Pean steht noch. Die Mauern und Eingänge Angkor Thoms sind an Ort und Stelle, lediglich die hektische Betriebsamkeit ist gewichen. Die ruhigen Gesichter des Bayon blicken nach wie vor in die Ferne, aber die Vergoldung existiert nicht mehr. Straßen und Brücken sind noch vorhanden und die Ruinen der Hospitäler und Herbergen zeugen vom größten Baumeister der Geschichte Angkors.

DIE ARMEE DER KHMER

Die detailgetreue Darstellung der Kampfszenen im Flachrelief, die sich in Angkor Vat und am Bayon finden, ermöglichte das Studium der Armeestruktur zur Blütezeit des Reiches.

Die Armee bestand hauptsächlich aus Bogenschützen und Lanzenträgern. Diese Infanterien umgaben die Eliteeinheiten, die Reitereinheiten aus Pferden und Elefanten sowie Kampfwagen umfassten. Das einfache Pferdegeschirr bestand aus Gebiss- und Nasenriemen mit Zügeln sowie einer einfachen Decke als Sattel und einer schmückenden, mit Glöckchen versehenen Kette. Es gab keine Steigbügel, obwohl diese zu jener Zeit in den benachbarten Königreichen bekannt waren. Auf dem Rücken der Elefanten saßen ausgesprochen hochrangige Krieger, was an deren Insignien (Sonnenschirmen, Fächern, militärischen Feldzeichen usw.) abzulesen ist. Sie waren mit einer Lanze, einem Bogen oder einer Art Beil mit gekrümmtem Griff, das *phkak* genannt wird, bewaffnet und trugen häufig einen Harnisch. Die leichten Kampfwagen verfügten manchmal über einen Aufbau. Sie wurden am Bayon nicht dargestellt. Man vermutet, dass sie in der Schlacht nur eine untergeordnete Rolle spielten. Die Seeschlachten vom Bayon zeigen beeindruckende Pirogen, Kriegsschiffe, die Dutzende von Menschen transportieren konnten.

Die Reaktion nach der Regierungszeit Jayavarmans VII.

Das genaue Todesdatum Jayavarmans VII. ist unbekannt. Ebenfalls ist nicht gewiss, ob sein Nachfolger Indravarman II. die begonnenen Bauvorhaben weiter verfolgte. Fest steht nur, dass die Zahl der Inschriften sank. Das spricht dafür, dass die Errichtung neuer Bauten unter Indravarman II. zum Erliegen kam. Auch dieser Herrscher, der im Jahr 1243 starb, gab dem Buddhismus den Vorzug vor dem Hinduismus.

König Jayavarman VIII. dagegen war Shivaite, ein Hindu, der Shiva eine besondere Verehrung entgegenbrachte. Er zerstörte oder veränderte alle Darstellungen Buddhas, inklusive der riesigen Statue, die den Bayon zierte, und ließ zahlreiche kleinere Heiligtümer des Bayon abreißen. Die gesamte Anlage wurde verändert und Shiva geweiht. In Preah Khan wurden die Buddhastatuen aus den Mauernischen gerissen. In Neak Pean wurden die Buddhas in Linga umgewandelt, während sie in Preah Khan als Asketen neu skulptiert wurden. Im Jahr 1295 teilte Jayavarman VIII. dem einzigen in seiner Regierungszeit neu errichteten Tempel (heute: Mangalartha) Dörfer und Arbeiter zu und widmete das Gebäude dem shivaitischen Gelehrten Jaymangalartha. Um den Tempel zu sichern, setzte er religiöse Beamte ein, die die Aufgabe hatten, das Abhalten des Kults zu gewährleisten. Jayavarman VIII. veränderte viele der alten Anlagen. Er ging methodisch daran, die von seinen beiden Vorgängern gegründeten buddhistischen Heiligtümer zu verwüsten. Die ornamentierten Mauern rund um die Zierbecken, die nördlich des Phimeanakas liegen, stammen aus seiner Regierungszeit. Er unternahm enorme Anstrengungen, um die Terrasse des Leprakönigs zu erweitern und zu schmücken.

Im gleichen oder im folgenden Jahr fiel Jayavarman VIII. einer Palastrevolution zum Opfer und sein Schwiegersohn Indravarman III., auch Srindravarman genannt, bestieg den Thron. Seit dem Tod Jayavarmans VII. waren 70 oder 80 Jahre vergangen. Über die Regierungszeit Indravarmans III. ist nicht viel bekannt. Sicher ist, dass die zweite Serie von Urnengräbern, die bei Ausgrabungen in Sras Srang entdeckt wurden, aus der zweiten Hälfte des 13. Jh. stammt. Unter den Gegenständen, die dort entdeckt wurden, fanden sich ein Eisenschwert, eine Lanzenspitze, ein Dolch mit Muschelgriff, bronzene Buddhastatuen sowie Ringe und Haken, die zu Sänften gehörten.

MENSCHENFÖRMIGE URNE
Verbrennung und Trocknung sind die einzigen für die angkorianische Zeit sicher verbürgten Bestattungspraktiken.

Meisterwerke der Khmerkunst

Erbe der indischen Gupta
Die frühesten bekannten Skulpturen stammen aus dem Süden Kambodschas. Diese Darstellung Vishnus (Detail) entstand ebenso wie eine Reihe ähnlicher Skulpturen vermutlich im 7. Jh. Sie alle werden im Nationalmuseum in Phnom Penh aufbewahrt. Die fein modellierten Statuen gehen auf die indischen Werke der Guptazeit (4.–6. Jh.) zurück. In der Bildhauerkunst der Khmer sind sie einzigartig.

Kleiner Backsteintempel
Der für die vorangkorianische Zeit typische Tempel Kompong Preah (8. Jh.) besteht aus einem rechteckigen Baukörper mit sich nach oben verjüngendem Dachaufsatz. Die skulptierten Sandsteinstürze zeigen Pflanzenmotive, die eine Lotoswurzel darstellen.

Der Gott Harihara – halb Shiva, halb Vishnu
Diese aus dem ausgehenden 7. Jh. stammende Darstellung des zur Hälfte aus Vishnu und zur Hälfte aus Shiva zusammengesetzten Gottes Harihara stammt aus dem Tempel Prasat Andet. Zu sehen ist er im Nationalmuseum in Phnom Penh. Seine schlanken Proportionen und die individuellen, strengen Gesichtszüge erinnern fast an ein Porträt und machen dieses Werk zu einem der schönsten der gesamten Khmerkunst.

Blätterornamentik im Kompong-Preah-Stil
Dieser Sturz stammt vom Tempel Trapeang Phong, einem kleinen Monument der Stätte Roluos, etwa 15 km südöstlich von Angkor. Er ist aufgrund seiner Blätterornamentik, die in weiten Spiralen von einem mittleren Blumenornament ausgehen, typisch für den Kompong-Preah-Stil (8. Jh.). Die Bildhauer beherrschten seit vorangkorianscher Zeit auf bewundernswerte Weise die Techniken der Steinbearbeitung.

Nandi, das Reittier des Gottes Shiva
1983 entdeckte man diese Tierskulptur (7.–8. Jh.) im Süden Kambodschas. Heute befindet sie sich in der Silberpagode in Phnom Penh, wo sie im Zentrum eines sehr lebendigen Volkskults steht. Sie besteht aus Bronze mit hohem Silberanteil. Die hervorragende Gussqualität zeugt von der exzellenten Arbeit, die die Khmerbronzegießer leisteten.

Ausgereifte Baukunst
Das Turmheiligtum des kleinen Tempels Baksei Chamkrong, der im ersten Viertel des 10. Jh. errichtet wurde, erhebt sich auf der Spitze einer dreistufigen Pyramide. Er besitzt sehr ausgewogene Proportionen. Die zunehmende Verjüngung der Gebäudeteile zeugt von der Kunst der Khmerbaumeister. Der Tempel war Shiva geweiht und barg eine goldene Statue des Gottes und seiner Frau.

Shiva und Parvati
Der in majestätischer Haltung aufrecht sitzende Gott Shiva ist hier in Begleitung seiner Frau, der Göttin Parvati, dargestellt. Das Werk stammt aus dem Banteay-Srei-Tempel (um 967). Die typische angkorianische Bildhauerkunst zeigt sich durch eine feine Formgebung. Gesichtszüge und Ausdruck wirken sanfter als in den vorangegangenen Stilepochen.

Shiva kämpft gegen den Helden Arjuna
In der frühen Bildhauerkunst der Khmer wurde Bewegung nur sehr selten dargestellt. Als die Hauptstadt im zweiten Viertel des 10. Jh. an die heute Koh Ker genannte Stätte verlegt wurde, erprobten die Künstler neue Ausdrucksformen. Es entstanden kraftvolle Skulpturengruppen. Wichtig waren die dargestellten Gottheiten, aber auch die dynamische Haltung. Diese Art der Darstellung verlieh der Bildhauerkunst eine bis dahin nicht vorhandene Lebendigkeit.

Üppige Plastiken
Der 967 eingeweihte Banteay-Srei-Tempel ist eines der wenigen Monumente, deren Architekturplastik vollkommen vollendet wurde. Verwendet wurde hochwertiger rosafarbener Sandstein, der die Skulptierung raffinierter Plastiken ermöglichte. Die Männerfiguren in den Nischen beiderseits der Türen und Scheintüren des zentralen Heiligtums tragen Merkmale der sich in der zweiten Hälfte des 10. Jh. vollziehenden Erneuerung der Khmerästhetik.

Kleidung und Schmuck als Studienobjekte
Die Erforschung der Khmer-Bildhauerkunst gründet sich zum großen Teil auf Beschreibung und Analyse von Kleidung und Schmuck. Der linke Nackenschmuck ist für eine spätere Periode charakteristisch als das einfache, zu Strähnen geflochtene Haar rechts.

Zwischen Weichheit und Strenge
Die Khmerbildhauerei pendelt zwischen Realismus und Stilisierung. Die Buddhafiguren aus dem Nationalmuseum in Phnom Penh, links im Baphuon-Stil (11. Jh.), rechts im Angkor-Vat-Stil (12. Jh.), zeigen dieses Wechselspiel. In der Kunst des Baphuon herrschen sanfte und menschliche Züge vor, während der Angkor-Vat-Stil von expressiver Strenge gekennzeichnet ist. Diese Tendenzen zeigen sich ebenfalls in der Darstellung der Hände, die im ersten Stil wesentlich weicher skulptiert sind als im zweiten.

Grandioser Tempelberg Ta Keo
Ta Keo ist unvollendet geblieben. Nur einige Bauteile tragen Plastiken. Turmheiligtümer krönen die fünfstufige Pyramide. Sie sind nach allen vier Himmelsrichtungen offen. Erstaunlicherweise verleiht gerade das im Rohzustand belassene Mauerwerk diesem Tempel eine erhabene Wirkung.

TANZENDER HEVAJRA
Der Tanz ist das Thema zahlreicher Flachreliefs. Eine dynamische, komplexe Haltung findet sich im Hinduismus fast ausschließlich in den Darstellungen des tanzenden Shiva. Im Buddhismus wird der Gott Hevajra ähnlich aufgefasst. Hevajra zermalmt mit seinen Füßen vier Personen, die die Leidenschaften symbolisieren. Er ist mit 16 Armen und acht Köpfen ausgestattet und zerstört die Fesseln, die das geistige Vorankommen hemmen. Stilistisch betrachtet ist diese Bronzestatuette ein Meisterwerk des Baphuon-Stils (zweite Hälfte des 11. Jh.).

WEIBLICHE GOTTHEIT
Die weiche Formgebung und die sanfte Sinnlichkeit dieser Frauenstatue (Nationalmuseum in Phnom Penh) erlaubt ihre Zuordnung zur Blütezeit des Baphuon-Stils in der Mitte des 11. Jh. Die schlanken Proportionen, die jugendlichen Gesichtszüge, die Augen (einst Intarsien) und der zarte Faltenwurf des Gewands, das hoch über die Hüften reicht, sind ebenfalls Merkmale der grazilen Ästhetik der Werke des 11. Jh. Die Hände hielten ursprünglich religiöse Symbole. Deren Fehlen macht eine genaue Identifizierung unmöglich.

Himmel und Hölle
Die Galerie der ersten Stufe an der Pyramide von Angkor Vat birgt acht 2 m hohe Flachreliefs mit einer Gesamtlänge von annähernd 600 m. Die Tafeln behandeln Themen aus den Epen und heiligen Texten des Hinduismus. Das Himmel und Hölle darstellende Flachrelief zeigt die Toten, die sich vor Yama, dem Richter der Verstorbenen, verantworten müssen. In der Hölle erleiden die realistisch dargestellten Verdammten schlimmste Misshandlungen.

Die Butterung des Milchozeans
Der südliche Flügel der Galerie der Flachreliefs an der Ostseite der Pyramide trägt die berühmteste erzählende Darstellung der gesamten Khmerkunst. Im Gegensatz zu einigen anderen Tafeln weist die Butterung des Milchozeans eine sehr strenge und rhythmisch gegliederte Komposition auf. Der untere Teil der Szene zeigt den Milchozean mit allen dort lebenden Fischen und Meerestieren. Der zentrale Teil ist der Butterung selbst gewidmet, während im oberen Teil Myriaden von apsara *(Engeln) dargestellt werden, die während der Butterung erscheinen.*

Angkor Vat – Meisterwerk der klassischen Khmerarchitektur
Die dreistufige Pyramide Angkor Vats erhebt sich innerhalb einer Einfriedung, die einst zahlreiche Holzbauten beherbergte. Der Eingang dieses Vishnu gewidmeten Tempels weist überraschenderweise nach Westen. Die Erhabenheit des Eingangspavillons, den man nach dem Überqueren des etwa 200 m breiten Wassergrabens erreicht, bildet den Auftakt einer Reihe bemerkenswerter Sehenswürdigkeiten. Es ist schwer zu sagen, was mehr beeindruckt, die vollkommenen Proportionen oder die wie ziseliert wirkenden zart skulptierten Plastiken.

Götterheiligtum Bayon
Der komplexe Tempelberg Bayon (Ende 12./Anfang 13. Jh.) wurde als Pantheon entworfen. Er war Buddha als Hauptgottheit geweiht und beherbergte sämtliche anderen im angkorianischen Kambodscha verehrten Gottheiten. Der Gebäudekomplex umfasst drei Stufen und etwa 50 Turmheiligtümer, die mit riesenhaften Gesichtern geschmückt sind.

Betender Monarch
Die einzigen Porträts der angkorianischen Epoche sind die Jayavarmans VII., der von 1181 bis etwa 1218 herrschte, und seiner Hauptfrau Jayarajadevi. Die vollständigen Statuen zeigen den sitzenden Monarchen in der Haltung des Betenden mit nach vorn gebeugtem Oberkörper und leicht geneigtem Kopf. Diese realistische Form der Darstellung findet man in der gesamten Bildhauerkunst des Bayon-Stils wieder. Die willensstarken Züge des Königs bringen seine Charakterstärke zum Ausdruck und sein meditativer Gesichtsausdruck verrät den tiefen buddhistischen Glauben.

PORTRÄT EINER KÖNIGIN
Das schlanke Gesicht Jayarajadevis drückt Zurückhaltung und ruhige Konzentration aus. Es zählt zu den schönsten der gesamten Kunstgeschichte. Wie ihr Gemahl wird die Königin in andächtiger Haltung dargestellt. Die kleine Buddhafigur auf ihrem Kopf könnte darauf hindeuten, dass es sich bei der Statue um eine Darstellung der buddhistischen Göttin Prajnaparamita handelt, der die ausgesprochen fromme Königin ihre Gesichtszüge lieh.

ENTWICKLUNG DER ARCHITEKTURPLASTIK
Die verschiedenen Verzierungen der Tempel zeigen eine Chronologie. Vom Angkor-Vat-Stil der ersten Hälfte des 12. Jh. (oben) bis zum Bayon-Stil des ausgehenden 12. Jh. (unten) haben sich die Fenster mit Balustraden in Scheinfenster mit Vorhängen verwandelt, was in einer Epoche, in der viel und offensichtlich schnell gebaut wurde, die Arbeitszeit verkürzte. Zudem tragen die Figuren in Angkor Vat wesentlich prächtigere Kleidung als die am Bayon.

Besuch aus China

Im Jahr 1296 erhielt Angkor Besuch von einem chinesischen Diplomaten, dessen wertvoller Bericht bis heute erhalten geblieben ist. Zhou Daguan war Teilnehmer einer Mission, die vom chinesischen Kaiser nach Kambodscha geschickt worden war. Zhou kam im August 1296 an und blieb elf Monate als Gast in einem Haus in Angkor Thom. So hatte er die Möglichkeit, die Bewohner der Hauptstadt intensiv zu beobachten. Zurück in China schrieb er einen Bericht, der lange in chinesischen Archiven lagerte, ehe er 493 Jahre später von französischen Forschern übersetzt wurde und dann zahlreiche bis dahin unbekannte Aspekte des Alltagslebens erhellte.

So können wir heute auf Zhous Spuren wandeln. Die Stadt, so sagt er, war von hohen Mauern und einem Wassergraben umgeben. Fünf Straßen spannten sich darüber, die von je 54 Riesen flankiert wurden. Sie hielten eine Schlange, so „als ob diese versuchte, zu entkommen". Die eindrucksvollen Tore der Stadt wurden von fünf steinernen Köpfen überragt, von denen einer mit Blattgold verziert war. Die Tore wurden abends geschlossen und morgens wieder geöffnet. Hunden und Verbrechern, denen die Zehen abgeschnitten worden waren, war der Zugang untersagt. Das Zentrum der Stadt wurde von einem goldenen Turm (Bayon) beherrscht. In der Nähe erhob sich ein bronzener Turm (Baphuon), der höher war als der goldene. Der königliche Palast lag im Norden und ein weiterer vergoldeter Turm, der Phimeanakas, überragte die Stadtmauern. Im Osten führte eine von vergoldeten Löwen flankierte goldene Brücke zu einem Pavillon, der auf steinernen Elefanten ruhte – wohl die Elefantenterrasse.

EIN REICHER CHINESE
Diese Szene erlaubt einen Blick in den Haushalt eines reichen chinesischen Händlers. Die Chinesen sind an ihrem spitzen Kinnbart zu erkennen. Zahlreiche von China nach Kambodscha entsandte Missionen zeugen von der großen Bedeutung der Handelsbeziehungen zwischen beiden Ländern.

Zhou Daguan beschreibt dann den Steinturm (Bakheng) südlich der großen Pforte und den in einiger Entfernung gelegenen Tempel Angkor Vat. Genau in der Mitte des Jayatataka, fährt er fort, befand sich eine Insel mit einem goldenen Tempel, zahlreichen kleinen Heiligtümern, außerdem einem Elefanten, einem Stier und einem Pferd aus Bronze. Im östlichen See gab es einen steinernen Tempel mit einem bronzenen Buddha, aus dessen Bauchnabel das Wasser in Kaskaden sprudelte.

Besonders interessant sind Zhou Daguans Beobachtungen über das Stadtleben. Die Häuser der wohlhabenden Familien verfügten über Ziegeldächer und hatten alle die gleiche Ausrichtung. Das einfache Volk lebte in strohgedeckten Hütten. Mauern mit Wachposten schützten den Palast. Hier arbeiteten 1000 bis 2000 Frauen, deren Funktion an ihrer Haartracht zu erkennen waren. Sie lebten außerhalb und betraten den Palast nur, um ihrer Arbeit nachzugehen. Zhou Daguan vermittelt uns einen kurzen Einblick in das Leben einer Familie der Mittelschicht. Dabei handelte es sich vermutlich um die Familie, bei der der chinesische Gast fast ein Jahr lang lebte. Der Boden des Hauses war mit Matten bedeckt und es gab keine Möbel. Der Reis wurde in einem Mörser ge-

schält und in einem irdenen Gefäß auf einem ebenfalls irdenen, auf drei Steinen stehenden Ofen gekocht. Als Brennstoff diente Holzkohle. Die Familienmitglieder ließen sich zu den Mahlzeiten auf Matten nieder und aßen von Keramik- oder Kupfertellern. Eine halbe Kokosnuss diente als Schöpflöffel. Die Soßen wurden in kleinen, aus Blättern gefertigten Gefäßen serviert. Zum Austunken der Soßen wurden ebenfalls Blätter verwendet. Es gab Wein, der aus Honig, Reis und Blättern gewonnen und bei Zhou Daguans Gastgebern aus Zinnschalen getrunken wurde. Die Adligen, so berichtet er, tranken ihn aus Silber- oder Goldbechern, die Armen verwendeten Trinkschalen aus gebranntem Ton.

Alle schliefen auf Matten, die direkt auf dem Boden lagen. Es war so heiß, dass die Menschen nachts aufstanden, um zu baden. Abortgruben, die mit Blättern abgedeckt waren, wurden von zwei oder drei Nachbarsfamilien ausgehoben. Sobald die Grube voll war, wurde eine neue gegraben. Diese Aufgabe wurde möglicherweise den Sklaven überlassen. Es scheint, dass reiche Familien mehr als 100 Sklaven besaßen, während die Armen nur einige oder gar keine Sklaven hielten. Diese Sklaven sprachen Khmer, obwohl sie im von Wäldern bedeckten Hochland gekauft wurden. Entflohene, aber wieder eingefangene Sklaven wurden an eiserne Fußketten oder -ringe gekettet.

DIE ELEFANTENTERRASSE
Vor der Palastanlage befinden sich auf einer Länge von etwa 400 m die königlichen Terrassen (hier die Elefantenterrasse und die Terrasse des Leprakönigs). Laut Zhou Daguan nahmen der König und sein Hof von dort aus an Prozessionen und anderen Festlichkeiten teil. Die Skulpturen der Elefanten sind nahezu lebensgroß.

Das Stadtleben war von religiösen Festen geprägt. Die Massen drängten sich entlang des Königspalasts, um den Paraden, den Feuerwerken, den Wildschwein- und Elefantenkämpfen beizuwohnen. Der König und sein Hof nahmen auf einem Podest Platz, das eigens zu diesem Zweck errichtet wurde. Zhou Daguan beschreibt die zwölf kleinen

Flachrelief vom Bayon
Szenen aus dem Alltagsleben sind der größte Schatz der Flachreliefs des Bayon (Ende 12./Anfang 13. Jh.). Hier findet man lebendige und realistische Darstellungen verschiedener Lebensbereiche der Khmer. Tierkämpfe, hier ein Schweinekampf, waren offensichtlich sehr beliebt.

Türme, die Prasat Suor Prat, gegenüber dem königlichen Platz. Wenn es zu Streitigkeiten zwischen zwei Familien kam, so berichtet Zhou Daguan, wurde ein Mitglied jeder Familie in einem dieser Türme eingesperrt. Nach ihrer Freilassung wurden die Gefangenen von einem Arzt untersucht. Als schuldig galt derjenige, der an Fieber oder anderen Beschwerden litt. Der König war der oberste Richter bei Streitigkeiten. Das Gesetzbuch sah Geldstrafen, Verstümmelungen oder das Zerquetschen von Gliedmaßen vor.

Es gab spezialisierte Astronomen, die Mond- und Sonnenfinsternis voraussagen konnten. Die Schreiber, die die Aufgabe hatten, Bittgesuche zu verfassen, saßen in besonderen Einrichtungen. Der Aufsichtsbeamte, der menschliche Gallenflüssigkeit zu sammeln hatte, wohnte in der Nähe des Nordportals. Galle wurde dazu eingesetzt, Menschen und Elefanten Mut zu verleihen. Menschen tranken sie mit Wein vermischt und Elefanten wurde sie in Form einer Mixtur verabreicht, die man den Tieren über den Kopf schüttete. Die Stadt war teilweise kosmopolitisch. Zhou Daguan erwähnt, dass zahlreiche chinesische Einwanderer vom angenehmen Klima angezogen wurden. Zudem lockte sie die Leichtigkeit, mit der sie hier ein Haus finden, heiraten und dem Handel nachgehen konnten. Aus China stammende Gegenstände wie blaues Porzellan, Salpeter, Nippesfiguren aus Lack, Hanfstoffe, Eisen- und Kupfergefäße, Siebe und Kämme aus Holz waren sehr gefragt. Frauen boten ihre Waren auf dem Markt an, wo sie sie auf einer Matte ausbreiteten. Für den Marktstand mussten sie eine Gebühr entrichten.

Dramatischer Hahnenkampf
Hier ist dem Bildhauer in einem Flachrelief am Bayon eine lebensnahe Wiedergabe der aufgeregten Zuschauer bei einem Hahnenkampf gelungen. Die Dreieckskomposition isoliert die Kampfszene vom übrigen Geschehen.

Zhou Daguan unterscheidet drei Gruppen religiöser Beamter, von denen die Buddhisten die größte war. Die Mönche hatten rasierte Köpfe und trugen gelbe Kleidung, die von ihrer rechten Schulter gehalten wurde. Fromme Menschen versorgten sie täglich mit einer Mahlzeit. Die Mönche brachten religiöse Texte in Psalmform und schrieben sie auf sorgfältig gefaltete Palmblätter. Sie aßen Fleisch und Fisch, tranken aber keinen Wein. Einige hochrangige Mönche besaßen Sänften. Der König fragte sie bei wichtigen Entscheidungen um Rat. Die beiden anderen religiösen Gruppen waren vermutlich Anhänger Vishnus und Shivas. Zhou Daguan hat sich wohl auch außerhalb der Stadt aufgehalten. Er beschreibt den Jahreszyklus der Feldarbeit ebenso wie den Gegensatz zwischen Monsun und Trockenzeit. Die Reisbauern arbeiteten mit Pflügen, Sicheln und Hacken. Man nimmt an, dass damals wie heute Wasserbüffel als Zugtiere eingesetzt wurden. In einer Passage wird erwähnt, dass die Kambodschaner drei oder vier Ernten pro Jahr einbrachten. Sie bauten zahlreiche Gemüsesorten wie Senf, Zwiebeln und Taro an, außerdem Obst wie Orangen, Pflaumen und Bananen. Pferde, Schafe, Ziegen, Rinder, Schweine und Wasserbüffel wurden als Nutztiere gehalten.

PRÄCHTIGE PROZESSION
Die von Zhou Daguan Ende des 13. Jh. beschriebenen Prozessionen finden einen späten Widerhall in den Szenen des Ramayana, die im Kreuzgang der Silberpagode in Phnom Penh auf einer Wandmalerei vom Anfang des 20. Jh. dargestellt sind. Die Pracht dieser Züge gewinnt hier aufgrund der Farbe, die den Flachreliefs aus angkorianischer Zeit fehlt. Die alten Wandmalereien sind mit Ausnahme einiger weniger Überreste vollständig verschwunden.

Das Königreich war in 90 Provinzen unterteilt. Jede dieser Provinzen wurde von einem Statthalter verwaltet, der in der Provinzhauptstadt lebte. Sie war üblicherweise von einer Holzpalisade umgeben. Die meisten Erzeugnisse wurden auf dem Wasserweg transportiert. Die Handelsschiffe wurden aus Holzplanken gebaut und von Eisennägeln zusammengehalten. Herbergen säumten die Straßen. Bedeutende Personen ließen sich auf kürzeren Wegen in Sänften tragen, lange Strecken bewältigten sie auf dem Rücken von Elefanten oder Pferden. Jenseits der Obstgärten und Reisfelder des Tieflands lag Wald, in dem es zahlreiche Baumarten gab, die Harz und wohlriechendes Holz lieferten. Die Menschen jagten Racken wegen der Federn, Elefanten wegen des Elfenbeins und Rhinozerosse wegen des wertvollen Horns.

Da Zhou Daguan zu einer Gesandtschaft gehörte, die im Auftrag des chinesischen Kaisers unterwegs war, konnte er die Audienzen besuchen, die der König zweimal täglich abhielt. Die Zeremonie lief folgendermaßen ab: Musik und Trompeten kündigten die Ankunft des Königs an, der an einem goldenen Fenster erschien und das heilige goldene Schwert hielt. Alle Untertanen legten die Hände zusammen und verneigten sich, bis sie mit der Stirn den Boden berührten. Der Kopf wurde erst wieder gehoben, wenn die Trompeten verstummt waren. Der König war in zarte Stoffe mit Blumenmustern gehüllt und trug ein Diadem sowie goldene Reifen an Hand- und Fußgelenken. Seine Halskette bestand aus unzähligen Perlen.

Wenn der Herrscher den Palast verlassen musste, geschah dies in einer Prozession, deren Spitze Reiter mit Standarten bildeten. Darauf folgten 300 bis 500 prächtig gekleidete Frauen. Die ersten trugen brennende Kerzen, die folgenden Gold- und Silber-

gefäße. Anschließend kam die weibliche Palastwache mit Schwertern und Schilden. Minister und Hofadelige ritten auf Elefanten und waren von einer Unmenge Sonnenschirme umgeben. Zhou Daguan nennt ihre Titel. Die *mratan* hatten goldene Sonnenschirme, die *sresthin* silberne. Dann kamen die königlichen Konkubinen in Sänften, Wagen oder auf Elefanten. Schließlich erschien der König selbst auf einem riesigen Dickhäuter mit vergoldeten Stoßzähnen. Der Monarch trug das heilige Schwert und wurde von 20 Sonnenschirmen geschützt. Der königliche Elefant war von zahlreichen Leibwachen umgeben. Wie eine Inschrift aus Angkor Thom bezeugt, reichten die Steuereinnahmen zur damaligen Zeit noch aus, um den Unterhalt des Hofs und der Verwaltung zu finanzieren.

Die geschilderte Szene ist mit der Prozession Suryavarmans II., die in Angkor Vat dargestellt ist, vergleichbar. Sie erinnert zudem an die Zeremonie, die abgehalten wurde, als im Mai 1901 dem volljährig gewordenen Prinzen Chandalekha, dem Sohn König Norodoms, zum ersten Mal die Haare geschnitten wurden. Diese Prozession bestand aus Mitgliedern der Königsfamilie, aus Mandarinen in mit Goldborten verzierten himmlischen Gewändern, dann den Frauen des Palastes, die die königlichen Insignien trugen, darunter das Schwert, einen großen Fächer, einen Spucknapf und eine Schachtel mit Betelpfeffer. Der junge Prinz, der in einer Sänfte getragen und von Sonnenschirmen geschützt wurde, war in goldene Gewänder gehüllt und trug schwere goldene Fußreifen sowie Goldschmuck mit Diamanten. In einem erhöhten Pavillon des Palastes erwartete ihn König Norodom umgeben von Sonnenschirmen, während acht Tänzerinnen, die Pfauenfedern trugen, einen Tanz zu Ehren Shivas aufführten.

Nach Zhou Daguan

ODYSSEE EINER STATUE
Diese Türwächterfigur wurde von den Thai zusammen mit einigen anderen Statuen als Kriegsbeute außer Landes gebracht und anschließend von den Birmanen geraubt. Nach einer Odyssee von Ort zu Ort gelangte die Figur schließlich in die Mahamuni-Pagode von Mandalay in Myanmar (das ehemalige Birma), wo sie noch heute steht.

Es gibt nur wenige Inschriften für die Zeit nach Zhou Daguans Bericht. Im Jahr 1308 folgte auf Indravarman III. Indrajayavarman, der 19 Jahre lang herrschte. Ein in Prasat Kombot im unteren Tal des Flusses entdeckter Text bezeichnet Angkor noch mit dem Namen Yasodharapura. Es ist ein buddhistischer Text, der das Prinzip von Wiedergeburt in Abhängigkeit von Verdiensten und schweren Strafen für Sünder schildert.

Der Haupttext dieser Zeit stammt aus dem Mangalartha-Tempel in Angkor Thom und erzählt die Geschichte einer Adelsfamilie, die von einem birmanischen Gelehrten, Sri Jaya Mahapradhana, gegründet wurde. Er ließ sich in Angkor nieder und wurde unter Jayavarman VII. königlicher Priester. Diese Stellung behielt er auch unter Indravarman II. Beim Tod des Monarchen begab er sich in das shivaitische Heiligtum Bhimapura (Phimai), um für seine Seele zu beten. Dort traf er Sriprabha, eine tugendhafte und gebildete Frau, die er heiratete. Sie hatten sechs Kinder. Eine Tochter, Cakravartirajadevi, heiratete König Jayavarman VIII. Ein Sohn gründete den Tempel, an dem diese Inschrift eingraviert wurde. Die Schwester Sriprabhas, Subhadra, heiratete einen shivaitischen Gelehrten, Jayamangalartha Suri. König Jayavarman VIII. hegte große Bewunderung für diesen Lehrer, der 104 Jahre lebte. Der König errichtete Statuen, die dem Gelehrten und seiner Mutter gewidmet waren und im Jahr 1295 geweiht wurden. Er gründete auch ein Heiligtum zu ihren Ehren. Unter den Namen Sri Jaya Trivikrama-Mahanatha und Sri Jaya Trivikrama-Devesvari wurden sie zu Göttern erhoben. Dieser Tempel erhielt durch die königliche Gunst Gold- und Silbergeschirr, drei Dörfer, Arbeiter, Tänzerinnen und Sänger sowie einen vererbbaren Priesterposten. Der Tempel wurde auch von den Königen Indravarman III. und Indrajayavarman reich ausgestattet. In der Regierungszeit des letzteren, die 1308 begann, wurde die Inschrift verfasst. Die Ausstattung solcher Gründungen mit Ländereien und Waren durch königliche Schenkungen, die Errichtung von Statuen für die berühmten Ahnen und die detaillierte Aufzeichnung der Familiengeschichte wurden in Angkor also auch im 14. Jh. fortgesetzt.

Im Jahr 1327 bestieg Jayavarmaparamesvara den Thron. Eine sehr schlecht erhaltene Inschrift bezeichnet ihn mit dem Namen Shiva und berichtet von der Gründung einer Shiva geweihten Einsiedelei. Sie erwähnt auch Aufstände und Auseinandersetzungen.

Es ist die letzte der bis heute erhaltenen Sanskritinschriften. Sie ist wegen ihres Inhalts und der hervorragenden Qualität des Versbaus bemerkenswert.

Über die letzten Jahre Angkors als Hauptstadt ist nur wenig bekannt, da die Bautätigkeit zum Erliegen kam und kaum noch Inschriften angefertigt wurden. Dank späterer Quellen ist bekannt, dass es im Verlauf der Machtzunahme der Siamesen zu ständigen Konflikten zwischen den beiden Königreichen kam. In den Jahren 1430/31 wurde Angkor nach langer siamesischer Belagerung geplündert. Das politische Zentrum Kambodschas wurde dahin zurückverlegt, wo es sich sieben Jahrhunderte zuvor befunden hatte, an den Mekong. Nach den kambodschanischen Annalen nahm der König von Siam zahlreiche Buddhastatuen und auch andere mit in seine Hauptstadt Ayutthaya. Diese fiel 1569 in die Hände birmanischer Eroberer, die die Statuen nach Pegu brachten. Von dort wurden sie im Jahr 1734 bis nach Mandalay geschafft. Einige befinden sich noch heute dort. Angkor Thom, die Hauptstadt Jayavarmans VII., ist inzwischen von Wald überwuchert.

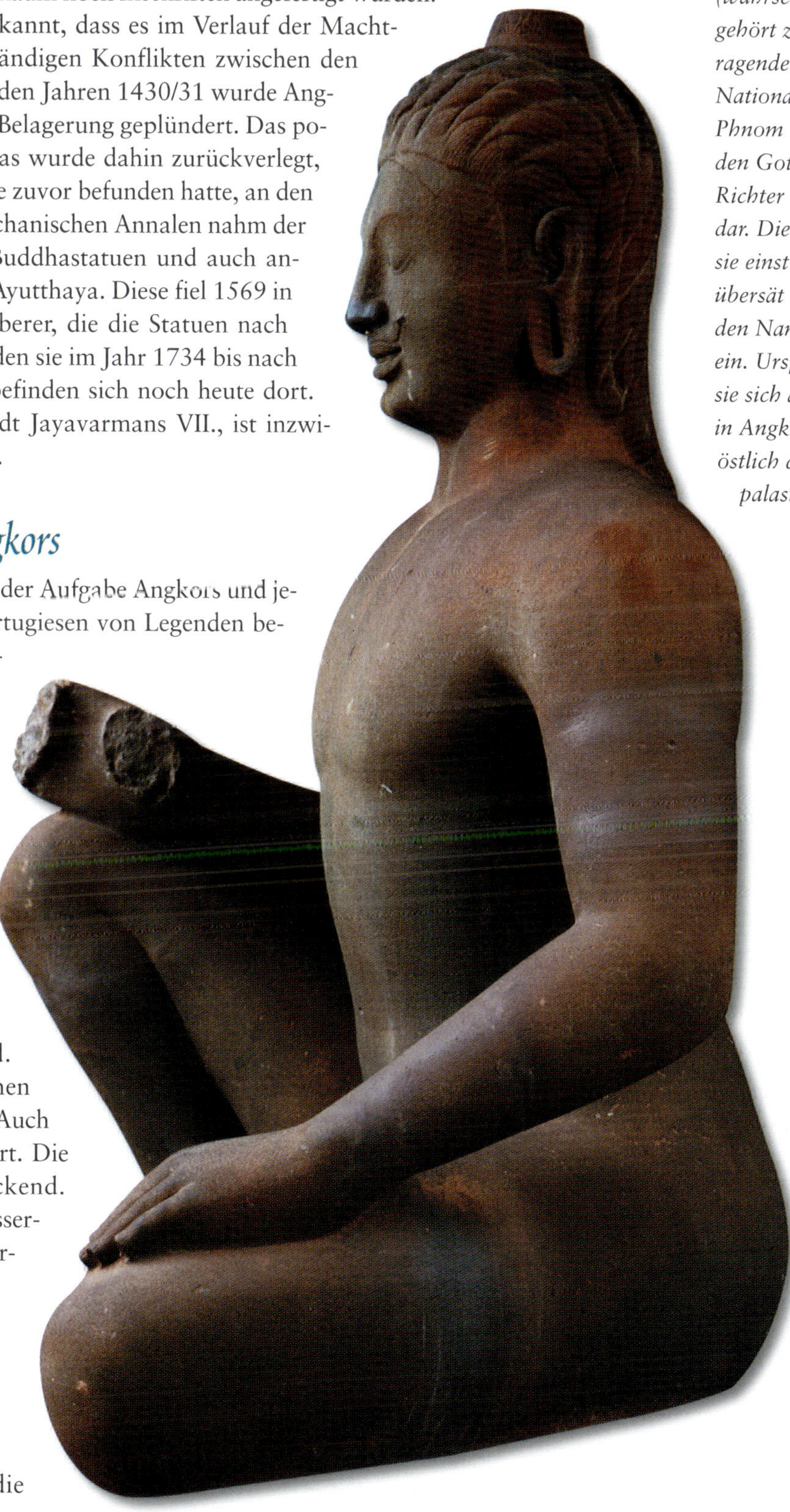

Der Leprakönig
Diese Skulptur, deren Alter nicht gesichert ist (wahrscheinlich 13. Jh.), gehört zu den herausragenden Exponaten im Nationalmuseum in Phnom Penh. Sie stellt den Gott Yama, den Richter der Verstorbenen, dar. Die Tatsache, dass sie einst mit Flechten übersät war, brachte ihr den Namen Leprakönig ein. Ursprünglich befand sie sich auf einer Terrasse in Angkor Thom nordöstlich des Königspalastes.

Die Wiederentdeckung Angkors

150 Jahre vergingen zwischen der Aufgabe Angkors und jenem Moment, in dem die Portugiesen von Legenden berichteten, nach denen ein gewisser König Satha während der Jagd mit seinem Elefanten auf große Steinmauern gestoßen sei. Er habe dort seinen Hof untergebracht. Bartolomeu de Argensola schrieb 1609: „Im Landesinnern, in den unzugänglichen Wäldern, findet sich eine Stadt mit 6000 Häusern, die Angon genannt wird. Straßen und Gebäude bestehen aus Marmor und sind intakt. Auch die Skulpturen sind unversehrt. Die Stadtmauern sind beeindruckend. Der aus Quadern gebaute Wasserkanal ist schiffbar. Brücken werden von steinernen Riesen gehalten. Dort, wo die Kanäle enden, finden sich Überreste von Gärten. Es gibt einen See mit über 30 Meilen Durchmesser. Man hat Gedenktafeln und Inschriften gefunden, die

noch nicht entziffert werden können. Die Stadt ist vollkommen verlassen. Ich bekenne, dass ich zögere, diese Worte zu schreiben, denn dies scheint mir ebenso phantastisch wie das Atlantis Platons. Heute ist die Stadt unbewohnt. Ein Gelehrter schreibt diese Bauten Trajan zu."

SCHLEICHENDER VERFALL
Die Erhaltung der Khmermonumente wird durch von der Vegetation verursachte Schäden, mangelnde Pflege oder wie hier durch den natürlichen Zerfall des Sandsteins erschwert.

Die Kambodschaner hegten nie Zweifel daran, dass Angkor Vat von den Ahnen ihres Königs errichtet worden war. Tatsächlich wurden gegen 1550 neue Flachreliefs auf diese Mauern skulptiert, die nach wie vor buddhistische Pilger anzogen. Einer von ihnen, ein Japaner, besuchte den Tempel zu Beginn des 17. Jh., zeichnete eine Karte davon und verfasste Notizen, von denen eine aus dem Jahr 1715 stammende Abschrift noch heute erhalten ist. Er beschreibt sogar die Götter, die an einem Seil ziehen, eine klare Anspielung auf die Szene der Butterung des Milchozeans. Im Jahr 1668 schrieb ein französischer Missionar, Pater Chevreuil, dass Angkor Vat bei der Bevölkerung Südostasiens berühmt sei. Im Jahr 1789 wurde die erste Übersetzung der Memoiren Zhou Daguans in Paris veröffentlicht und ab 1850 kam es zu einem regelmäßigen Zustrom westlicher Reisender, darunter Pater Charles-Émile Bouillevaux und auch der Forscher und Naturwissenschaftler Henri Mouhot. Die ersten Fotografien Angkor Vats, die 1866 von John Thomson gemacht wurden, zeigen einen gepflegten Tempel und bewohnte buddhistische Gebäude.

Zwei Jahre zuvor war Kambodscha per Vertrag ein französisches Protektorat geworden, wodurch Forschung und Restaurierung einen kräftigen Schub erlebten. Die Tempel wurden vom Dschungel befreit und viele Statuen restauriert. Inschriften wurden entdeckt und übersetzt. Es ergab sich mit der Zeit ein Bild der dynastischen Folge Angkors. Die Restaurierungsarbeiten und die Pflege der Bauten wurden während des Zweiten

DIE RESTAURIERUNG HISTORISCHER MONUMENTE

Der schlechte Zustand, in dem die kambodschanischen Monumente vorgefunden wurden, ist dadurch zu erklären, dass sie über eine sehr lange Zeit nicht gepflegt wurden. Die ausgesprochen schnell wachsende tropische Pflanzenwelt hat große Schäden angerichtet. Zudem ist die Bauart der Monumente, bei der die Sandsteinblöcke durch nicht sehr stabile Stein- oder Metallzapfen miteinander verbunden wurden, nicht dauerhaft. Die Fugen der verschiedenen Steinschichten sind nicht versetzt. Das wäre unbedingt erforderlich gewesen, um einem ohne Mörtel zusammengefügten Mauerwerk auf Dauer Stabilität zu verleihen. So erwiesen sich die auf häufig unzureichenden Fundamenten errichteten Gebäude trotz ihres soliden Aussehens als äußerst instabil.

Die Restaurierungsarbeiten beschränkten sich zunächst darauf, die vom Einsturz gefährdeten Gebäudeteile mithilfe von Stützen zu stabilisieren, eine wenig wirkungsvolle und unschöne Methode. Henri Marchal, der um Erhalt und Schönheit der Tempel bemüht war, entschied sich für die Anastylose, eine Technik, bei der eingestürzte oder einsturzgefährdete Teile unter Verwendung des Originalmaterials auf stabilen Fundamenten neu aufgebaut werden, wobei fehlende oder beschädigte Steine durch neue ersetzt werden. Mit dieser Methode, die heute nur noch im Extremfall angewendet wird, konnten in Kambodscha gute Ergebnisse erzielt werden und viele Bauten entstanden wieder in alter Schönheit.

Bei Backsteinbauten, für die es nach wie vor keine zufrieden stellende Lösung gibt, ist dieses Verfahren ungeeignet. In den 1930er-Jahren kam die Anastylose in Kambodscha erstmals in Banteay Srei zum Einsatz. Zahlreiche bedeutende Tempel wie der Bakong, dessen zentrales Turmheiligtum völlig eingestürzt war, der Thommanon, Banteay Samre und andere wurden so erfolgreich restauriert.

Von Pflanzen überwuchert
Als die Europäer Angkor entdeckten, waren, mit Ausnahme von Angkor Vat, alle Tempel fast vollständig von Pflanzendickicht überwuchert. Auf den ersten, in den 1860er-Jahren entstandenen Aufnahmen Émile Gsells oder John Thomsons sind unter Lianen verborgene geheimnisvolle Tempel zu sehen. Sie erscheinen wie Phantome; dennoch wirken sie bezaubernd und poetisch.

Weltkriegs fortgesetzt und intensiviert, als Kambodscha 1953 unabhängig wurde. Die Schreckensherrschaft der Roten Khmer unterbrach die Arbeiten und die Welt war sehr besorgt um die einzigartigen Monumente Kambodschas. Glücklicherweise hat Angkor diese Zeit fast unbeschadet überstanden. Mit der Rückkehr des Friedens wurden die Tore für den Tourismus erneut geöffnet und auch die Restaurierung geht weiter. Am Baphuon und am Bayon wird gearbeitet. Dennoch ist es möglich, in der Dämmerung ein stilles Eckchen im Ta Prohm zu finden und die Phantasie ins historische Kambodscha schweifen zu lassen. Vom Gipfel des Pre Rup betrachtet, ruft die Landschaft des östlichen Mebon immer noch das Bild der heiligen Wasser des Yasodharatataka hervor, zu der Zeit, als sich in ihm die glitzernden Tempel der Insel spiegelten. Die seit einem Jahrhundert durchgeführten Forschungsarbeiten sind ein erster Schritt des Westens, um Angkor zu begreifen – auf einem Weg, der noch lange nicht zu Ende ist.

SÜDLICHER PFEILER DES EINGANGS ZUM BAKSEI CHAMKRONG-TEMPEL *Bei der Rekonstruktion der Khmergeschichte waren die Inschriften von großer Bedeutung. Die Erforschung erfolgt nicht an den Monumenten, sondern anhand von Kopien, von denen die EFEO eine vollständige Sammlung hat.*

Archäologische Mission

Auf Anregung mehrerer französischer Orientalisten wurde im Jahr 1898 durch einen Erlass des Generalgouverneurs von Indochina, Paul Doumer, der Handlungsrahmen einer auf Dauer angelegten archäologischen Mission in Indochina festgelegt. Diese Institution nannte sich ab 1900 *École française d'Extrême-Orient* (EFEO).

„Unter der wissenschaftlichen Kontrolle der *Académie des inscriptions et belles-lettres* stehend, hat sie zum Ziel: (1) an der archäologischen und philologischen Erforschung der indochinesischen Halbinsel zu arbeiten, mit allen Mitteln die Kenntnisse ihrer Geschichte, ihrer Monumente und ihrer Idiome zu vertiefen und (2) einen Beitrag zum Studium der benachbarten Regionen und Zivilisationen zu leisten, als da wären Indien, China und Malaysia."

Der erste französische Konservator der Stätte, Jean Commaille (1868–1916), legte die wichtigsten Tempel, Angkor Vat und den Bayon, frei. Seine Nachfolger, zu deren aktivsten Henri Marchal (1876–1970), Georges Trouvé (1902–1935), Maurice Glaize (1886–1964) und Bernard Philippe Groslier (1926–1986) zählten, hatten die Aufgabe, Angkor wieder zu beleben. Sie leisteten unter zeitweise sehr schwierigen Bedingungen bewundernswerte Arbeit.

Die EFEO setzte sich nicht nur für den Erhalt der Monumente ein, sondern betrieb auch historische und philologische Forschungen. Louis Finot (1864–1935) und George Cœdès (1886–1969) veröffentlichten eine beeindruckende Zahl alter Inschriften. Auf dem Gebiet der Archäologie legten Victor Goloubew (1878–1945), Spezialist für Luftaufnahmen, und Louis Malleret (1901–1970), der Ausgrabungen vor Ort betrieb, die Grundlage zu zahlreichen späteren Arbeiten. Das Studium der Kunstgeschichte entwickelte sich mit der Forschungsarbeit weiter, die Pierre Dupont (1908–1955) und Jean Boisselier (1912–1996) in Bezug auf die Bildhauerei leisteten.

Eine der erstaunlichsten Persönlichkeiten in dieser überaus nüchternen Welt der Gelehrten war Henri Parmentier (1871 bis 1949). Er erforschte die vorangkorianische Khmerkunst und die Kunst der Monumente des früheren Champa, kümmerte sich um die Organisation der Erhaltung Angkors, um die Schaffung eines Cham-Museums und übernahm zweimal die Interimsleitung der EFEO.

Bulletin der École française d'Extrême-Orient
Das BEFEO erschien erstmals 1901. Das heute durch andere Publikationen ersetzte Bulletin barg den Kern der Erkenntnisse sowie die wissenschaftliche Dokumentation, die von Generationen von Forschern über Angkor gesammelt worden waren.

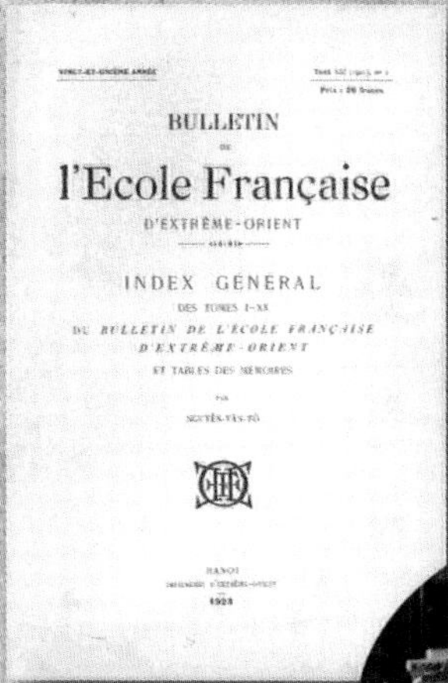

Ein grossartiger Inschriftenkundler
George Cœdès, Direktor der EFEO, veröffentlichte ab 1904, im Alter von 18 Jahren, seine ersten epigraphischen Studien. Seine glänzende Karriere wurde 1958 durch seine Wahl in die Académie des inscriptions et belles-lettres gekrönt.

Der Erste Konservator
Das Interesse, das der Hobbyzeichner Jean Commaille bei seiner Ankunft in Indochina für die Architektur hegte, wurde bei einem Aufenthalt in Angkor geweckt. Fortan widmete er sich der Erschließung der Tempel, bis er im Jahr 1916 von Dieben ermordet wurde.

Bestandsaufnahme
Parallel zu É. Lunet de Lajonquière machte Henri Parmentier eine detaillierte Bestandsaufnahme (Cham-Monumente in Vietnam, vorangkorianische Tempel in Kambodscha), die heute sehr wertvoll ist, da zahlreiche Stätten inzwischen beschädigt oder zerstort wurden.

SOLL RESTAURIERT WERDEN?

Dem ersten Leiter der EFEO erteilte der bedeutende Indienforscher und Inschriftenforscher Auguste Barth folgende lakonische Ratschläge, die zum Glück nicht befolgt wurden: „Einzelne und mithin wertlose Artefakte […] sollten nicht länger in alle Welt verstreut werden, sondern in Indochina verbleiben. Und Ihre Sammlungen, die Originalstücke nur noch dann aufnehmen sollten, wenn sie andernfalls zum Verschwinden verdammt wären, dürfen nicht um den Preis der Plünderung und Verwüstung von Monumenten bereichert werden […]. Die Monumente dürfen nicht restauriert werden, denn dies ist von allen Formen des Wandalismus in der Regel die schlimmste."

Restaurierungsarbeiten
Henri Marchal war von Kambodscha, wo er bis zu seinem Tod lebte, fasziniert und restaurierte zahlreiche Monumente, wie etwa den Banteay-Srei-Tempel. Sein Interesse für das Erbe Südostasiens veranlasste ihn zum Studium der Kunst von Laos, die bis dahin weitgehend unbekannt war.

Kapitel 7

Angkor, die Hauptstadt

Die Hauptstadt, das religiöse und rituelle Zentrum des Königreichs, hatte eine große geistige Strahlkraft. Hier, auf dem heiligen Berg Mahendraparvata, war Jayavarman II. zum universellen Herrscher geweiht worden. Seine Anhänger hatten Ländereien, Titel und Ämter bei Hof erhalten. Zwei Jahrhunderte später gab es verwandtschaftliche Beziehungen zwischen den Nachfahren der Beamten und der Königsfamilie. Immer in Angst vor einem zerstörerischen Bürgerkrieg wachten sie über ihre Landsitze und Privilegien. Nach zwei weiteren Jahrhunderten ließ Jayavarman VII. in Angkor und in den Provinzhauptstädten seine Statue errichten. Der Staat gründete sich auf einen König mit göttlicher Aura. Er wurde von einer aus der Aristokratie hervorgegangenen Kaste von Würdenträgern und Beratern gestützt. In den Provinzen wurden ausreichend Lebensmittel und Kostbarkeiten produziert, um die Verwaltung zu sichern und den rituellen Anforderungen der Götter zu genügen. Es gab ein Netzwerk von Tempeln, die dem Staat oder einer einflussreichen Familie geweiht waren und eine wichtige Rolle bei der Verteilung der Güter spielten.

ALLTAGSLEBEN
In den historischen Szenen des Staatstempels Jayavarmans VII., dem Bayon, findet man zahlreiche anekdotische Details. Während ein Wagenzug vorbeifährt, entfacht ein Mann in einem Ofen, auf dem ein möglicherweise mit Reis gefülltes Gefäß steht, Feuer.

Der König hatte das Recht, seine treuen Diener mit Ländereien zu belohnen und den Besitz seiner Gegner einzuziehen. Die Eroberung neuer Gebiete im Muntal bedeutete für das Leben der Bevölkerung keine Veränderung; der lokale Herrscher erhielt einen Titel, Geschenke festigten seinen Status und die Bindung an die Hauptstadt. Im Allgemeinen folgte auf die Vergabe von Land die Gründung eines Tempels, der der Familie geweiht wurde. Priester wurden eingesetzt. In jedem Tempel gab es Arbeiter, Vieh und ein Wasserbecken. Die neuen Eigentümer erschlossen das Land und legten Felder an. Als Dank für die Vergabe von Land wurde ein Teil davon dem Staatstempel geschenkt.

Es gab verschiedene Arten von Arbeitern: Einige waren Handelsobjekte, andere Kriegsgefangene, wieder andere standen über Generationen im Dienst einer Adelsfamilie und wurden mit der recht ehrenvollen Aufgabe des Aufbaus von Tempeln betraut. Zwangsarbeit war in Südostasien nichts Ungewöhnliches. Während der Zeit von Ayutthaya in Thailand, die im 8. Jh. zu Ende ging, wurden Arbeiter tätowiert, um ihre Herkunft feststellen zu können – so konnte man ihre Zahl lokal stabil halten. Man führte Listen über die Arbeiter und ihre Familien. Nach einem alternierenden System hatten sie je zwei Wochen eines Monats für ihre Herren zu arbeiten, in der übrigen Zeit bewirtschafteten sie eigenes Land.

VERSORGUNG DER KRIEGER
Dieses Flachrelief am Bayon zeigt eine Szene vom Aufbruch in den Kampf. Ein Versorgungszug folgt den auf Elefanten reitenden Kriegern. Auch eine Familie – Vater, Mutter und zwei Kinder – ist zu sehen, begleitet von vertrauten Tieren sowie einem Wagen, der von zwei Buckelrindern gezogen wird.

Die Tempelinschriften stellen nur einen Teil der ursprünglichen Quellen dar. Es wäre falsch anzunehmen, dass sich der Staat nur um religiöse Belange kümmerte, so bedeutend diese zweifellos waren. Häufig wird in glühenden Lobreden auf den König von Kriegen berichtet. Handelswaren wie Seidenstoffe, Moskitonetze und Porzellan aus China, die importiert und exportiert oder für den Tauschhandel bestimmt waren, werden erwähnt. Für die Epochen, über die man zusätzliche Informationsquellen hat, wie etwa das Flachrelief des Bayon oder den Bericht Zhou Daguans, lässt sich die Menge der aus China importierten Waren nur erahnen. Es existieren Darstellungen einer chinesischen Handelsdschunke und vom Innern des Hauses eines chinesischen Händlers. Zhou Daguan erwähnt seine in Angkor lebenden Landsleute und beschreibt den Marktplatz. Es ist nicht bekannt, ob der Staat Zölle erhob, die Bevölkerung Angkors war aber keinesfalls von der Außenwelt isoliert.

Die angkorianische Gesellschaft bestand nicht nur aus der Führungsschicht und den Tempelarbeitern. In den Inschriften werden auch spezialisierte Handwerker, etwa Goldschmiede, erwähnt. Darüber hinaus waren unterschiedliche Berufe zur Herstellung der Einzelteile und der dekorativen Figurinen der bronzenen Tragsessel erforderlich. Es gab riesige Statuen wie die des Vishnu am westlichen Mebon. Unlängst wurde in Tani, 20 Kilometer von Angkor entfernt, eine große Anzahl Keramiköfen entdeckt. So wie die bekannteren Öfen von Ban Kruat in Thailand belegen sie die Existenz von Töpfern. Es muss dort auch große Salinen gegeben haben sowie Schiffswerften, wo die Boote für den Mekong gebaut wurden. Doch werden weder Schmiede, Weber, Händler noch Bergleute erwähnt, obwohl das Ergebnis ihres Schaffens offensichtlich ist.

Über einen langen Zeitraum hinweg wurden viele Titel vergeben und die Zahl der Beamten nahm zu. Unter Rajendravarman und Jayavarman V. gab es einen Großen Berater, den *rajakulamahamantri*. Ein riesiger, stark hierarchisch aufgebauter Verwaltungsapparat kontrollierte die königlichen Häfen, zog Steuern ein, überwachte die Grenzen sowie die Armee und teilte Arbeiter für Frondienste ein.

Vorausgesetzt, ein König herrschte lange genug, ließ er als Symbol seiner Macht einen Tempel errichten. Anfangs hatten diese Tempel die Form von Pyramiden, bargen ein Linga und trugen den Namen des Königs, der an den Namen Shiva angehängt wurde. Der Tempelberg symbolisierte den Berg Meru, den Sitz der Hindugötter, während die Umfassungsmauern und die Wasserkanäle die ihn umgebenden Berge und Ozeane symbolisierten. Die Könige stellten Statuen für das geistige Wohl ihrer Ahnen im Jenseits auf, deren Namen ebenfalls an den von Göttern angehängt wurden und die Gegenstand eines Kults waren. Beim Tod eines Herrschers wurde der Tempel möglicherweise zu seinem Mausoleum. Die Tempel bildeten in ihrer Gesamtheit ein dichtes Netz religiöser Orte, dank derer jeder durch Kulthandlungen und seine Loyalität eine höhere Stufe bei der Wiedergeburt erreichen konnte.

Die Ansprüche, die aus den Bestrebungn resultierten, ein Paradies auf Erden zu errichten und ideologische Perfektion zu erreichen, standen im Widerspruch zur menschlichen Natur. Die separatistischen Tendenzen der Bewohner der entlegenen Regionen, die sich häufig nur scheinbar den Erlassen des Zentrums beugten, waren ein ständiger Krisenherd. Der zweite Schwachpunkt der Gesellschaft waren die zahlreichen Palaststreitigkeiten. Suryavarman I. scheint den Versuch unternommen zu haben, seine Macht über unabhängige Fürsten auszuüben, die den Norden der Dangrek-Kette beherrschten. Drei Jahrzehnte nach seinem Tod erhob sich die Fürstendynastie von Mahidharapura in der Person Jayavarmans VI. und bemächtigte sich Angkors. Die Erbfolge war nicht klar geregelt und eine aufgrund der Polygamie der Herrscher vorhandene große Zahl von Nachkommen beider Geschlechter konnte den Thron für sich fordern. Suryavarman selbst berief sich, als er Jayaviravarman absetzte, auf das Geschlecht Indravarmans I. Im 9. Jh. vermied Indravarman jeden direkten Bezug auf seine beiden Vorgänger. Indravarman III. war im Besitz des *preah khan*, des heiligen Schwerts. Es sicherte ihm den Thron, sein Schwiegervater hatte das Nachsehen. Ursachen für Instabilität fanden sich in der Zivilisation von Angkor also sowohl im Zentrum als auch in den Provinzen.

KHMER-KRIEGER
Diese beiden Infanteristen, die an ihren kurzen Haaren zu erkennen sind, zeigen einen strengen und ernsten Gesichtsausdruck (Flachrelief am Bayon).

Aufgrund der Größe Angkors haben sich die Forscher häufig nur mit dem Zentrum beschäftigt und die Provinzen vernachlässigt. Außerhalb Angkors wurden nur selten Grabungen vorgenommen. Selbst große Tempel wie der Beng Mealea und der Preah Khan von Kompong Svay sind kaum erforscht.

Hilfe oder Diebstahl?
Die Bedeutung vieler Szenen vom Bayon ist ungeklärt. Dieser Mann, der offenbar auf einem Bündel ruht, scheint von den ihn umgebenden Personen umsorgt zu werden – vielleicht ist er krank? Es könnte sich aber auch um einen Händler handeln, dessen Ware von zwei Dieben gestohlen zu werden droht.

Da die gesamte Zivilisation auf Reisanbau basierte, werden die verwendeten Agrartechniken heftig diskutiert. Das ländliche Leben von heute veranschaulicht den jahreszeitlichen Rhythmus, der vom Monsun bestimmt wird. In Thailand findet im Mai das Bang-Fai- oder Raketenfest statt. Riesige Raketen in Form eines Linga werden in die Wolken geschossen, um diese „zu befruchten" und um Regen zu bitten. Die Reissämlinge haben bereits an den Ufern der Wasserläufe und Sümpfe gekeimt und müssen nur noch versetzt werden. Dann ziehen die ersten Wolken von Südwesten heran und der Regen weicht den steinharten Boden auf. Die Menschen spannen Büffel ein und pflügen das Land, dann glätten sie die Furchen mit der Egge, um die feucht-weiche Schicht vorzubereiten, in der der Reis Wurzeln treiben wird. Auf den Feldern verpflanzen Frauen die Triebe Halm für Halm. Diese anstrengende Arbeit erbringt bessere Erträge als großflächiges Aussäen. Fallen während der Regenzeit regelmäßig Niederschläge, gibt es eine gute Ernte. Zu viel oder zu wenig Regen hat dagegen katastrophale Folgen, da die Pflanzen dann entweder zu ertrinken oder zu vertrocknen drohen. Geerntet wird im November und Dezember. Männer und Frauen schneiden in langen Reihen die goldenen Ähren mit Eisensicheln, laden sie garbenweise auf Rinderkarren und transportieren sie zum Dreschplatz. Wenn der Wind auf Nordost dreht, trocknen die Reisfelder aus, der Boden wird rissig. Aus Flüssen werden dünne Rinnsale, Seen und Sümpfe trocknen aus. In diesen Zeiten versorgen sich die Dorfbewohner mit Wasser aus dem in der Nähe des Tempels gelegenen Becken und fangen auf den ausgetrockneten Reisfeldern Krabben, Ratten und Vögel. Das Überleben ist durch Reisvorräte und in Salzlake konservierten Fisch gesichert.

Heute sind vom Staat errichtete Staudämme vorhanden, die den Namen des Königs, der Königin oder von Mitgliedern der Königsfamilie tragen. Dank des gespeicherten

Wassers, das im Zentrum und im Nordwesten Thailands verteilt wird, kann heute eine zweite Reisernte erzielt werden. In manchen Jahren wird das Wasser knapp, ein Umstand, der zu Konflikten führen kann, denn Wasser ist die Lebensgrundlage. Deshalb warten die Menschen in Südostasien, sobald der Monat April anbricht und die Temperaturen steigen, mit wachsender Ungeduld auf die Rückkehr des Monsuns.

Im Delta und in den Überschwemmungszonen unweit der Flüsse und Seen ist der Anbaurhythmus deutlich anders. Wasser gibt es hier während des Monsuns reichlich. Der Wasserspiegel steigt so stark an, dass jede Form von Ackerbau, selbst Reisanbau, unmöglich wird. Wenn das Wasser im Dezember zurückgeht, wird der Reis, der jedes Jahr im schlammigen Boden keimt, verpflanzt. In der Trockenzeit müssen die Felder aus natürlichen oder künstlichen Seen bewässert werden. Mit dieser Technik erzielt man im Allgemeinen bessere Erträge als mit Überschwemmungsreisbau.

SEESCHLACHT VOR IDYLLISCHER SZENERIE *(S. 177) Während die politischen Szenen im oberen Teil der Galerien am Bayon dargestellt sind, finden sich die Szenen des Alltagslebens unten, im Vordergrund. In dieser Darstellung der Seeschlacht, in der sich Khmer und Cham bei der Befreiung Angkors gegenüberstanden, bildet das belebte Ufer mit heiteren Szenen den Hintergrund.*

Es stellt sich die Frage, ob die kambodschanischen Könige die großen *baray* von Angkor anlegen ließen, um mit deren Hilfe die Reisfelder zu bewässern. Aufgrund der Wichtigkeit des Wassers hätte ihnen eine solche Initiative eine göttliche Aura und natürliche Macht verliehen. Bezüglich der Bewässerungsfrage stehen sich zwei Theorien gegenüber. Die Franzosen Bernard-Philippe Groslier und Jacques Dumarçay, die Angkor jahrelang erforscht haben, sind zu dem Schluss gekommen, dass es sich hier dem Wesen nach um eine „Wasserstadt“ handelte, deren künstliche Seen zur Bewässerung der Reisfelder dienten. Der Standort, der für die Errichtung Angkors gewählt wurde, erlaubte die permanente Versorgung der *baray* aus den Wasserläufen der Hochebene des Phnom Kulen. Philip Scott, W. Van Liere und Robert Acker verwerfen aus technischen und geographischen Überlegungen die Idee der künstlichen Bewässerung. Um sich selbst ein Urteil über diese gegensätzlichen Positionen bilden zu können, müssen die Argumente beider Schulen gehört werden.

Dabei sind zahlreiche Faktoren zu berücksichtigen. Die *baray* hatten enorme Ausmaße und fassten Millionen von Kubikmetern Wasser. Reichte dieses Volumen aus, um den Reisanbau der Region zwischen den Süddämmen und dem Tonle Sap zu beeinflussen? Finden sich Überreste eines Kanalnetzes? Waren Vorrichtungen vorhanden, mit denen der Wasserablauf aus den *baray* kontrolliert und ein Netz von Kanälen gespeist werden

BESCHREIBUNG ANGKORS AUS DEM JAHR 1296

Der Bericht des chinesischen Reisenden Zhou Daguan ist bis heute die einzige Darstellung Angkors aus der Zeit, als die Hauptstadt noch von Leben erfüllt war. Er ist nach wie vor von grundlegender Bedeutung, obwohl zahlreiche Einzelheiten erstaunlich ungenau beschrieben sind.

„Die Stadtmauer hat einen Umfang von etwa 20 Stadien und besitzt fünf Tore [...]. Außerhalb befindet sich ein breiter Graben; außerhalb des Grabens liegen die großen Brücken der Zufahrtsstraßen. Zu beiden Seiten der Brücken befinden sich 54 steinerne Gottheiten, die wie ‚Generäle aus Stein‘ aussehen; sie sind riesig und Furcht erregend. [...] Im Zentrum des Königreichs gibt es einen Turm aus Gold [den Bayon], der von mehr als 20 steinernen Türmen und mehreren hundert steinernen Kammern flankiert wird [...]. Das Grab von Lu Pan [Angkor Vat] liegt etwa ein Stadion vor dem Südtor und etwa zehn Stadien vom Turm entfernt; es gibt mehrere hundert steinerne Kammern [...]. Der nördliche See liegt fünf Stadien nördlich der von Mauern umgebenen Stadt. In seiner Mitte erheben sich ein viereckiger, goldener Turm [Neak Pean] und mehrere Dutzend steinerne Kammern. Dort finden sich der goldene Löwe, der goldene Buddha, der bronzene Elefant und das bronzene Pferd.“

Zhou Daguan beschreibt nicht nur die Stadt, sondern berichtet auch über Wohnformen, Religionen, Sprache, Schrift, Rechtswesen, Landwirtschaft, Handel, Tier- und Pflanzenwelt.

Zusammen mit den Flachreliefs vom Bayon kann dieser Text den Interessierten um Jahrhunderte in die Hauptstadt des größten Reiches Südostasiens zurückversetzen. Das außergewöhnliche Erbe an Monumenten steht dem des alten Ägypten, des vorkolumbischen Mexiko oder des mittelalterlichen Europa in nichts nach.

konnte? Gab es genügend bewässerbare Flächen, um den benötigten Reis zu produzieren? (Auch in den Inschriften hat man nach Hinweisen auf eine Bewässerung gesucht: Wird dort irgendwo ein Beamter genannt, der für diesen Bereich zuständig war, oder werden Streitigkeiten bezüglich des Wassers erwähnt?) Was sagt schließlich Zhou Daguan zu diesem Thema?

Groslier unterstreicht, dass Angkors geographische Lage die Kontrolle über den Wasserablauf Richtung Süden ermöglichte. Die eisenzeitlichen Dörfer wurden hier an den Wasserläufen gebaut. Banteay Choeu, die erste bekannte Siedlung mit dem Tempel Ak Yum, lag zu beiden Seiten des Flusses Puok. Hariharalaya riegelte den Roluos-Fluss ab, der das Indratataka speiste. Groslier vermutet, dass die Anlage Yasodharapuras so gebaut wurde, dass sie vom Siem-Reap-Fluss gespeist wurde. Er beschreibt den östlichen *baray* als die erste Phase in der Entwicklung der „Wasserstadt" Angkor, danach folgten die westlichen *baray* und der Bau von Angkor Vat.

Groslier geht davon aus, dass das Wasser des Tempelkanals das Fassungsvermögen des Bewässerungssystems bedeutend steigerte. Der vierte Bauabschnitt Angkors fiel mit der Anlage des Jayatataka und der Stadt Angkor Thom zusammen. In jeder einzelnen Phase wurde die bewässerte Fläche größer.

Die Argumentation Dumarçays verläuft ähnlich. Seiner Meinung nach war das Indratataka ursprünglich ein Damm, der den Fluss stauen sollte. Um Sedimentablagerungen zu verhindern, wurde es durch seitliche und im Norden errichtete Dämme vervollständigt. Durch den abschnittsweisen Bau, so behauptet er, ergab sich die Form des *baray*, die später mit dem Yasodharatataka in weitaus größerem Maße kopiert wurde.

Yasodharatataka verschlammte schnell. Deshalb wurde Angkor vermutlich zugunsten Lingapuras aufgegeben.

Das westliche *baray* wurde von Suryavarman I. gebaut. Der mit einem Linga ausgestattete zentrale Tempel wurde durch einen Tunnel mit dem Wasser des *baray* verbunden. Stieg der Pegel, füllte sich das Linga mit Wasser, ein Symbol für dessen Zeugungsfähigkeit. Laut Dumarçay wurde das Bewässerungssystem im Krieg gegen die Cham beschädigt, worauf Jayavarman VII. mit dem Bau des Jayatataka reagierte. „Bei der Verteilung des Wassers auf die Reisfelder verließ er sich nicht auf die Schwerkraft, sondern setzte brückenähnliche Schleusen ein, die nach Bedarf geöffnet oder geschlossen werden konnten. Um das Wasser dorthin zu leiten, wo es gebraucht wurde, mussten Kanäle gegraben werden. Die Streuung der Wasserreserven führte zu einer Schwächung der Macht, die der König aus der Kontrolle über die Wasserverteilung bezog". Diese These ist aber nicht durch präzise Quellenangaben gestützt.

Bei dem Bau der *baray* leiteten die Khmerbaumeister die Abflussmenge des Wassers direkt in die Kanäle und Wassergräben. Seit ihrer Gründung wurde die erste Stadt Yasodharapura von miteinander verbundenen Kanälen und Wasserbecken durchzogen. Angkor Thom verfügte über steinerne Wasserrinnen, über die das Wasser der inneren Kanäle im Zentrum in jene außerhalb der Stadtmauern geleitet wurden. Wenn die *baray* das Wasser für die Bewässerung enthielten, dann stellt sich die Frage, wo sich die Überläufe und Kanäle befanden, die die Reisfelder mit Wasser versorgten. Groslier vermutet, dass ein außerhalb des mit Kapillaren versehenen Süddamms angelegter Wassergraben sich mit Wasser füllte. Van Liere hat jedoch bewiesen, dass das technisch unmöglich ist. Ein parallel zum Ufer des Großen Sees gebauter Damm, der das Hochwasser zurückhalten soll, wird *tanub* genannt. In seiner Beschreibung des heutigen *tanub*-Systems bemerkt Jean Delvert, dass das Kanalnetz jedes Jahr neu ausgehoben werden muss. Dies könnte eine Erklärung dafür sein, dass ein solches System nicht unterhalb der *baray* existiert. Das *tanub*-Netz liegt unterhalb des maximalen Pegels des Tonle Sap während der Regenzeit. Die *baray* liegen alle oberhalb dieses Pegels.

SELBSTDARSTELLUNG DER BILDHAUER?
Die Deutung dieser Szene vom Bayon bleibt schwierig. Sie zeigt vermutlich Bildhauer bei der Arbeit. Ausgerüstet mit Hammer und Meißel scheint eine der Personen einen Sandsteinblock vorzubereiten.

Acker hat sich näher mit den Regionen befasst, die möglicherweise bewässert wurden. Er hat den Wasserbedarf, die möglichen Ernteerträge sowie die Lage der *baray*, der unterhalb der *baray* gelegenen Ackerflächen und die Position der *baray* zueinander untersucht. Er stützt sich auf Grosliers Zahlen, geht also von einer auf 1,9 Millionen Einwohner geschätzten Bevölkerung aus, von der 600 000 Personen mithilfe von 86 000 Hektar bewässerter Reisfelder ernährt wurden. Während der Trockenzeit werden für 1 Hektar Ackerfläche 15 000 Kubikmeter Wasser benötigt. Die wichtigsten *baray* Angkors hätten auf dieser Basis 7000 Hektar Land bewässern können. Schätzt man den Ertrag großzügig auf 1,46 Tonnen Reis pro Hektar und den Jahresverbrauch auf 220 Kilogramm Reis pro Person, hätten mit der Ernte

in der Trockenzeit etwa 44 500 Menschen, also 2,5 Prozent der von Groslier geschätzten Bevölkerung, ernährt werden können. Diese Berechnung lässt die Möglichkeit außer Acht, dass die *baray* eventuell über die gesamte Trockenzeit hinweg mit Wasser aus dem Siem-Reap-Fluss versorgt wurden. Möglicherweise dienten die künstlich angelegten Seen dazu, die Felder zusätzlich zu bewässern, wenn während des Monsuns nicht genügend Niederschlag fiel. In diesem Fall könnten der für die Zeit des Monsuns berechneten Produktionsmenge 9000 Tonnen zugerechnet werden. Das würde die Erträge auf 19 200 Tonnen erhöhen, wovon fast 100 000 Menschen hätten leben können.

Die Berechnung setzt voraus, dass alle *baray* gleichzeitig benutzt wurden. Das war aber nur unter der Herrschaft Jayavarmans VII. und dessen Nachfolgern zu realisieren. Acker hat nachgewiesen, dass sich die künstlichen Seen gegenseitig behinderten und dass das Yasodharatataka nicht dazu in der Lage gewesen wäre, alle am Unterlauf gelegenen Ackerflächen zu bewässern.

Die Inschriften, die sich auf die künstlich angelegten Wasserbecken beziehen, erwähnen die Bewässerung mit keiner Silbe. Die Beschreibung eines Landsitzes in Hariharalaya nennt das Indratataka als Grenze, nicht als Wasserquelle des Besitzes. Ein anderer Text beschreibt Yasovarman I. als den Gemahl der Erde, der er Tugend, Freude und Fruchtbarkeit verleiht. Der Folgetext, der von seinem *baray* spricht, ist stark beschädigt und nicht mehr zu entziffern. Die Inschriften der Stele, die der Einweihung des Yasodharatataka gedenkt, vergleicht den See mit dem Mond, der Quelle der Ambrosia, des Nektars der Unsterblichkeit. Rajendravarman, so fährt der Text fort, hat das Wasser seiner guten

Zeugnis der Holzarchitektur

Die Szene auf diesem berühmten Detail vom Bayon wirkt gemütlich. Eine Fischverkäuferin zieht ihre Ware aus einem großen Korb. Der kleine Marktstand in Form eines Pavillons ohne Wände ist ein interessantes Zeugnis der kambodschanischen Holzarchitektur, von der heute nichts mehr erhalten ist.

JAGDSZENE
Die meisten auf dem Bayon dargestellten Szenen spielen in der freien Natur. Hier zielen Jäger, die sich in den Bäumen versteckt haben, auf Beute.

Werke fließen lassen und daraus den Spiegel gemacht, der den in seinem Zentrum errichteten Tempel reflektiert. In den langen Texten, die seinen verdienstvollen Taten gewidmet sind, wäre es gewiss ebenso erwähnt worden, wenn Jayavarman VII. die Reisfelder mit Wasser versorgt hätte. Zudem findet sich keine Bezugnahme auf Konflikte, die sich um das Wasser drehten, auch nicht der Name eines einzigen Beamten, der mit der Verteilung des Wassers betraut gewesen wäre.

Selbst wenn diese Einwände nicht ausreichen, um zu belegen, dass die *baray* nicht der Bewässerung dienten, ist es interessant, diese Situation mit den Fakten zu vergleichen, die über Sri Lanka bekannt sind. Hier existierte ein zentralisiertes Bewässerungssystem für die Reisfelder. Die erste Inschrift, die dieses System beschreibt, stammt aus dem 3. Jh. v. Chr. Das Bewässerungsnetz war zunächst nicht groß und jedem Haushalt wurde ein Teil der bewässerten Fläche zugeteilt. Die Reservoire hatten eine große Bedeutung für die Menschen, denn sie dienten ebenfalls als Badebecken und erlaubten Ackerbau während der Trockenzeit. Individueller Landbesitz und die Schenkung bewässerter Felder an Tempel wurden erstmals im 1. Jh. n. Chr. erwähnt. Die Erfindung der Schleuse im 2. Jh. machte Bauarbeiten im großen Stil möglich. König Vasabha (65–109) legte zwölf künstliche Seen und den Alisara-Kanal an, der das Wasser bis auf entfernte Felder führte. Seit dem Jahr 150 sprechen Texte von großen Wasserbecken und vereinheitlichten Netzen. Im 3. Jh. wurde ein gigantischer künstlicher See mit einem Durchmesser von 24 Kilometer fertig gestellt, dem im Lauf der folgenden fünf Jahrhunderte zwölf Reservoire hinzugefügt wurden. Jene, die dem König gehörten, wurden mithilfe von Fronarbeit gebaut. Andere gehörten Privatleuten, die Vavihamika genannt wurden, wieder andere waren Gemeinschaftseigentum oder gehörten zu Klöstern. Die Privateigentümer zogen das Dakabaka ein, ihren „Teil des Wassers", einen prozentualen Anteil an den zwei bis drei Ernten jährlich. Im Strafgesetzbuch wurden der Diebstahl von Wasser und Fischen in den Wasseranlagen als Verbrechen aufgeführt. In Kambodscha findet sich kein einziger entsprechender Text.

Der einzige überlieferte Augenzeugenbericht über das landwirtschaftliche Leben in der Region von Angkor stammt von Zhou Daguan. Er spricht von drei bis vier Reisernten pro Jahr, eine Aussage, die die Anhänger der Bewässerungstheorie als Bestätigung sehen. Zhou Daguan sagt aber nicht, dass alle Ernten von der selben Parzelle stammten. Nimmt man die unterschiedlichen Reisanbaumethoden zusammen – Reisanbau auf vom Regenwasser überfluteten Feldern, Stauung des ablaufenden Hochwassers, Reisanbau auf brandgerodeten Feldern, Urbarmachung des Waldes und Anbau von rasch wachsendem „schwimmendem" Reis –, dann lassen sich ohne Bewässerung in einem Jahr vier Ernten erzielen.

Beim Brettspiel
Diese Szene vom Bayon stellt ein Brettspiel dar. Dem Künstler ist es in hervorragender Weise gelungen, die Ruhe und Konzentration darzustellen, die die Spieler benötigten.

Nun stellt sich die Frage, wie der Reis angebaut wurde, wenn die Felder nicht mithilfe der *baray* von Angkor bewässert wurden. Luftaufnahmen verdeutlichen, dass zahlreiche Tempel neben kleinen, künstlich angelegten, rechteckigen Becken und rechteckigen Feldern lagen, die alle dieselbe Ausrichtung hatten. Die viereckigen Einfriedungen entsprechen ohne jeden Zweifel den früheren angkorianischen Reisfeldern. Alles spricht dafür, dass die Bauern den Reis auf Parzellen anpflanzten, die von kleinen Dämmen gesäumt wurden. So wurden normalerweise mit den Niederschlägen des Monsuns zufrieden stellende Reisernten erzielt. Zahlreiche Hinweise auf Büffel sowie den Einsatz von Pflügen deuten darauf hin, dass die Grundlagen des modernen Reisanbaus durch Regenstau in Angkor seit dem Jahr 800 vorhanden waren. Acker unterstreicht, dass möglicherweise zahlreiche kleine Reservoire dazu dienten, lange Trockenperioden zu überwinden. Waren sie tief genug und lagen unterhalb des Grundwasserspiegels, dann füllten sie sich, je nach Pegel, ständig selbst mit Wasser.

Alle Hinweise sprechen also deutlich gegen ein breites, zentralisiertes, auf den *baray* beruhendes Bewässerungssystem. Der Aufstieg der Königsmacht und ihr späterer Zusammenbruch lässt sich also nicht durch die Bewässerungstheorie erklären. Es stellt sich die Frage, welchen Zweck die *baray* erfüllten. Wenn die Tempel den Berg Meru darstellen, dann sind die künstlichen Seen ein Bild für die ihn umgebenden Ozeane. Ihre sym-

KHMER GEGEN CHAM
In dieser Kampfszene vom Bayon behalten die Khmer, die von einer hoch stehenden Persönlichkeit, vielleicht dem König selbst, angeführt werden, die Oberhand über die Cham. Die schweren Rüstungen waren den Besiegten im Kampf von keinem großen Nutzen.

bolische Rolle erscheint in anderen bedeutenden Staatstempeln, wie dem Preah Khan von Kompong Svay und dem Banteay Chmar-Tempel. Die *baray* von Angkor wurden immer größer. Das Indratataka maß 240 Hektar, das Yasodharatataka 1260 Hektar und das gigantische westliche *baray* 1680 Hektar. Es gibt kaum eine weniger angeberische Art, Macht und Majestät zur Schau zu stellen, als den Bau solcher Monumente, die auf Erden ein Abbild des Himmels schaffen sollten. Dies entging den Pilgern nicht, die die Wasserfläche überquerten, um zum zentralen Tempel eines jeden *baray* zu gelangen, wo sie die Ahnen des Königs verehrten und anschließend von ihren Sünden befreit zurückkehrten. Wer sich schon einmal am schattigen Ufer eines dieser Seen niedergesetzt hat, wenn die unbarmherzige Sonne den bleiernen Himmel beherrscht, und die über die Wasserfläche wehende, erfrischende Brise gespürt hat, wird die Verdienste gutgeheißen haben, die ihre Schöpfer sich mit der Anlage erworben haben.

Die Regierungszeit Jayavarmans VII. war das letzte Auflodern vor dem Niedergang Angkors. Nach seinem Tod wurden nur noch wenige Bauten errichtet und kaum noch Inschriften verfasst. Dafür gibt es mehrere Erklärungsversuche, obgleich Angkor zu der Zeit, als Zhou Daguan ihr einen Besuch abstattete, noch eine eindrucksvolle, lebendige Hauptstadt war. Groslier und Dumarçay waren der Meinung, dass der Niedergang dadurch ausgelöst wurde, dass die Bewässerungsanlagen nicht mehr unterhalten wurden und verschlammten. Nach heutigem Kenntnisstand scheint das sehr unwahrscheinlich. Zu dieser Zeit begannen jedoch die erstarkten thailändischen Königreiche Sukhothai und Ayutthaya zusehends eine militärische Gefahr für Angkor darzustellen, was in der langen Belagerung und Plünderung Angkors im Jahr 1431 gipfelte. Andere Historiker weisen darauf hin, dass der Theravada-Buddhismus, der die traditionelle, an den Ahnenkult geknüpfte Verehrung Shivas ersetzte, nicht nur die gesellschaftliche Gleichheit predigte. Diese Religion erforderte weder die Errichtung von Staatstempeln noch das Tätigen von Schenkungen, um Verdienste zu erlangen, oder das Verfassen von Inschriften.

Die Nähe zum Königreich von Ayutthaya, das Angkor zerstörte, führte möglicherweise zur endgültigen Aufgabe der Stadt. Vielleicht war aber auch die Entwicklung internationaler Handelsströme der Anlass für den Umzug. Jedenfalls bedeutete der Fall der Hauptstadt nicht das Ende des Königreichs von Kambodscha. Das Zentrum der Macht wurde an den Mekong zurückverlegt, wo es sich unter Jayavarman I. befunden hatte. Der

Staat und seine Traditionen bestanden fort. Neue Hauptstadt wurde Phnom Penh, das am Zusammenfluss von vier Flüssen liegt.

Die Traditionen Angkors lebten in der Person des Königs von Kambodscha und in Form der Bräuche am Hof der Chakri-Dynastie in Thailand weiter. Reibereien zwischen rivalisierenden Parteien, die die Thronbesteigung des Königs Norodom Sihanuk im Jahr 1941 begleiteten, lassen zahlreiche Parallelen zu den Streitigkeiten zwischen 1002 und 1006 erkennen. Vor der Machtübernahme der Roten Khmer konnte man in Kambodscha vielerorts die Meinung hören, dass der König in den Augen der kambodschanischen Bauern Gott gleichzusetzen sei.

Der Stellenwert Angkors in der Weltgeschichte

Die Erforschung archaischer Staaten ist hauptsächlich auf Regionen wie Ägypten, Mesopotamien und das präkolumbische Amerika beschränkt. Südostasien wird gelegentlich rein vergleichend genannt. Weist es Parallelen zu den anderen großen Zivilisationen auf? Ein Problem bei der vergleichenden Betrachtungsweise ist, dass es kaum Referenzwerke gibt, die Ankor vom prähistorischen Ursprung bis zur Aufgabe der Stadt beschreiben. Forscher, die solche Werke als Grundlage nahmen, widmeten der Vorgeschichte meist nur wenig Aufmerksamkeit und entwarfen häufig ein lückenhaftes Bild.

Jüngere Betrachtungen der Ursprünge des Staates in anderen Regionen der Welt haben bedeutende Erkenntnisse gebracht. Robert Carneiro beispielsweise zählt sechs Bedingungen auf, damit sich Stammesgebiete in Staaten verwandeln. Sie müssen erstens militärisch stark genug sein, um ihre Nachbarn zu besiegen. Zweitens muss es ihnen gelingen, deren Gebiete in eine zentrale Verwaltung einzugliedern. Sie müssen drittens mächtig genug sein, um Gefangene zu Sklaven machen zu können. Viertens müssen sie dazu in der Lage sein, Tribut fordern zu können. Ihnen muss fünftens eine Armee zur Verfügung stehen und sie müssen sechstens dazu in der Lage sein, Gefolgsleute an die Spitze der eroberten Gebiete setzen zu können. Diese Theorie wird durch die von Kent Flannery vorgelegten jüngsten Beispiele für Staatsbildung bestätigt. Henry Wright hat als charakteristisches Phänomen die wechselnde Vorherrschaft herausgearbeitet, bei der nacheinander jedes Dorf die übrigen beherrschte. Joyce Marcus hat dieses Thema in sein dynamisches Modell integriert und beobachtet, dass im präkolumbischen Amerika überall archaische Staaten zu finden sind, die eine regionale Vorherrschaft errangen, bevor sie ihrerseits eingegliedert wurden. Die Maya beispielsweise bildeten zunächst eine Gruppe konkurrierender Stammesgebiete, zwischen denen die Kräfteverhältnisse für lange Zeit schwankten. In Mesopotamien herrschten die Monarchen von Susa von 3700 bis 3200 v. Chr. über einen umfassenden Staat, doch während der Uruk-Zeit spaltete sich dieser in zwei konkurrierende Teile. Ob sich aus ähnlich ablaufenden Entwicklungen die Regel ableiten lässt, dass es stets schwierig ist, ein auf Ungleichheit basierendes Gesellschaftssystem auf Dauer aufrecht zu erhalten, bleibt unklar.

Streit am Ufer
Am Ufer eines fischreichen Flusses oder Sees verstummen die Gespräche nicht, wie dieses Flachrelief vom Bayon zeigt. In der regen Betriebsamkeit scheinen sich zwei Männer um einen Gegenstand zu streiten.

FREIZEITVERGNÜGEN
Der Steuermann hat gewiss große Mühe, diese Barke zu steuern, auf der die Menschen Zerstreuung und Entspannung suchen.

Einige haben eine Parallele zwischen den vorkolumbischen Maya und den Khmer von Angkor gezogen. Es handelt sich in beiden Fällen um Zivilisationen, die in von Wäldern bedeckten Tiefebenen entstanden. Sie unterscheiden sich aber durch grundlegende Wesensmerkmale. Die Khmer profitierten von der produktivsten und anpassungsfähigsten aller Getreidearten, dem Reis. Die Bevölkerung von Angkor besaß außerdem kräftige Zugtiere und beherrschte die Eisenbearbeitung. Dennoch sind einige Gemeinsamkeiten mit anderen Staaten zum Zeitpunkt ihres Entstehens zu erkennen. Es gibt Hinweise auf einen starken Zuwachs der Stadtbevölkerung in den Tälern südlich des Khoratplateaus am Ende der Eisenzeit. Bei Ausgrabungsarbeiten fanden sich zahlreiche Waffen aus Eisen. Techniken zur Regulierung des Hochwassers wurden lange vor ihrer angeblichen Einführung durch indische Händler angewendet. Die ersten Berichte chinesischer Seefahrer, die in der Region des Mekongdeltas landeten, sprechen von territorialen Eroberungskriegen, von Eingliederungen neuer Völkergruppen in das vorhandene politische System und von der Ernennung Verwandter des Königs an die Spitze der eroberten Gebiete.

Beträchtliche Investitionen wurden getätigt, um Kanäle anzulegen, die die verschiedenen Siedlungen im Delta miteinander verbanden. Die Trockenlegung der sumpfigen Böden diente vermutlich dem schnellen Warentransport. Die Verbesserung der Entwässerung und der Bedingungen für die Landwirtschaft ist in Perioden der Staatsbildung häufig ein wichtiger Faktor, um sich die Loyalität der Gefolgsleute zu sichern.

Funan, der Staat im Mekongdelta, hatte vermutlich zwei oder drei Jahrhunderte Bestand, bevor er aufgrund der geänderten internationalen Handelsrouten und dem Machtanstieg der Stammesgebiete im Landesinnern zugrunde ging. Zwischen 550 und 800 standen sich in den Überschwemmungsebenen am Rand der Flüsse im Inland zwei diametral entgegengesetzte Kräfte gegenüber. Große Anführer und Könige versuchten ihre Macht mit Gewalt und durch Einführung von Kulten wie dem Devaraja-Kult zu sichern. Diesen Bemühungen standen die Bestrebungen anderer lokaler Herrscher gegenüber, die selbst die Vorherrschaft über die Region anstrebten. So kam es zu einer Reihe von Aufstiegen und Niedergängen. In dieser Periode wurde die gesellschaftliche Ungleichheit immer offenkundiger, wovon bereits die Personennamen zeugen. Auf der einen Seite steht der Sanskrit-Titel des Königs, der „Schützling des großen Indra" bedeutet, auf der anderen Seite stehen die Khmernamen der Arbeiter mit Bedeutungen wie „stinkender Hund" oder „Arsch".

Während dieser Zeit der Kämpfe und Konflikte zeugen die Inschriften Jayavarmans I. davon, dass der Staat einen Durchbruch erzielt hatte, denn es wurden Beamte ernannt und eine urbane, drei- oder vielleicht sogar vierstufige Hierarchie geschaffen. Doch bereits eine Generation später wird diese Dynastie in den Inschriften nicht mehr erwähnt.

Arthur Demarest hat kürzlich geäußert, dass die Mayakönige sich kaum um die Landwirtschaft oder deren Erträge oder um den Handel kümmerten, es sei denn, dieser betraf rituelle Machtsymbole wie Quetzalfedern und Jade. Diese Haltung unterstreicht die Bedeutung, die sie der Religion beimaßen. Die Maya sahen in ihrem Herrscher einen Mittler, der die Kommunikation mit der Welt der Götter und der Ahnen ermöglichte, und betrachteten ihn als die symbolische Achse des Universums. Dadurch erklären sich zahlreiche Facetten ihrer Kultur, wie beispielsweise die beeindruckenden Tempel, die imposanten symbolischen Fassaden oder die Stelen, welche die Thronbesteigung der Könige, deren Ahnenfolge und Siege beschreiben und das Bemühen, den Zugang zu den Insignien ihres Amtes zu kontrollieren. Die Kehrseite der Medaille war, dass häufig bereits eine schlechte Ernte oder eine militärische Niederlage ausreichte, um die göttliche Aura, die den König umgab, zu zerstören.

Gesamtwerk und Detail
Drei Kraniche scheinen hier während der Paarungszeit einen Balztanz aufzuführen. In den großen Szenen vom Bayon verfügt jedes Detail über eine bewundernswerte Komposition. Trotzdem harmonieren die einzelnen Teile und werden zu einem Gesamtwerk.

Dieses für die Maya vorgeschlagene Schlüsselelement findet in Angkor ein Echo. Es konnte bewiesen werden, dass die Herrscher höchstwahrscheinlich nicht an der Spitze eines riesigen zentralisierten Bewässerungssystems standen, welches auf ihren umfassenden Kenntnissen auf dem Gebiet des Wasserbaus beruhte. Angkor ist möglicherweise das Venedig des Ostens, aber es lassen sich keine Beweise dafür finden, Grosliers These zu stützen, laut der Angkor ein auf den künstlich bewässerten Reisanbau gegründetes Königreich war. Die vorliegenden Erkenntnisse sprechen eher für ein dezentralisiertes System, in dessen Rahmen die Familien der Würdenträger die Tätigkeit der Landarbeiter überwachten. Diese betrieben einen Reisanbau, der auf Regenstau basierte, also darauf, dass die Felder von kleinen Dämmen umgeben waren, welche die während des Monsuns fallenden Niederschläge zurückhielten. Ergänzt wurden die Erträge durch „schwimmenden" Reis, natürlichen Überschwem-

NATURVERLIEBT
Die Natur ist ein häufiges Motiv der Flachreliefs. Sie wird mit großer Liebe zum Detail dargestellt, sodass Tiere und Pflanzen problemlos wieder zu erkennen sind.

mungsreisanbau oder durch Reis, der auf Brandrodungsfeldern angebaut wurde. Diese Anbaumethoden schließen nicht aus, dass mithilfe kleiner lokaler Wasserrinnen die Reisfelder bewässert wurden, falls während des Monsuns nur geringe Niederschläge fielen. Doch Angkor war weit davon entfernt, ein Königreich zu bilden, das sich auf eine Wasserzivilisation gründete, wie es Groslier, Dumarçay und viele andere nach ihnen glaubten.

So stellt sich zurecht die Frage, wie es den Königen gelang, ihre Macht zu sichern. In seiner Beschreibung der „konzentrischen Politik" Südostasiens kommt Stanley Tambiah zum gleichen Schluss wie Demarest. Die kambodschanische Baukunst und deren Inschriften liefern ausreichende Merkmale, um diesen Gesichtspunkt ernst zu nehmen. Tambiah stellt insbesondere die Hauptstadt als *axis mundi*, als das symbolische Zentrum des Universums dar. Ein Kennzeichen, das bei der Betrachtung der Inschriften und Ruinen Angkors unmittelbar ins Auge springt. Er betont die Bedeutung der sakralen Macht des Herrschers und die Zustimmung zum *dharma*, dem heiligen moralischen Gesetz. Auch in dieser Hinsicht sind zahlreiche Hinweise auf die göttliche Natur des Königs vorhanden, dessen Name an den Shivas angehängt wurde, um das goldene Linga seines Tempels zu bezeichnen. Was die Architektur anbelangt, so ist Angkor ein Paradebeispiel für eine Anlage, die dazu bestimmt war, die Macht des Herrschers mit Unterstützung der Religion zu verherrlichen.

Aber trotz der großzügigen Verteilung von Machtinsignien und Ländereien sah sich der König ständig Unruhen in den entlegenen Provinzen und Palastintrigen gegenüber. Im Jahr 1431 musste die Stadt schließlich aufgegeben werden. Doch das Symbol Angkors ist noch immer vorhanden und gewinnt immer größere Bedeutung. Nach einem Jahrhundert Kolonialherrschaft und der Agonie des Landes während des Regimes der Roten Khmer ist die Zivilisation von Angkor nach wie vor dazu in der Lage, die Khmer zu einen.

Register

Kursiv gedruckte Seitenzahlen verweisen auf Bildunterschriften, Illustrationen oder Übersichtskarten.